사이코패스 I

- 범죄충동·원인론·책임능력 -

사이코패스 I

- 범죄충동·원인론·책임능력 -

안 성 조 · 서 상 문

景仁文化社

서 문

아네토패스(anethopath). 사이코패스를 일컫는 다른 표현이다. 어원적으로는 에토스가 결여된 자를 뜻하며, 정신의학상 도덕적 억제능력이 없는 자로 정의된다. 태어날 때부터 영혼이 부재한 자라고도 불린다.

얼마 전 세간을 떠들썩하게 만들었던 연쇄살인범에 대해서 이번에도 어김없이 사형선고가 내려졌다. 재판부는 판결이유로 "뚜렷한 동기 없이 살인 자체를 즐긴 지극히 반사회적인 범죄로 범행 후에도 진솔한 참회나 피해 회복을 위한 노력을 외면하는 등 이해하기 힘든 행태를 보여 재범의 위험성이 매우 높은 반면, 개선 교화의 가능성을 찾기 어렵다."고 설시하며, "반인륜적이고 엽기적인 범행으로 인해 사회에 큰 충격과 경악을 불러일으켰고, 억울하게 죽은 피해자와 유족들의 고통을 고려할 때, 피고인을 영원히 사회로부터 격리시키는 사형선고는 불가피하다."고 판결문을 마무리 하였다. 진단결과, 그는 사이코패스였다.

사이코패스 범죄자에 대한 일반의 법감정은 엄벌주의적이다. 법원의 판단도 역시 이와 다르지 않은 듯 보인다. "재범의 위험성은 높은 반면, 개선 교화의 가능성은 찾기 어렵다."는 인식이 이를 잘 보여준다. 무고하게 희생된 피해자와 유족들의 고통을 감안하면 법원의 판결은 교란된 법질서를 바로잡고 침해받은 사회 정의를 회복시키고자, 본분을 충실히 이행하려는 의지로 십분 이해할 수 있을 것이다. 그런데 과연 법원은 법리적으로 이성적인 판단을 내리고 있는 것일까?

　외국의 경우 사이코패스의 책임능력 인정유무에 대한 반성적 논의가 다양한 층위에서 전개되어 왔다. 사이코패스는 분명 정신병자와는 달리 명확한 시비변별능력을 갖추고 있지만 그렇다고 행위통제능력도 정상인 수준으로 온전하지는 않기 때문에 책임능력을 제한하고 대신 치료중심석 법적 대응을 강구해야 한다는 견해가 있는 반면, 그 범행수법이 교활하고 잔인한데다가 재범의 위험성은 현저히 높으나 치료는 거의 불가능한 바, "우리 사회의 암적인 존재"인 이들에게 법적으로 온정을 베풀 여지는 없으며 따라서 형벌과 보안처분 등에 의해 단호하게 대처해야 한다는 강경론도 한 축을 이루고 있다. 그러나 우리의 경우는 사이코패스에 대한 형사적 대응방안에 있어서 필벌적인 강경론만이 지배적이다. 이는 매스컴과 실무는 물론 학계의 입장도 크게 다르지 않다. 한 마디로 진지한 반성적 논의가 전무한 실정인 것이다. 본서는 바로 이러한 문제의식을 많은 독자들과 나누고 싶은 취지에서 기획된 것이다.

　본서의 제1장 "사이코패스의 이해" 편에서는 사이코패스란 일종의 '도덕적 광기(moral insanity)'를 지닌 자로 이해할 수 있다는 사실을 보여주고 있다. 인류 역사에 편재해 왔던 개인적 또는 집단적 광기의 모습을 소개하고 이들이 사이코패스의 행태와 얼마나 유사한지를 보여준다. 아울러 바로 그러한 도덕적 광기의 근본 원인이 되며, 사이코패스들이 지니고 있는 것으로 알려진 소위 '저항할 수 없는 범죄충동'의 본질을 심층적으로 다루고 있다.

제2장 "사이코패스의 범죄충동과 통제이론"에서는 제1장에서 언급한 바 있는 사이코패스의 범죄충동이 일반적인 범죄자들이 경험하는 범죄충동과 어떤 면에서 근본적으로 차이가 있는지, 개인이 범죄를 저지를 수 있음에도 불구하고 이를 억제하게 되는 요인을 다루는 통제이론(control theory)과의 비교를 통해 제시해 주고 있다. 사이코패스의 범죄충동은 표준적인 방식의 범죄억제원인 분석으로는 접근하기 힘들며, 따라서 사이코패스에 대한 별도의 형사정책이 필요하다는 점을 입론하고 있다.

제3장에서는 사이코패시의 원인론(Etiology)를 다루고 있다. 즉, 왜 사이코패스는 정상인과 다르게 태어나는지, 사이코패스는 과연 어떠한 유전적·환경적 배경을 갖고 있는지를 논구한다. 이 주제는 사이코패스에 대한 필요·적절한 형사정책을 수립함에 있어서 매우 중요하고 결정적인 내용임에도 불구하고 그동안 우리 학계에 심층적으로 소개되지 못했던 것이다. 본서에서는 이 분야에 대한 외국의 최신 학설과 연구성과를 집약하여 소개하고 이를 비판적으로 검토해 주고 있다. 비록 한정된 문헌과 전거들에 기초해 있지만, 독자들이 사이코패스에 대한 올바른 관점을 정립하는데 있어 필요·충분한 지식이 될 것으로 믿는다.

제4장은 본서의 결론부분으로서 사이코패스의 형사책임능력을 이론적으로 검토하고 있다. 책임능력을 긍정하는 것이 현재까지의 주류적 입장이고, 그 논거의 직관적 호소력이 강하다는 점을 긍인하면서도, 다양한 층위에서 전개되고 있는 책임능력 제한론의 논거가 보다 더 타당함을 입론하고 있다. 단, 이러한 결론이 사이코패스에 대한 형사적 대응을 포기하겠다는 의미가 아니며, 치료감호법을 적극 활용한 치료중심적 형사정책이 사회적으로 보다 바람직한 결과를 가져올 수 있음을 논증하고 있다.

돌이켜보면, 본서를 기획·집필·출간하기까지 결코 적지 않은 난관과 장애가 있었다. 무엇보다도 학계와 실무의 사이코패스에 대한 뿌리 깊은 선입견은 사이코패스에 대한 이성적인 논의를 시도하는데 있어 커다란 '용기'를 필요로 하게끔 만들었다. 교화와 치료가 불가능한 '생래적 악인'에게 책임능력 제한을 운운하는 것은 일종의 학문적 '금기'였던 것이다. 그뿐만 아니라 지금까지 주로 (범죄)심리학자들과 정신의학자들이 주도해 왔었던 사이코패시 영역을 다루는 것에 대해서도 법학계 안팎의 결코 '곱지 않은' 시선이 따가울 정도로 우리를 내리쬐고 있음을 느낄 수 있었다. 한 마디로 "전문지식도 부족하면서 왜 우리 분야에 손을 대냐?"는 반감과 "왜 굳이 형사법 교수가 그런 '점잖지 않은' 분야까지 연구를 하느냐?"는 냉소를 함께 겪어야 했다.

우리는 분명히 말하고 싶다. 사이코패스 범죄에 대한 대책은 엄연히 규범학이 개입해야 할 영역이며, 그 누구도 이 분야에 대해 우리가 만족할 만한 학제적 연구를 시도하고 있지 않기에 바로 우리가 하는 것이라고. 난관과 장애는 외부에만 있는 것은 아니었다. 우리 스스로도 몇 번이나 본서의 출간을 포기할 생각을 했다. 광기의 심연(深淵)을 다루는 과정에서 그에 빠져들어 인간의 '정상성'에 대한 우리의 신념이 흔들리지 않도록 부단히 노력해야 했다. 누구나 어느 정도 악한 심성을 타고날 수 있고, 경우에 따라 성공을 위해서는 사이코패스적 행동이 필요할 수도 있을 것이다. 그러나 광기에서 비롯된 행동과 악한 행동의 경계에 대한 규범적 태도는 명확해야 한다. 우리는 이 입장을 굳건히 지켜 냈다.

본서의 출간에 많은 분들의 조언과 격려가 큰 힘이 되었다. 우선 동아대학교 법학전문대학원의 허일태 교수님, 서울대학교 법학전문대학원의 한인섭 교수님, 고려대학교 법학전문대학원의 이상돈 교수님께 감사를 드린다. 세 분 교수님은 이 연구서에 수록된 논문을 집필하고 이 책을 기획하는 계기를 마련해 주셨다. 선문대학교 법과대학의 류승훈 학장님과 문성제 교수님께도 깊이 감사를 드린다. 두 분은 언제나 가까이서 우리들의 연구 작업을 성원해 주셨다. 본서의 출간 마무리 단계에서 우리가 미처 생각하지 못했던, 개념 및 표현상의 몇몇 중대한 오류에 대해 지적해 주신 서울대학교 법학전문대학원의 신동운 교수님과 한양대학교 법학전문대학원의 정규원 교수님, 경찰대학교의 문성도 교수님, 그리고 서울대 형사법교실의 모든 교수님들께도 감사의 마음을 전하고 싶다. 귀중한 조언으로 사이코패스 개념의 유래와 개념변천사에 대해 대폭적인 보완작업을 뒤늦게나마 할 수 있었다. 독자들의 정확한 이해에 큰 도움이 되리라 본다. 치료감호법의 배경과 치료감호소의 실정에 대해 긴요한 말씀을 들려주신 공주치료감호소의 최상섭 소장님과 어려운 경제 여건 속에도 본서의 출간을 흔쾌히 수락하셨던 경인문화사의 신학태 부장님께도 감사드린다. 부록자료를 성실히 편집해 준 선문대학교 법과대학 석사과정의 이 본 군의 건학을 바라며, 끝으로 이 책의 후속편에 필요한 자료수집에 많은 도움을 준 경찰대학교 학생들에게 그 함께했던 열정 가득한 시간과, 수고스런 노력들, 그리고 진심어린 성원에 고맙다는 말을 전해주고 싶다.

　이 책이 많은 사람들에게 공감될 수 있기를 희망해 본다.

2009.6.15

공저자

<목 차>

제 *1* 장

사이코패스의 이해

I. 도덕적 광기의 모습들

인간의 광기(狂氣)는 시대를 초월하여 어디에나 편재해 있다. 특히 제정신을 가진 인간이라면 도저히 저지를 수 없는 잔학무도(殘虐無道)한 행위를 서슴지 않는 광기, 즉 윤리적·법적 인격체로서의 '정상성(正常性)'을 크게 벗어난 '도덕적 광기(moral insanity)'의 발현을 우리는 역사의 곳곳에서 발견할 수 있다. 그러한 광기의 현장을 목도할 때마다 우리는 생각한다. 도대체 어떻게 그런 일을 저지를 수 있단 말인가? 충격과 분노를 잠시 억누르고 눈앞에 벌어진 사태를 이성적으로 이해하려 든다면, 대체 무엇이 인간을 저렇게 만들 수 있는 것인가에 대해서도 의문이 생기게 된다. 분명 광기 중 어떤 것은 개인의 선천적 소질에서 기인한 것일 수도 있을 테지만, 경우에 따라서는 특정한 상황적 요인에서 비롯될 수도 있을 것이다. 하지만 어떤 경우, 양자의 구분이 모호한 때도 있다.

인류역사상 최초의 세계제국이었던 아카메네스 페르시아(Achaemenid Persia), 그 창건자인 키루스 대제(Cyrus the Great)로부터 제국을 물려받은 캄비세스(Cambyses)는 제국통치에 요구되는 엄정한 법집행을 위해 법관 직무행위의 염결성(廉潔性)과 불가매수성(不可買收性)을 매우 중시하였다. 이러한 사실을 잘 보여주는 예로 다음과 같은 일화가 있다.[1]

시잠네스(Sisamnes)라는 한 법관이 뇌물을 받고 부정한 판결을 하였다.

---

[1] 사례에 대한 소개로는 A.T. Olmstead, History of the Persian Empire, The Univ. of Chicago Press, 1948, 129면 참조.

이에 캄비세스는 그를 죽인 후 가죽을 벗기고 무두질하여 재판정의 의자에 씌웠는데, 이것은 뒤를 이어 법관으로 그 의자에 앉게 된 시잠네스의 아들에게 그가 앉은 것이 무엇을 의미하는지 잊지 말라는 단호한 훈계의 의미였다.

그리스의 역사가 헤로도토스는 캄비세스를 미치광이로 묘사했지만,[2] 과연 그의 행위는 소질적 광기의 발현이었을까?[3] 아니면 제국건설에 필연적으로 수반되는 광적 통치술의 한 형태였을까?[4]

이와 유사한 도덕적 광기는 "인민 지배·통치의 수단으로서의 형법관(刑法觀)"이 지배적이었던 고대 중국의 가혹한 형벌제도에서도 엿볼 수 있다.[5]

사기(史記) 은본기(殷本紀)에 따르면 "구리로 만든 기둥에 기름을 바르고 그 아래에 숯을 쌓고 불을 지펴, 죄인에게 빨갛게 달아오른 기둥 위를 걷게 하는 형"이 있었으니, 이를 포락(炮烙)이라 하였다. 또한 정(鼎)이라는 형구(刑具)에 "사람을 삶아 죽이는 형"이 있었으니 이를

---

2) Herodotus, The Histories, Penguin Classics, 2003(trans. Aubrey de Sélincourt), III.25 참조.
3) 캄비세스의 광기어린 행적과 그에 대한 후대 역사가들의 다양한 평가로는 Pierre Briant, From Cyrus to Alexander: A History of Persian Empire, 2002, 55-57면 참조.
4) 전승에 따르면 페르시아제국의 전성기를 이끌었던 다리우스는 적들의 귀와 코를 자르고 난 뒤에 말뚝에 꿰어 죽였으며, 몽골 제국을 세웠던 칭기즈칸은 잔인한 전투방식을 채택하여 적군의 눈과 귀에 은을 녹여 들이부었고 신뢰를 저버린 여자의 모든 구멍(orifices)을 꿰매어 죽였다. 그리고 영국은 대영제국시기 인도에서 일어난 반란을 진압하는 과정에서 무자비한 살육을 하였던바, 체포된 폭도들로 하여금 그들에 의해 희생된 백인들의 피를 핥도록 강요했으며, 대포 포신에 묶어 날아가 떨어지도록 하여 처형하기도 했다. 제국통치에 수반되는 잔인하고 엽기적인 살상행태들을 짐작케 해 준다. 이중 영국의 사례에 대해서는 닐 퍼거슨/김종원 역, 제국(EMPIRE), 민음사, 2006, 214~220면 참조.
5) 장국화 편/임대희 외 역, 중국법률사상사, 아카넷, 2003, 30면 이하 참조.

팽(烹)이라 하였다 전해진다. 역시 은본기의 기록에 의하면 "사람을 죽여서 가루로 만드는 형"이 있었으니 이를 해(醢)라 하였고, "죽인 후 그 시체를 말려서 육포로 만드는 형"을 포(脯)라 하였으며, "배를 갈라 심장을 도려내는 형"을 일컬어 부심(剖心)이라 하였다 한다.

주례(周禮) 추관·장륙(秋官·掌戮)의 기록에 의하면 "사지를 찢어 죽이는 혹형"이 있었으며, 이를 책(磔)이라 하였다. 상서(尙書) 태서(泰誓)에는 착경(斮脛)이라는 형벌이 기록되어 있는바, 경(脛)은 무릎 아래 정강이를 말하며 착(斮)은 이를 정강이를 자르는 것으로 뼈를 갈라 골수를 빼내는 매우 산혹한 형벌이었다.6)

이상 언급한 고대 중국의 형벌들은 도저히 이성적인 국가형벌권의 발동이라고는 생각하기 힘들 만큼 극히 잔인하고 비인도적인 것들이다. 이는 고대 중국이 원시적 씨족사회에서 노예제·귀족제의 계급사회로 발전하면서 지배 귀족층, 즉 노예주가 노예와 평민의 반항을 억압하고 엄격히 다스리고자 하는 과정의 제도적 산물로서 법제도에도 스며들 수 있는 '도덕적 광기'의 일면을 간취할 수 있게 해 준다.7)

혹자는 반문할 수 있다. 앞의 사례들은 문명개화가 뒤처진 전제적 왕권 하의 고대 노예제 사회에서나 가능했던 것이 아니냐고. 자, 그렇다면 20세기 말엽에 벌어진 다음과 같은 비인간적·패륜적 만행들은 어떠한가?8)

---

6) 이상의 형벌의 소개로는 장진번 주편, 한기종 외 역, 中國法制史, 2006, 103~109면 참조.

7) 물론 이처럼 비이성적인 형벌이 고대 중국에만 있었던 것은 아니다. 고대 로마에도 '십자가형(十字架刑)'이라는 잔혹한 형벌이 있었음은 잘 알려져 있다. 고대 로마의 12표법에 의하면 방화범은 옷을 벗겨 나무 기둥에 못을 치거나 묶어 높이 매달아 불을 질러 죽이는 화형(火刑)에 처했다. 이에 대해서는 조규창, 로마형법, 1998, 171~174면 참조.

8) 이하의 사례들은 에이미 추아/윤미연 역, 불타는 세계: 세계화는 어떻게 전세계의

1991년 크로아티아가 독립을 선언하자 세르비아를 주축으로 유고 연방의 패권을 노리고 있던 밀로세비치는 군사력을 동원해 그들을 강력히 응징했다. 그 과정에서 크로아티아인에 대한 고문과 폭력, 대량학살이 자행되어 수천 명이 목숨을 잃었고, 여성 집단수용소에서는 수많은 여자들이 강간을 당했고, 100번 이상 당한 경우도 있었으며 심지어 열두 살 정도의 어린아이에 대한 강간이 주를 이루었다. 강간의 주된 목적 중 하나는 "세르비아의 씨"를 뿌리는 것이었다.

1990년대 말, 시에라리온의 반란세력인 혁명연합전선은 레바논인들에게 하나의 선택권을 주었다. 농부들은 자신의 딸을 강간하거나 두 손이 잘려지는 것 중 하나를 택해야 했고, 어린 소녀들은 자기 아버지를 총으로 쏘거나 어머니와 자매들을 산 채로 불에 태워야 했다.

1994년 르완다에서는, 후투족이 벌채용 칼이나 삽, 곡괭이로 석 달 동안 80만 명의 투치족을 무자비하게 난도질해 살해하였다. 한 집에서 부모, 형제자매들의 잘려나간 머리와 팔다리가 한꺼번에 쌓여 있는 것이 수없이 목격되었다. 투치족 여성과 소녀들은 강간당한 후 산 채로 불에 태워 졌으며, UN 보고서에 의하면 어떤 여자들은 창이나 총대, 나뭇가지로 몸을 꿰뚫기도 했다. 칼로 성기를 도려내고 끓는 물이나 산을 집어넣거나 가슴을 잘라내는 경우도 있었다.

1998년 자카르타에서는 폭도로 변한 인도네시아인들이 수백 개의 중국인 상점들과 가옥을 불지르고 파괴하고 약탈했으며, 2,000명이 넘는 사상자를 냈는데, 그 과정에서 14세의 한 중국소녀는 폭도들로부터 부모들이 보는 앞에서 집단강간을 당하고 칼로 음부가 도려내진 채로 살아남았으나, 결국 쥐약을 먹고 목숨을 끊었다.

1970년대 스리랑카에서 폭도로 변한 스리랑카인들이 버스에 타고 있던 타밀족 여성들 중 하나를 버스 밖으로 끌어내어 그녀의 몸에 가솔린을 끼얹고 불을 질렀다. 그리고 폭도들은 그 여자가 고통스럽게 죽어가는 동안 손뼉을 치며 춤을 추었다.

위의 사례들의 공통점은 유고슬라비아의 크로아티아인이나 시에라

민족갈등을 심화시키고 있는가?, 부광출판사, 2004에서 발췌한 것이다.

리온의 레바논인, 그리고 르완다의 투치족이나 인도네시아의 중국인, 스리랑카의 타밀족 등 각기 그 나라에서 지배적 특권을 누리는 시장점유 소수민족(market dominant minorities)에 대한 다수 토착민들의 반목과 경제적 불평등으로 인해 심화된 민족갈등이 원인이 되어 발생했다는 점이다.9) 소수 특권적 지배민족에 대한 보복과정에서 폭도로 변한 다수 토착민들은 '민족적 정화' 또는 '인종청소'라는 미명 하에 광기어린 잔학행위에 가담함으로써 단결을 도모했던 것이다.

도덕적 광기의 단면을 엿볼 수 있는 최근의 예로 2004년 이라크 아부그라이브 교도소에서 미군에 의한 수감자 학대사건이 있다. 민주주의와 인권을 기치로 내건 채 이라크에 상륙한 미군이 보여준 모순과 위선은 전 세계를 분노시켰고, 이 사건을 두고 럼스펠드 국방부 장관은 그의 "임기 중 최악의 사건"이라고 밝힌 바 있다.

이 사건의 전모는 다음과 같다.

> 젊은 미국인 남녀 병사들은 민간인 수감자를 '전리품'인 양 온갖 모욕과 학대를 가하며 그 앞에서 사진을 찍었다. 나체로 벗겨진 수감자들의 몸을 층층이 쌓기도 하고, 피라미드처럼 배열시키기도 했으며, 어떤 여성 병사는 남성 수감자에게 자위행위와 구강성교를 강요하기도 했다. 수감자의 목에 줄을 매달아 끌고 다니기도 했고, 개를 풀어놓아 수감자들을 공격하기도 했다. 수감자의 머리에 두건을 씌워놓고 상자 위에서 힘겨운 자세를 취하도록 한 다음 양 손가락에는 전선을 부착해 만일 힘이 빠져 상자 밖에 떨어질 경우 전기충격으로 감전사하도록 위협을 하였다. 사실 전선은 연결되어 있지 않았지만 수감자가 극도의 공포를 느꼈다는 점이다. 이상은 공개된 사진에 불과하며, 미국 정부가 미군과 부시 행정부의 신뢰도와 도덕적 이미지에 타격을 받을 것을 우려해 공개하지 않기로 한 사진들은 더욱 충격적이고 끔찍했다. 당시 아부그라이브 교도소의

---

9) 이 점에 대한 탁월한 분석으로는 에이미 추아/윤미연 역, 앞의 책, 16-34면 참조.

관리자였던 재니스 카핀스키 준장은 이 사건으로 대령으로 강등됐고, 관련된 미군 병사들은 사건이 세계에 드러나자 징계를 받았다.

다시 한 번 묻자. 대체 인간이 비인도적이고 극악무도한 악행을 저지르는 메커니즘은 어떻게 설명될 수 있을까? 개인의 소질 탓인가? 환경이나 상황 탓인가? 전문가들의 지적에 따르면 전술한 시장지배 소수민족과 다수 토착민 사이의 '민족갈등' 사례나 '아부그라이브 교도소' 사건은 확실히 '상황적' 요인이 중요한 동인(動因)으로 작용했다고 한다.

한나 아렌트는 나치 전범재판을 분석하며 나치의 주요 지도자의 한 사람이었던 아돌프 아이히만을 예로 들며 정상적인 사람도 일정한 사회적·상황적 힘이 작용하면 실로 끔찍한 행동을 저지를 수 있다고 결론지었다. 한마디로 "악은 평범하며" 누구나 동일한 역학적 지배 하에 놓이면 악행을 저지를 수 있다는 것이다.

필립 짐바르도는 스탠포드 대학의 모의 감옥실험을 통해 실험에 참여한 평범한 대학생들이 교도관 역할을 맡게 되면서 아부그라이브 교도소에서처럼 비인도적인 행위를 서슴지 않는 것을 목격하면서, "누구나 비정상적인 상황에서는 권위와 복종, 그리고 내집단에 대한 동조의식으로 악한 행동을 저지르는 경향이 있다"는 결론을 내렸다. 특히 한 집단에서 배척당하지 않고 거기에 소속되고자 하는 기본적인 욕구, 즉 내집단에 대한 동조의 열망이 교도소 실험에서 '교도관 권위에의 절대적 복종'이라는 새로운 규범에 동조하는 것으로 변질되어 이에 참여한 젊은이들의 성격변화를 가져오게 된 것이라고 분석하였다(짐바르도 2007).[10]

---

10) 그러나 짐바르도의 스탠포드 모의감옥실험 결과에 관한 해석, 즉 '선량한' 사람

요컨대 인간의 극악무도한 광기의 발현에, 경우에 따라 개인의 소질보다 상황적 요소가 더 크게 작용할 수도 있다는 것이다.

그런데 앞서 언급한 제국통치 하의 잔혹한 치술(治術)과 시장점유 소수민족에 대한 반감과 민족갈등의 표출, 그리고 아부그라이브 교도소 내에서의 만행 등에서 찾아 볼 수 있는 '도덕적 광인'들의 의식구조는 어떻게 되어 있을까? 도대체 과연 어떤 의식상태에서 그러한 일들을 저지를 수 있느냐는 말이다. 사이코패시 분야의 세계적 권위자인 헤어는 이를 엿볼 수 있는 단초로서 연쇄살인범들의 의식구조를 다음과 같이 묘사해 준다.

저 유명한 미국의 연쇄살인범 테드 번디는 다음과 같이 말했다(헤어 2005, 76).

"과거에 무슨 짓을 했든, 나는 죄책감에 시달리지 않아요. 과거를 되돌릴 수 있나요? (중략) 죄의식? 그건 사람을 통제하기 위해 사용하는 수단입니다. 그게 바로 환상이죠. 사회적 통제 수단 중 하나로 매우 해로운 겁니다. 우리 몸에 아주 나쁩니다."

또 다른 텍사스 연쇄살인범 게리 길모어는 다음과 같이 말한다(헤어 2005, 100).

도 특정한 상황에 처하게 되면 누구나 '악행'을 저지를 수 있다는 '포괄적' 결론은 제한될 필요가 있다는 지적이 있다. 즉 모의감옥 실험에 자발적으로 지원한 피실험자 대부분이 '권위주의적' 기질이 강한 사람들이었기 때문에, 평범한 '정상인'들보다 비도덕적이고 끔찍한 행동을 보다 쉽게 저지를 수 있었다는 것이다. 한마디로 '상황적 요인'이 어느 정도 작용할 수는 있겠지만, 더 근본적으로 그 개인의 '소질'이 더 중요하다는 것이다. 이에 대해서는 T. Carnahan & S. McFarland, Revisiting the Stanford Prison Experiment; S.A. Haslam & S. Reicher, Beyond the Banality of Evil: Three Dynamics of an Interactionist Social Psychology of Tyranny, in: *33Personality and Social Psychology Bulletin*, No. 5, 2007, 615~622면.

"나는 생각하거나 계획하지 않아요. 그냥 저지른 겁니다. 살인은 그냥 분노를 발산하는 겁니다. 분노는 이유가 없지요. 살인에 이유는 없습니다. 살인에 이유를 붙이려고 하지 마세요."

계속해서 유소년기 사이코패스들의 범행을 소개한 다음의 사례들도 한 번 눈여겨보자.[11]

1993년, 두 구의 시체가 Texas주 Ellis county의 시골길에서 발견되었다. 하나는 남자, 다른 하나는 여자였다. 14세의 남자아이는 총을 맞았으나, 13세의 여자아이는 옷이 벗겨지고, 강간당하였으며, 몸은 토막 나 있었다. 그녀의 머리와 팔은 없었다. 범인은 Jason Massey로 밝혀졌는데, 그는 스스로 Texas에서 전례가 없는 최악의 연쇄살인마가 되기로 결심했던 자였다. 그는 동물을 괴롭히고, 젊은 여자들을 스토킹 했으며 Ted Bundy, Charles Manson, Henry Lee Lucas와 같은 살인마들을 숭배했다. 그는 9살 때 처음으로 자신의 고양이를 죽였다. 그는 몇 해에 걸쳐 개들과 여섯 마리의 소를 포함하여 수많은 동물들을 더 죽였다. 그는 잠정적 희생자들의 목록을 가지고 있었고, 그의 일기장에는 강간과 고문, 여성 희생자의 인육을 먹는 등의 환상으로 가득 차 있었다. 그는 자신에게 지혜와 힘을 주는 '절대자(master)'를 섬긴다고 여기는 고독한 사람이었다. 그는 여자들을 자신의 지배 하에 두고 그들의 시체를 소유해야 한다는 생각에 사로잡혀있었다.

9살의 Jeffrey Bailey Jr.는 1986년 Florida주의 한 모텔 수영장에서 3살 된 친구를 깊은 곳으로 밀었다. 그는 누군가가 익사하는 것을 보고 싶었다. 그 아이가 바닥으로 가라앉았을 때, Jeffrey는 의자를 끌고 와 구경했다. 상황이 끝나자 그는 집으로 가버렸다. 그가 질문을 받았을 때, 그는 그가 저질렀던 것에 대해 어떠한 양심의 가책보다 이목이 집중되는 것에 더 관심을 가지고 있었다. 그는 살인 자체에 대해서는 태연했다(nonchalant).

---

11) 이하의 사례는 임상 심리학자이자 법의학 전문가인 Katherine Ramsland의 "The Childhood Psychopath: Bad Seed or Bad Parents?"에서 가져 온 것이다. http://www.trutv.com/library/crime/criminal_mind/psychology/psychopath/1.html 의 첫 번째 페이지 참조.

2000년 4월 13일, Indiana주 북서부에서 세 명의 초등학교 1학년생들이 급우 살인을 공모한 혐의로 체포되었다. 그들은 '증오(hate)' 클럽을 조직했고, 계획된 살육에 가담할 다른 소녀들을 모집하려했다. 그들이 실제 희생 대상을 쏘거나, 도살용 칼(butcher knife)로 찔러죽이거나 교살하려했는지는 확실하지 않다. 그들의 계획은 저지되었으나, 유사한 상황에 처했던 다른 희생자는 그다지 운이 좋지 못했다.

Pennsylvania에서 16세의 Jessica Holtmeyer는 학습장애를 가진 (learning disabled) 여자아이의 목을 매달아 돌로 그녀의 얼굴을 가격했다. 후에, 한 목격자는 Holtmeyer가 피해자를 토막 내어 그녀의 손가락을 기념품으로 가지려 했다고 증언했다.

캄비세스나 폭도들, 그리고 이라크 아부그라이브 교도소의 미군 병사들이 사이코패스였다는 증거는 없다. 또 그렇다고 주장하려는 것도 아니다. 하지만 테드 번디와 게리 길모어의 의식 상태와 유소년기 사이코패스들의 범행동기는 전자의 의식구조와 그로 인한 부도덕한 행태를 설명하는 데 있어 분명히 어느 정도는 부합되는 측면이 있다고 본다. 즉, 모종의 '도덕적 광기'의 발현이라는 측면에서 양자는 질적으로 크게 다르지 않다는 것이다. 바로 이 점에서 19세기에 Prichard와 Maudsley가 사이코패시를 '도덕적으로 미친 상태(moral insanity)'라고 기술한 것은 적절하다고 본다.[12]

---

12) '도덕적 광기' 또는 '도덕적으로 미친 상태'라는 명칭은 가치평가적 개념(value-laden)으로서 사이코패스가 '도덕적 악인'이라는 선입견을 심어줄 수 있다는 지적이 정신의학자들 사이에서 지적되어 왔다. 일정한 정신적 장애에 대해 가치중립적(value-free) 진단명을 사용해야 한다는 점에 있어 이들의 지적은 주목할 만하고 매우 타당하다. 그러나 '도덕적 광기'라는 표현이 반드시 '도덕적 악인'을 뜻하지는 않는다. 일반적으로 광인의 행동에 대해 그 잘못을 탓할 수 없듯이, '도덕적 광기'가 선천적으로 발생하고 도덕적 판단능력에 장애를 가져오는 요인이 된다면, 이는 '도덕적 무능력'으로 이해될 수 있기 때문이다. 본고 제4장 "사이코패스의 형사책임능력"이 바로 이러한 논증을 하고 있다. 가치평가적 진단명 사용

사이코패스적(psychopathic) 광기는 그것이 집단에 의한 것이든 개인적인 것이든 우리 사회의 도덕적·법적 근본 질서와 가치를 교란시키고 무너뜨리는 중대한 해악을 가져온다는 점에서는 동일하다. 일개 기업은 물론이고13) 심지어 사회체제의 근간을 뒤흔들어 한 나라의 명운을 좌우할 수도 있다.

미국내 7대 기업으로 세계 40개국에 2만 1,000여 명의 사원을 거느렸던 거대기업 엔론이 몰락한 사건은 전 세계적으로 유명하다. 미국 역사상 최대의 회계부정사건으로 평가받고 있는 엔론사의 파산 원인에 대해서 차입에 의존한 무리한 신규사업의 실패가 가장 주요한 원인으로 꼽히지만 분식회계 및 자금횡령, 조세포탈 등의 범법행위가 엔론 지도부에 심각한 수준으로 만연해 있었던 것으로 드러났다. 특히 엔론의 최고경영자(CEO)였던 제프리 스킬링과 자금관리 책임자(CFO)였던 앤드류 패스토의 이기적이고 권위적이며 나르시시즘적인 성격 때문이라는 분석도 있다.14) 즉 엔론 지도부의 도덕적 광기가 거대 회사의 패

에 대한 '문제의식'에 관해서는 본서의 제4장 II-2의 "사이코패스 개념의 변천사" 참조. 본서에서는 '도덕적 판단능력이 결여된 상태'를 지칭하는 뜻으로 '도덕적 광기'라는 용어를 사용하기로 한다. 논의 맥락에 따라 일견 '가치평가적'표현으로 보일 수도 있으며, 실제로 그렇게 사용한 경우도 있으나(제5장) 본서의 취지에 비추어 '가치중립적' 뜻으로 사용하고 있다는 점을 이해 편의상 미리 밝혀두고자 한다.

13) 대표적으로 최근 헤어가 기업적 사이코패스(corporate psychopath)에 대해 관심을 보이고 있다. 이 점에 대해서는 본서의 제5장 참조.

14) 미국의 기업전문잡지인 Fast Company 사의 선임기자인 Alan Deutschman의 분석결과에 의하면 비단 엔론 지도부뿐만 아니라, 기업정상화의 명목으로 Scott Paper의 직원 11,000명과 Sunbeam의 직원 6000여명을 해고시켜 '전기톱(chainsaw)'란 별명을 갖고 있는 앨 던랩(Al Dunlap)도 사이코패스 판정을 받기에 충분한 자격을 갖추고 있다고 진단한다. 이 잡지에 의하면 사이코패스적 특성을 보인 대표적 최고경영자(CEO)에는 석유사업가이자대부호인 록펠러와 미키마우스의 창시자인 디즈니도 포함된다고 한다. 이점에 대해서는 http://www.fastcompany.

망을 가져왔다는 것이다(바버라 오클리 2008, 411~416).[15] 아울러 코소보 사태의 주역으로 세르비아 민족주의를 이용해 수차례의 피비린내 나는 '인종청소' 전쟁을 일으킨 밀로세비치 역시 사이코패스적 성격과 경계선 인격장애의 증후를 모두 보여주는 인물이었다고 한다. 코소보 사태의 주원인을 사태에 중심적 역할을 했던 인물의 '도덕적 광기'에서 찾는 분석인 것이다.[16] 이러한 관점에 의하면 극단적으로는 로마제국의 몰락도 국사를 돌보지 않고 사리사욕과 폭정을 일삼았던 코모두스처럼, 우연한 계기를 통해 '도덕적 광기'가 유전된 로마황제들의 개인적 소질에서 찾게 된다(바버라 오클리 2008, 382~385).

그러나 거대기업의 몰락과 제국 쇠퇴라는 사회현상을 분석함에 있어서 지나치게 개인사적인 '소질적' 측면에 주목하는 것은 바람직하지 않다. 우리는 앞서 코소보 대학살의 경우 경제적으로 특권적 지배층에 있는 시장점유 소수민족에 대한 반목과 민족갈등이라는 '상황적' 요인이 크게 작용했음을 지적한 바 있다. 또한 엔론사의 파산도 이미 '상황적' 계기에 의해 필연적으로 예고되어 있었다는 분석도 있음에 유의할 필요가 있다. 1991년 정부 소유 에너지 산업의 실패로 극심한 경제적 공황에 시달리던 인도정부는 세계은행의 후원으로 외국인 투자를 유치해 에너지 산업부문을 가속화 시킬 수 있는 계기를 마련하게 된다. 그것은 바로 1993년 당시 최대규모의 외국인 투자였던 엔론과의 다볼

---

com/magazine/96/open_boss.html 참조.

15) 오클리에 의하면 패스토는 나르시시즘 환자였고, 스킬링은 경계선 인격장애자적 성격의 인물이었다고 한다.

16) 경계선 인격장애자는 감정조절능력이 미약하고 충동적이며 불안정한 자아상을 갖고 매우 혼란스러운 대인관계를 유지하며, 인식 및 추리능력에도 장애를 보인다. 사이코패시와 다른 인격장애, 예컨대 나르시시즘이나 경계선 인격장애 등은 동시에 나타날 수 있다.

발전소 건립 계약이었다. 그러나 반미, 반다국적 기업 감정이 강한 힌두 국민당이 정권을 잡게 되자, 엔론은 '신식민주의'의 주범이자 '미국의 착취에 대한 증오의 상징'으로 낙인찍히게 되었고, 결국 반엔론 시위와 파괴행위들, 그리고 발전소를 폭파하겠다는 위협은 엔론사의 파산 직전인 2001년까지 계속되었다. 즉 코소보나 인도네시아, 그리고 르완다나 스리랑카에서 시장점유 소수민족에 대한 깊은 반목(backlash)이 발생했던 것처럼 개발도상국 인도에서 미국 투자자들에 의한 시장점유는 강렬한 백래시를 초래했다는 것이다(에이미 추아 2004, 309~405). 이러한 '상황적' 요인과 엔론 경영진의 부정부패가 맞물려 거대기업에 파국을 가져온 것이다. 로마제국의 패망도, 여기에서 굳이 부연 설명할 필요 없이, 단지 황제들 개개인의 '도덕적 광기' 이외에 경제적·정치적·종교적 제요소가 결합되어 도래한 것임은 이미 잘 알려져 있는 사실이다.

이상의 사례고찰은 그 제한된 양과 짧은 분량에도 불구하고 '개인적' 차원에서든 '집단적' 차원에서든 '도덕적 광기'의 발현메커니즘을 규명해 내기 위해서는 종합적이고 균형 잡힌 접근방식이 요구된다는 점을 잘 보여주고 있다고 본다. 요컨대 우리가 상식적으로 도저히 용인할 수 없고, 이해할 수도 없는 도덕적 광기(moral insanity)의 일부는 개인의 소질적·유전적 요인에서, 그리고 또 한편으로는 사회적·상황적 요인에서 비롯된다고 보는 것이 적절할 것이다. 나아가 한 기업이나 어떤 조직, 또는 국가의 쇠망원인을 논단하는 데 있어서도 '사이코패스적 광기'에 대한 분석은 유용한 역할을 할 수 있을 것이다. 바로이 점은 지금까지의 형사사법체계는 물론 여타의 법(제도)적·사회적 정책입안 과정에서도 크게 주목받지 못하고 있었던 측면이다. 사이코패스를 단순히 '우연적으로' 발생한 '극악무도한 악인'으로 이해하고 사형이나 장기형 위주의 '엄벌주의적 응보' 방식으로만 처단하게 되면, 그 발생메커니즘에 대한 체계적 관리의 부재로 인해 장기적으로는 사이코패스형 범죄는 끊임없이 '확대' 재생산 될 것이고, 궁극적으로는 정치적 통합과 경제적 번영을 저해할 위험도 있다고 본다. 따라서 개별 범죄피해를 막기 위해서는 물론 우리가 속하여 있는 '조직과 공동체'의 안녕과 질서를 유지하기 위해서도 보다 적극적으로 사이코패스에 대해 관심을 가져야 한다는 것이다. 자, 그럼 이제 사이코패스를 좀 더 자세히 들여다보기로 하자.[17]

II. 사이코패스 들여다보기

줄리언 제인스(Julian Jaynes)는 그의 저작 '의식의 기원'에서 "의식은 도대체 무엇이며, 어디에서 왔고, 또 왜 생겨났을까?"라는 심원한 질문을 던진 바 있다.[18] 아울러 그는 인류 최초의 문헌기록이라고 할 수 있는 '일리아스(*Iliad*)'의 내용에 비추어 볼 때 고대 그리스인들에게는 '의식'이란 존재하지 않았으며, 그들의 행동을 지배한 것은 의식적 판단이 아니라 오로지 제우스나 복수의 원령(Erinys) 또는 신들이 보낸 아테(atē; 충동 또는 제정신이 아닌 상태)와 같은 초자연적인 동인(動

---

17) 다시 말하지만 엄밀히 말해 앞서 다룬 다양한 사례들이 모두 사이코패스 사례인 것은 아니다. 단지 '행동적 측면'에서 '도덕적 광기'의 발현으로 볼 여지가 있다는 점에서 역사적으로 인상 깊고 의미 있는 사례들을 선별해 제시해 본 것이다. 이 사례들 중 상당수는 왜 그러한 사례를 선별했는지, 본서의 결론에 이르게 되면 자연히 납득할 수 있으리라고 본다.

18) Julian Jaynes, The Origin of Consciousness in the Breakdown of the Bicameral Mind, 1976 참조.

困)들이었다는 흥미로운 주장을 펼쳐 보인다. 예컨대 일리아스에는 아
테에 빠진 아가멤논이 자신의 연인을 빼앗긴 데 대한 보상으로 아킬레
우스의 연인을 빼앗고 나서, "내가 이런 짓을 한 탓은 나에게 있지 않
소이다. 제우스와 나의 운명과 어둠 속을 떠도는 에리뉘스에게 있소.
내가 아킬리우스에게서 명예의 선물을 빼앗던 그날, 바로 그들이 회의
장에서 내 마음속에 사나운 아테를 보냈기 때문이오. 신이 모든 것들
을 이루어 놓으셨는데 난들 어찌 하겠소?"라고 변명하는 대목이 있
다.[19] 또 아가멤논이 자신의 연인을 빼앗아 갈 때, 아킬레우스의 노란
머리카락을 움켜쥐며 그를 치지 말라고 경고한 자도 바로 신이었다.
일리아스 시대의 사람들에게는 주관적인 의식도, 자유의지도 없었다
는 것이다. 제인스에 의하면 그들은 의식적인 계획이나 이성이나 동기
로 인해 행위를 시작하지 않았다고 한다. 그들의 행동을 좌우한 것은
전적으로 외부로부터 주어지는 초자연적인 '그 무엇'이었다는 것이
다.[20] 그 타당성 여부를 떠나[21] 그의 주장은 행위자의 욕구와 충동을

---

19) 그러나 아가멤논처럼 초자연적 동인으로 인해 범죄를 저질렀다 하더라도 법적인
    책임을 회피할 수 있었던 것은 아니다. 왜냐하면 초기 그리스에서 법적 책임은
    행위자의 의도를 고려하지 않고 오직 행위 결과만을 고려하였기 때문이다. 이 점
    에 대해서는 Eric R. Dodds/주은영·양호영 역, The Greeks and the Irrational(그
    리스인들과 비이성적인 것들), 2002(원전은 1951년 Berkeley 출판), 13면 참조.
20) 마찬가지로 오뒤세이아(Odyssey)에서도 등장인물들이 모든 물리적·심리적 사건
    의 원인을 '다이몬'이나 '신들'의 탓으로 돌린다는 특징이 발견된다고 한다. Eric
    R. Dodds/주은영·양호영 역, 앞의 책, 24면 참조.
21) Dodds는 제인스와는 달리 호메로스의 인간들이 '선택행위'나 '결정행위'를 전혀
    할 수 없었던 것은 아니었고, 자기 탓에서 비롯된 행위와 초자연적인 것들의 심
    리적 개입(psychic intervention)으로 돌리는 행위를 구분할 수 있었다고 지적한
    다. 그렇기 때문에 아가멤논은 "내가 이런 짓을 한 탓은 나에게 있지 않고 제우
    스에게 있소"라고 말할 수 있다는 것이다. 그는 다소 온건하게 "주체 자신의 의
    식에 의해서든 타인의 관찰에 의해서든 그 원인이 직접 지각되지 않는, 정상적인
    인간행위에서 벗어난 모든 것들은 초자연적인 동인의 탓으로 돌려진다."고 제한

이해하는 데에 있어서 중요한 시사점을 제공해 주고 있다. 많은 경우 강렬한 욕구와 충동은 자아의 외부에서 주어지는 것처럼(ego-alien) 경험되기 때문이다.[22]

줄리언 제인스가 가졌던, 보이지도 않고 만질 수도 없으며 신비롭기 그지없는 의식의 실체에 대한 근본적 문제의식은 인류최초의 의식이 탄생하던 시기에 이미 헤라클레이토스가 "아무리 길을 걸어도 경계를 발견할 수 없는 광대한 공간"이라고 표현한 데에서도 잘 드러난다. 형사사법실무와 연구에 종사하는 전문가들도 그와 비슷한 의문을 품고 있다. "욕구와 충동, 특히 범죄충동은 도대체 무엇이고, 어디에서 오며, 또 왜 생겨나는 것일까?" 다른 각도에서 보자면 "왜 어떤 사람은 범죄충동이 거의 없거나, 느끼면서도 잘 억제하는 반면 어떤 이는 그러한 유혹에 쉽게 굴복하게 되는 것일까? 왜 사이코패스는 연쇄살인범이 되기 쉬운 것일까?" 등의 의문도 떠오른다. 이 책은 '의식의 기원'만큼이나 불가해한 '범죄충동'의 본질에 대하여 근원적 질문을 제기하며 논의를 시작하고자 한다.

범죄현상과 범죄유발원인에 대해서는 형사정책적으로 범죄원인론

적으로 해석한다. Eric R. Dodds/주은영·양호영 역, 앞의 책, 26면과 243면의 각주 31) 참조. 즉 모든 행동이 초자연적 동인에 의한 것이 아니라 비정상적인 행동만이 그러하다는 것이다. 또한 제인스가 신적 장치들(divine machinery)이 단순한 '문학적 고안물'이 아니라고 단언하며 이를 논증하고 있는 반면, Dodds에 의하면 그것은, 공적인 명예를 중시했던 당대의 그리스인들이 비정상적인 행동을 한 것에 대한 수치심을 초자연적인 것에 투사시킴으로써 제거하기 위한 '심리적 투사장치'였다고 추측하고 있다. 같은 책, 31~32면.

22) Stephen J. Morse, Uncontrollable Urges and Irrational People, 88 Virginia Law Review, September. 2002, p.1059. Morse 교수에 따르면 특히 '범죄충동'은 그 성질상 통제하기가 힘든데 왜냐하면 그 실행의 결과는 매우 기쁜 만족감을 주는 반면, 실행을 하지 못하게 될 때의 좌절감은 너무나 고통스럽기 때문이라고 한다.

의 영역에서 폭넓게 다루어져 왔다. 고전학파(古典學派)의 입장에서는 주로 행위의 자발적인 선택가능성을 강조하며 인간을 자유의사에 따라 자기 운명을 지배하는 존재로 간주한다. 자유의사를 가진 개인이 범죄로 인한 이익이 이로 인한 손해보다 크다고 판단했기 때문에 범죄를 저지르는 것으로 이해하며, 따라서 범죄는 자유로운 의사결정에 따른 결과로 파악된다(非決定論). 이와 달리 실증주의(實證主義) 진영에서는 인간을 이성적 판단에 따라 행위를 통제할 수 있는 자율적 존재로 보지 않고, 개인 외부에 존재하는 요인들에 의해 행동하도록 결정된 존재로 본다. 즉, 인간의 사고나 판단은 이미 저지른 행위과정을 정당화하는 역할을 하며, 사고나 판단에 따라 자유롭게 행위를 결정하는 것은 아니라고 본다(決定論).

19세기 실증주의 범죄이론이 등장하기까지 100여 년간 지배적인 입장이었던 고전학파의 이론은 베카리아(C.Beccaria)와 벤담(J.Bentham)으로 대표되며, 이후 현대적인 고전학파는 형벌집행의 확실성과 신속성, 그리고 형벌정도의 엄격성에 주목하는 범죄억제론(犯罪抑制論; Deterrence Theory)과 경제활동에 있어서 비용과 효용을 계산하듯 범죄행위도 결국에는 범죄를 통한 이익과 손실을 따져서 행한 결과라고 보는 범죄경제학(Econometrics) 등으로 발전한다. 초기실증주의의 대표자로는 이탈리아의 경우 롬브로조(Cesare Lombroso)와 페리(Enrico Ferri), 가로팔로(Raffaele Garofalo)가 있으며, 프랑스는 뒤르껭(Durkheim) 등이 이 분야의 잘 알려진 권위자이다. 독일의 리스트(v. Liszt)도 초기 실증주의를 대표한다. 실증주의 이론은 20세기에 들어 크게 분류해 생물학적 원인론과 심리학적 원인론, 그리고 환경적 원인론 등으로 나뉘어 발전해 오고 있다.

고전학파의 범죄이론은 현대 형사사법체계를 수립하는 데 크게 기여하였다.23) 그러나 인간이 자유의지로써 이성적 판단을 내릴 수 있는 존재라는 가정은 범죄발생의 실제메커니즘을 들여다보면 언제나 타당하다고 보기는 힘들다. 예상되는 행위의 결과에 대한 완전히 합리적인 계산은 일반시민들에게서조차 찾아보기 어려울 뿐만 아니라 일상적·직업적으로 범죄를 저지르는 범죄자들도 합리적인 의사결정과정을 통해 행동하지는 않는다는 것을 경험적 연구는 입증해 주고 있기 때문이다 (Tunnell 1990). 오히려 인간 의사결정기제는 실증주의자들의 주장처럼 생물학적, 심리학적, 환경적 요인 등에 영향을 받는다고 보는 것이 타당할 것이다. 물론 그렇다고 실증주의 범죄이론이 전적으로 옳다는 뜻은 아니다. 주지하다시피 실증주의 범죄이론 역시 생물학적, 심리학적, 환경적 원인론 중에 그 어느 것도 범죄원인을 결정론적(決定論的)으로 설명해 주지는 못하기 때문이다.

이상은 범죄학 이론에 근거한 범죄유발원인의 설명방식이다. 이번에는 수많은 범죄현장에서 몸소 수사를 벌여 온 전문가의 견해를 들어보기로 하자.

저명한 범죄심리학자이자 프로파일러인 토마스 뮐러에 의하면 "행위는 욕망에 의해 조종된다." 다시 말해 연쇄살인과 같은 이상 범죄의 배후에는 행위자의 빗나간 욕망이 자리잡고 있다는 것이다. 그는 직접 면담한 수백 명의 범죄자들에 대한 관찰을 토대로, 범죄충동이란 폭력적이고 성적인 판타지와 욕망, 그리고 (어쩌면 그로부터 비롯된) 타인에 대한 지배와 권력욕 및 통제에 대한 욕구로 이해하면서 결국 일탈적인 판타지(fantasy)와 욕망이 범죄의 원인이 된다고 결론지었다(토마스 뮐러 2009). 그러면서도 그는 "성적 욕구를 충족시키기 위해 여성

---

23) 예컨대 형법은 기본적으로 인간을 자유의지를 가진 존재로 보고 자신의 행위에 대한 책임을 강조하는 입장에 서 있다.

의 내장을 끄집어내거나 피를 마시는 자들, 노파를 살해한 후 아랫배를 개복하고 거기에 달걀을 넣는 그런 자들"의 머릿속에 어떤 생각이 오가는지는 정확히 파악할 수 없다고 시인한다. 즉, 그러한 부류의 범죄자들은 "우리가 들어가지 못하는 경험의 세계 안에서 사는 사람들"이라는 것이다. 아울러 그는 니체의 말을 인용해 "괴물과 싸우는 자는 스스로 괴물이 되지 않도록 주의해야 한다. 오랫동안 악의 심연(深淵)을 들여다보면 심연도 너를 들여다본다(니체, 선악의 피안)."며 기이한 인격체에 동화되지 않도록 경계를 늦추지 않는다.

자, 그렇다면 이제 사이코패스에 대해 이야기해 보기로 하자.

이 분야의 세계적 권위자인 헤어 박사에 의하면 사이코패스는 평생 동안 타인을 유혹하고 속이고 무자비하게 짓밟는 이 사회의 약탈자다. 남에 대한 도의적 양심이나 동정심이 전혀 없기 때문에 약간의 죄의식이나 후회도 없이 사회규범과 기대를 헌신짝처럼 버리고, 자신이 원하는 것을 이기적으로 쟁취하고, 제멋대로 행동한다. 잘 알려져 있다시피 연쇄살인범의 대부분은 사이코패스일 가능성이 높다. 사이코패스는 그가 전형적으로 지닌 잠재적 폭력성과 이상인격으로 인해 연쇄살인범으로 발전할 개연성이 있기 때문이다. 단, 그렇다고 해서 모든 사이코패스가 연쇄살인범이 되는 것은 아니다. 경우에 따라 사기나 횡령, 배임 등의 재산범죄만 저지를 수도 있다. 이들 화이트칼라 사이코패스들은 대체로 언변이 뛰어나고, 매력적인 데다가 자신만만하며, 어떤 상황에서도 태연하고, 거짓말이 탄로 날 상황에 닥쳐도 전혀 당황하지 않는다. 심지어 사기행각이 전부 드러나도 아무 일도 없었다는 듯이 행동해 고소인을 당황하게 만들기도 한다. 물론 범죄자가 된 사이코패스들과는 달리 오히려 정상인들 못지않게 사회적으로 성공하는 경우도 많이 있다('성공한' 혹은 '비범죄형' 사이코패스). 단, 이 경우에도 사회적 법망에 걸리지 않았을 뿐이지 온갖 비윤리적, 탈법적인 수단으로 결국 누군가 다른 사람이 그 대가를 치르게 만든다(헤어, 2005).

피해자는 물론 제3자의 시각으로 볼 때에도 사이코패스는 그 자체로 우리 사회에 대단히 위험한 잠재적 범죄자로 간주되기 쉽다는 점은 충분히 이해할 수 있다. 그러나 사이코패스에게도 항변의 여지는 있다. 흔히 이들은 저항할 수 없는 충동(irresistible impulse) 또는 통제불능한 충동(uncontrollable urge)을 겪고 있다고 알려져 있기 때문이다. 만일 누군가 정신병으로 인해 범행을 저질렀다면 그를 비난할 수 없음은 일반적으로 받아들여지는 규범판단이다. 그런데 만일 그가 선천적·생래적 이유로 인해 저항할 수 없는, 통제불능의 충동으로 인해 범죄를 저질렀다면 법적으로 어떻게 처리해야 할 것인가? 다시 말해 행위가 비자발적으로 일어났을 경우에 이에 대해 어떠한 법적 평가를 내려야 하는 것일까? 이 점에 대해서 한 가지 참고할 만한 형법 조문이 있다. 형법 제12조는 "저항할 수 없는 폭력이나 자기 또는 친족의 생명, 신체에 대한 위해를 방어할 방법이 없는 협박에 의하여 강요된 행위는 벌하지 아니한다."고 규정하고 있다. 그런데 외견상 유사한 구조이긴 하지만 이 경우는 엄밀히 말해 행위자의 의지 또는 통제불능이 문제되는 것이 아니다. 어려운 선택상황이 존재하기 때문에 행위자의 책임이 면제되는 것이다.

그렇다면 내부로부터의 저항할 수 없는 충동은 법적으로 어떠한 평가를 받아야 하는가? 일단 과연 그러한 저항할 수 없는 충동이 경험적으로 확인되고 있는가? 도대체 어느 정도의 심리적인 고통이 있어야만 저항할 수 없는 충동이라고 말할 수 있는가? 저항할 수 없는 충동은 객관적 측정이 가능한 개념표지인가? 만일 이러한 질문에 모두 긍정적인 답변이 주어질 수 있다면, '저항할 수 없는 충동'으로 인해 그러한 통제불능의 상황에 놓인 행위자를 비난하기는 어려울 것이다. 그의 정상적인 의사결정능력을 인정할 수 없기 때문이다. 법적으로는 이 경우 형사책임능력이 제한된다고 말한다. 정신병자와 마찬가지로 형벌을 받을 만한 자격을 갖추고 있지 못하다는 것이다. 그런데 경험적으로 그 재범의 위험성이 널리 알려진 사이코패스의 책임능력을 제한하게 되면, 무죄 방면되거나 형이 감경되어 또 다른 범죄실행의 기회가 제공된다는 현실적인 문제점이 있다. 현행법상 이들에 대한 치료감호처분이 가능하긴 하지만, 현재까지 사이코패스에 대한 치료개선의 가능성은 매우 낮다는 인식이 지배적이기 때문에 그 실효성에 대해서는 의문이 들 수밖에 없다는 것이다. 바로 이 점은 사이코패스를 엄벌에 처하도록 사회 분위기를 조장하는 주된 원인이 되고 있다.

사이코패스에 대한 사법적 대응방안을 강구함에 있어서 이들에 대한 치료가능성 여부는 매우 중요한 기준으로 작용한다. 왜냐하면, 만일 치료가 불가능하다면 사법적 대응의 주된 목표는 엄벌을 통한 사회로부터의 영원한 격리처우일 것이고, 반면 치료가 가능하다면, 형사처벌과 치료처분을 병과 할 수 있기 때문이다. 이 점은 특히 미국내에서의 성적 사이코패스(Sexual Psychopath)에 대한 입법론의 변천사를 보면 확연히 드러난다.24)

미국의 경우 지난 100여 년 동안의 정신장애자와 성폭력 범죄를 저지르는 성적 사이코패스에 대한 입법논의가 치료가능성에 거는 기대와 실제의 결과에 따라서 치료중심모델과 장기격리모델 사이를 오고

---

24) 이하의 미국내 입법론의 개관에 대해서는 Geissenhainer, The $ 62 Million Question: Is Virginia's New Center to House Sexually Violent Predators Money Well Spent?, Univ. of Richmond Law Review, 2008, 1304~1308면 참조.

가는 진자효과(pendulum effect)를 보여주고 있다. 미국에서는 1880년
부터 자신의 행동을 통제할 수 없는 범죄자들을 형기 만료 후 민간위
탁 치료시설에서 부정기 수용, 치료를 하는 수용치료사법처분(Civil
Commitment)25)이 법적으로 제도화 되었다. 이 제도의 이론적 근거는
범죄자들로부터 시민을 보호해야 한다는 경찰국가이론(police power)
과 부모의 입장에서 스스로 자신을 돌볼 수 없는 자들을 돌봐 주어야
한다는 국가후견주의(parens patriae)가 자리 잡고 있었다.26) 1840년대
에는 최초로 정신장애자들을 수용, 치료하는 시설이 설치되었다. 그러
나 이 시설에 대한 당초의 기대와는 달리 1860년대에 이르러 수용자
들의 상당수가 치료불가능하고, 시도된 치료가 성공적이지 못하다는
것이 명백해졌고, 그러자 19세기말 무렵에는 이 제도에 대한 지지가
줄어들었다. 그러나 19세기말 무렵에 우생학 운동(eugenic movement)
이 인기를 끌자 다시 많은 정신장애자들이 이 시설에 수용되었으나,
1930년대에 이르러 이 운동이 시들해지자, 이 제도는 더 이상 지지를
얻지 못했다(no longer in vogue).

　그러다가 1930년대 후반에 성적인 동기에 의한 잔혹한 어린이 살
해가 발생하자 성범죄를 특별히 취급하려는 움직임이 본격화되었고,
성적 사이코패스 방지법(sex psychopath law)이 제정되어 형기 만료 후
이들을 다시 구금할 수 있도록 입법되었다. 이 법의 취지는 국가는 공
공의 안전을 보장해야 하고, 따라서 사이코패스 성범죄자의 경우는 치
료가 된 후에만 석방을 할 수 있도록 해야 한다는 것이었다.27) 1937년

---

25) '수용치료사법처분제도'는 최근 법무부에서 사용하고 있는 번역어이다. 간단히
　　'민간구금'이라고 불러도 무방할 것이다.
26) Geissenhainer, 앞의 논문, 1304면.
27) Geissenhainer, 앞의 논문, 1305면.

에 미시간 주가 최초로 성적 사이코패스 방지 법률을 제정하였다. 이후 1939년까지 다른 세 주가 이러한 취지의 법률을 제정하였고, 1960년대까지는 상당수의 주들이 사이코패스 성범죄자를 사회로부터 격리시키고 또한 이들을 치료를 하기 위한 목적으로 성적 사이코패스 법률을 제정하였다. 그러나 1980년대에 이르러 시민권(civil rights)에 대한 침해 우려와 치료프로그램의 성공여부에 대한 명백한 입증이 실패하자 이러한 법률을 시행하는 주는 절반으로 줄어들었다. 이처럼 실제 발생한 잔인무도한 사건과 그에 대한 지역사회의 요구에 의해 성적 사이코패스 방지법안이 제정되었다가, 또 치료가능성이 의문시되어 폐지되는 과정을 반복하다가, 1990년대 워싱턴에서 성범죄를 비롯해 많은 전과가 있었던 Earl Shriner라는 자가 7세 소년을 강간하고 목 졸라 죽인 후 토막 낸(mutilate) 사건이 발생하자, 교도소에서의 형기 만료 후에도 구금할 수 있는 법이 또다시 입안되었다.[28) 이 법률은 일명 성폭력 흉악범 방지법(Sexually Violent Predator: SVP)이라고 불린다.[29) 1994년과 1995년에 위스콘신, 캔사스, 아이오와, 캘리포니아, 아리조나 등의 다른 주들도 워싱턴의 SVP를 참고해 관련 법률을 제정하였고,

---

28) Geissenhainer, 앞의 논문, 1307면.
29) 성폭력 흉악범에 대한 법률적 정의는 미국에서도 주마다 차이가 있으나, 일반적으로 "성범죄로 유죄판결을 받고 '정신이상'이나 '성격이상'으로 평가된 자로서 석방이 된다면 또 다른 성폭력 범죄를 저지를 가능성이 높아 본인 개인뿐만 아니라 지역사회에도 위협이 될 수 있다고 판결 받은 자"이다. 이 법률은 성폭력 범죄자를 죄인으로서가 아닌 병이 든 환자로서 취급해야 한다는 취지를 갖고 있기는 하지만, 치료 자체가 목적이라기보다는 치료를 목적으로 하여 이들을 구금하여 사회를 보호하려는 취지가 더 강하다고 한다. 이상의 내용에 대해서는 이수정, 고위험 성범죄로부터 사회보호를 위한 대안 모색, 성범죄자에 대한 치료사법적 대안모색(법무부·여성가족부·국가청소년위원회·한국심리학회 공동주최국제심포지움), 2007, 54면 참조.

2008년 현재 20개의 주들이 성폭력 흉악범에 대한 수용치료사법처분 (civil commitment)을 허용하는 법률을 두고 있다.[30] 전술한 미국의 사이코패스 처벌의 역사는 치료가능성이 보장되지 않는 치료중심모델은 곧 실패할 수밖에 없음을 잘 보여준다. 즉, 만일 사이코패스가 치료교화가 불가능하다면 전통적 형사처벌만으로 이들을 사회에서 격리시키는 방법만이 사회적으로 선호될 수밖에 없다는 것이다. 물론 그렇지 않다면 형벌과 치료처분을 어떻게 합리적으로 병과하는 것이 바람직한 것인지에 대해 모색해 볼 수 있을 것이다. 그렇다면 현재 사이코패스의 치료가능성에 대한 논의는 어느 정도의 수준에 이르러 있는가? 과연 사이코패스는 치료가 가능한 것인가?

대부분의 연구문헌에서 간과되고 있는 측면이지만, 사이코패스도 언제나 범죄자가 되지는 않는다는 사실은 사이코패시의 치료가능성에 대한 매우 긍정적인 함축을 담고 있다고 본다. 왜냐하면 형의 선고를 받고 수감생활을 하는 실패한 사이코패스(unsuccessful psychopath) 이외에 사이코패시적 특성을 지녔음에도 불구하고 범죄를 억제하고 사회적으로 성공하는 사이코패스도(successful psychopath) 얼마든지 존재하고 있는바,[31] 이는 사이코패시에도 정도의 차이가 있으며,[32] 그렇

---

30) Geissenhainer, 앞의 논문, 1309면. 대표적으로 플로리다의 SVP에 대해서는 The 2008 Florida Statutes 775.21 "The Florida Sexual Predators Act", Online http://www.leg.state.fl.us/Statutes 참조.
31) 성공한 사이코패스 사례에 대한 가장 최신의 소개문헌으로는 Barbara Oakley/이종삼 역, Evil Genes: Why Rome Fell, Hitler Rose, Enron Failed and My sister Stole My Mother's Boyfriend(나쁜 유전자), 2008 참조.
32) 단적인 예로서 '실패한' 사이코패스는 비정상적인 해마를 가진 반면, '성공한 사이코패스'는 정상적인 해마를 가진 것으로 밝혀졌고, 성공한 사이코패스들과 달리 실패한 사이코패스들은 전전두 회백질을 정상인의 3/4만 갖고 있다고 한다. 이러한 연구결과에 대한 소개로는 Barbara Oakley/이종삼 역, 앞의 책, 138면. 참고문헌은 앞의 책, 같은 면, 각주 13) 참조.

다면 일정한 치료와 교화를 통해 이들을 정상인은 아니더라도 최소한 '성공한 사이코패스'로 갱생시킬 수 있다는 전망을 품게 해 주기 때문이다.[33]

또한 사이코패시의 발병 및 발현원인이 전적으로 유전적·생물학적 요인에 의해서 결정되는 것은 아니라는 사실도 사이코패시의 치료에 희망적인 단서를 제공해 준다. 이 분야의 매우 저명한 권위자의 한 사람인[34] 헤어(Robert D. Hare) 박사에 따르면 사이코패시는 선천적인 생물학적 요인과 후천적인 사회·환경적 요인이 복합적으로 작용해서 (interplay) 나타난 결과다.[35] 그는 사이코패시의 직접적 유발요인이 아직은 명확히 밝혀지지 않고 있음을 인정하면서도[36] 후천적 요인보다는 선천적 요인이 보다 직접적인 원인으로 작용한다고 추측한다. 헤어에 의하면 나쁜 환경이나 유년기의 부적절한 양육이 사이코패시를 유발하는 직접적인 요인은 아니며, 다만 이미 선천적·생물학적 작용으로 준비된 사이코패시적 특성을 다양한 형태로 발달시키고 행동적으로 표출시키는(develops and is expressed in behaviour) 기능을 한다.[37] 이러한 헤어의 가설은, 물론 이견이 없는 것은 아니지만 현재까지 많은 연구문헌에 의해 지지받고 있는 것으로 보인다. 예컨대 일란성 쌍

---

33) 물론 성공한 사이코패스라고 하여 사회적으로 유해한 측면이 없다는 것은 아니지만, 적어도 직접적인 범죄자는 아니다.

34) 이러한 평가로는 Grant T. Harris, Tracy A. Skilling, & Marine E. Rice, The Construct of Psychopathy, 28 *Crime & Justice*, 2001, 203면 참조. 동 문헌에 의하면 헤어는 사이코패시의 이론과 실험 연구 분야에서 가장 광범위한 영향을 주었다(Hare has had the largest theoretical and empirical impact in the area of psychopathy research)고 한다.

35) Robert D. Hare, *Without Conscience: The Disturbing World of the Psychopaths Among Us*, The Guilford Press, 1999(1995년 초판발행), 166면과 173면 참조.

36) Robert D. Hare, 앞의 책, 165면.

37) Robert D. Hare, 앞의 책, 173~174면.

둥이와 이란성 쌍둥이를 대상으로 한 연구에서 중증의 사이코패스인 이들 쌍둥이의 반사회적 행동은 81%정도가 유전적 영향에 의해 결정되고, 나머지 19%는 두 쌍둥이가 어떻게 다르게 성장하는가 하는 비공유 환경의 영향을 받는 것으로 밝혀진 바 있다.[38) 비록 선천적 요인의 비율이 상당히 높기는 하지만, 이에 대한 외과적·물리적 치료가능성 여부는 차치하더라도, 20%정도의 후천적 요인은 질 높은 통제와 교육 및 심리치료 등에 의한 치료가능성의 여지를 강력하게 암시해 주고 있다.

이상 이 책에서 다룰 주요한 내용은 거의 다 언급하였다. 사이코패스의 범죄충동, 사이코패스의 형사책임능력, 그리고 사이코패스의 원인론과 치료가능성이 그것이다. 우선 제2장에서는 사이코패스의 범죄충동이 어떠한 측면에서 정상인의 범죄충동과 다른지를 검토한다. 이러한 작업을 통해 흔히 "이해할 수 없는 존재"로 여겨지는 사이코패스의 내면세계를 규범적·심리적 차원에서 들여다 볼 수 있게 된다. 다음으로는 사이코패시의 발생원인에 대한 제 가설을 검토해 볼 것이다. 사이코패스에 대한 여하한 대책, 예컨대 치료·교정방법을 알아내기 위해서라도 원인론(etiology)에 대한 검토는 필수적이기 때문이다. 끝으로 제4장에서는 우리가 이 책을 통해서 다루고자 하는 궁극적인 논제, 즉 사이코패스의 형사책임능력을 진지하게 다루어 볼 것이다. 사이코패스에 대한 사법적 대응방안을 수립하기 위해서는 무엇보다도 그 책임능력에 대한 논의가 선결되어야 할 것이기 때문이다.

자, 그럼 사이코패스가 아닌 - 어쩌면 단지 그렇게 믿고 있는 - 우리가 사이코패스를 어떻게 다루어야 할지 깊이 생각해 보자. 각자의

---

38) Barbara Oakley, 이종삼 역, 앞의 책, 71~71면 참조.

종교적·도덕적·철학적 신념에서 온 직관은 이미 이러저러한 결론을 내고 있을 것이다. 이 책의 내용이 그에 얼마나 부합되는지, 아니면 얼마나 상반되는지, 많은 후속논의가 전개되기를 바라면서, 본론을 시작하기로 한다.

제 *2* 장

사이코패스의 범죄충동과 통제이론

I. 사이코패스의 범죄충동과 통제이론

우리는 앞서 사이코패스의 범죄충동이 매우 다루기 힘든 문제를 야기한다는 점을 살펴본 바 있다. 우선 "저항할 수 없는 통제불능한 충동"이 임상적으로 확인되는가, 또 어느 정도의 심리적 고통이 있어야만 그러한 충동을 인정할 수 있는가, 아울러 그러한 충동은 객관적으로 측정이 가능한가의 의문이 제기될 수 있다. 이상 일련의 문제제기에 대해서 "저항할 수 없는 충동"이란 법적으로 무용한 개념이라는 견해가 있다. 왜냐하면 사이코패스는 범죄를 "즐기기" 때문에, 욕구가 충족되지 않는 데서 오는 "심리적 고통"이 존재하지 않을 수 있고,[1] 설령 그러한 심리적 고통을 수반하는 범죄충동이 존재한다 하더라도 그것은 객관적으로 측정이 불가능하기 때문이라는 것이다.[2] 예를 들어 방광에 일정수준의 소변이 차서 괄약근이 더 이상 참지 못하고 열리지 않을 수 없는 경우처럼 과학적으로 측정이 가능한 통제불능의 메커니즘을 확인할 수 있는 경우와는 달리 사이코패스의 범죄충동은 "주관적 감정(subject feelings)"일 뿐 설령 그것이 외부에서 주어지는 것처럼(ego-alien) 통제불능한 것이었다 하여도 경험적인 입증이 불가능한 이상 개념적으로 무용한 표지라는 것이다.[3] 한마디로 어느 정도의 욕구단위(desire units)가 있어야만 행동스위치(action switch)를 켤

---

1) 예컨대 정남규는 공판정에서 "살인을 통해 희열을 느꼈다", "살인이 가장 짜릿했다"는 진술까지 했다는 점을 상기하라. 제2장은 경찰법연구 제6권 제1호(2008)에 게재된 "사이코패스의 범죄충동과 통제이론"을 수정·보완한 것이다.
2) Stephen J. Morse, 앞의 논문, 1059면 이하 참조.
3) Stephen J. Morse, 앞의 논문, 1062~1063면.

수 있는지는 알 수 없으며, 따라서 저항할 수 없는 충동과 단순히 저항하지 않은 충동은(irresistible desire and one simply not resisted) 구분할 수 없다는 것이다. 인간에게 있어서 욕구와 행동의 상관성은 기계적 메커니즘으로 설명되지 않는다.

저항할 수 없는 범죄충동이란 행위자의 주관적인 감정일 뿐 법적으로 유의미한 개념표지는 될 수 없다는 지적은 분명 귀 기울일 만하다. 그러나 객관적인 확인이 불가능하기 때문에 전혀 쓸모없는 개념이라는 점에 대해서는 재고의 여지가 있다고 본다. 그 이유는 우선 이미 형사정책으로도 범죄충동에 대한 사회적·개인적 통제가능성의 논의가 체계적으로 정립되어 있는바, 심리적 욕구단위의 비과학성에만 주목하려는 모스의 접근방식은 편협하다고 볼 수 있고, 다음으로 사이코패스의 경우 정상인과 다른 특이한 성격의 범죄충동을 갖고 있는데, 이 점에 대한 비교·분석은 분명 사이코패스의 범죄충동을 이해하고 법적 대책을 수립하는 데에 있어서 유의미한 결과를 가져올 수 있기 때문이다. 예컨대 사이코패스가 정상인과는 다른 선천적·생물학적 메커니즘에 의해 범죄충동에 쉽게 굴복할 수밖에 없다면 이 사실은 일정한 심신장애 요건을 구성하게 되며 결국에는 형사책임능력 판단에 중대한 변수로 작용할 수 있다. 이하에서는 정상인의 것과는 다른 사이코패스의 범죄충동을 살펴보고 이를 통해 법적으로 유의미한 결론을 도출해 보고자 한다.

일반적으로 실증주의 범죄이론에서 범죄의 발생원인은 크게 두 가지로 설명된다. 그 하나는 범죄자의 타고난 생물학적·유전적 특질과 성격적 특성으로 말미암아 범죄를 저지른다는 것이고, 또 다른 하나는 범죄인의 주변을 둘러싼 사회병리적·환경적 요소로 인해 범죄가 유발된다는 것이다. 전자는 범죄자 개인의 '소질적' 요소에 초점을 맞추는 것이고, 후자는 그가 범죄를 저지를 수밖에 없게 만든 '상황적·환경적' 요인에 주목하는 이론인 것이다. 양자는 처음부터 이론적 출발을 달리하는 대조적 접근방법으로, 범죄의 원인 자체를 근본적으로 다른 곳에서 찾고 있지만, 잘 알려져 있다시피 범죄의 원인은 둘 중 어느 하나의 이론에 의해 '결정론적(決定論的)'으로 설명되지는 못한다. 즉, 생물학적·유전적 범죄원인론은 물론 사회병리적·환경적 범죄원인론 그 어느 것도 범죄의 발생원인을 합리적으로 완전하게 설명해 내지는 못한다는 것이다. 그렇기 때문에 범죄는 범죄자 개인의 '소질적' 요소와 그의 '상황적·환경적' 요소가 복합적으로 작용해 발생한다고 보는 견해가 오늘날 표준적 범죄원인론으로서 지배적 위치를 차지하고 있는 듯하다.[4]

사이코패스는 일반적으로 그 특유의 '이상인격' 내지 그가 지닌 '소질적 특성'으로 인하여 자신의 행위가 위법하고 부정하다는 것을 알면서도 이를 억제하여 준법적 행동으로 나아갈 수 있는 '자기통제력'을 상실한 '고도의 재범 위험군'에 속하는 자로 알려져 있다(김상준 2005). 한마디로 자신의 '범죄충동'을 스스로 억제할 능력이 없는 사람이라는 것이다. 사이코패스가 되는 원인에 대해서는 다각적으로 연구

---

4) 그러나 범죄원인에 대한 일반이론보다 더 중요한 것은, 개별 사안과 범죄자에 따라 '기질적 요소'와 '상황적·환경적 요소' 중 어느 요인이 더 결정적으로 작용하였는지를 판별해 내는 것이라고 본다. 주로 개인의 '소질적 원인'에 주목하려는 전통적 견해와는 달리 그를 둘러싼 '상황이나 환경', 즉 '시스템적 요인'까지도 종합적으로 고려해야 한다는 유력한 견해로는, Philip G. Zimbardo/이충호·임지원 역, Luciffer Effect, 2007 참조. 미국 심리학회 회장을 역임한 바 있으며, 현재 스탠퍼드대학 심리학과 명예교수인 Zimbardo는 주로 개인의 소질적 원인에 초점을 맞추는 범죄학, 정신의학, 심리학상의 전통적 견해를, 스탠퍼드대학내에서의 '모의감옥실험'을 통해 사회심리학적 관점에서 논박하고 있다. 특히, 전통적 견해에 대한 문제제기로는 앞의 책, 29면 이하 참조.

가 진행돼 왔다. 우선 사이코패스는 선천적인 탓으로 인해 (신경)생물학적으로 행동억제능력이 결여되어 있고, 뇌의 전두엽 기능 이상으로 '공격성'이 매우 두드러지며, 자라온 환경은 불안정하거나 유소년기에 부모로부터 학대를 받은 경우가 많다고 한다. 이와 같은 생물학적·환경적 요인이 복합적으로 작용하게 되면 '범죄충동'에 대한 통제능력이 정상인에 비해 현저히 미약하거나 결여되어 쉽게 범죄를 저지르게 된다.5)

그렇다면 '사이코패스 범죄'의 발생원인도 표준적인 범죄원인론에 따라 한 개인의 '소질적' 요인, 즉 여기서는 '사이코패시(정신병질)'라는 이상성격과 그러한 정신병질을 형성·발현시키고, 그것이 결국 범죄로 이어지게 만든 '환경적' 요인 두 가지가 복합적으로 작용한 것이라고 설명할 수 있을 것이다. 다만, 사이코패스 범죄의 경우 이 두 가지 요인 중에서 어느 요인이 더 '결정적으로' 작용하는지에 대해서 국내의 학계와 실무에서 아직 활발한 논의가 없는 듯하다. 이에 대한 명확한 판단이 있어야만 사이코패스 범죄에 대한 적절한 형사적 대응방안이 수립될 수 있을 것이다. 결론부터 말하자면 사이코패스 범죄에는 '환경적' 요인보다는 '소질적' 요인이 더욱 결정적인 역할을 한다는 것이 본서의 입장이며, 이하에서는 '정상인'의 범죄충동에 대하여 주로 '환경적' 요인을 중심으로 범죄의 발생원인을 설명하는 통제이론과의 비교를 통해 이 점을 보다 명확히 드러내 보이고자 한다.

범죄의 발생원인은 범죄충동에 대한 개인적 또는 사회적 '통제력'

---

5) 2006년 서울 서남부 지역 연쇄살인범으로 검거된 정남규는 공판정에서 "담배를 피우고 싶은 것처럼 사람을 죽이고 싶은 충동을 느낀다"거나 "내 힘으로 조절하기 힘든 충동이 있다"고 말해 "저항할 수 없는 범죄충동"이 있음을 털어놓았고, "범행을 준비하는 과정부터 흥분되고, 사람을 죽인 뒤에는 말로 표현할 수 없을 정도로 환희를 느꼈다"고 진술했다.

의 미비에 있다는 형사정책 이론이 바로 '통제이론(Control Theory)'이다. 통제이론은 모든 인간이 잠재적 범죄인으로서 개인의 욕망을 실현하기 위한 수단으로 범죄를 저지를 수 있음에도 불구하고 대개의 경우 범죄를 저지르지 않고 살아가게 되는 원인은 바로 개인 또는 사회의 범죄억제력에 있다고 설명하는 이론이다. 따라서 통제이론에서는 개인과 사회의 범죄 억제력을 중심으로 범죄가 일어나는 메커니즘을 설명한다. 통제이론적 관점에서 보면, 사이코패스의 무절제한 범죄충동은 간명히 설명될 수 있어 보인다. 통제이론의 범죄원인 분석도구인 '범죄억제력', 즉 개인적 또는 사회적 차원의 통제력이란 개념을 사용하면 사이코패스가 범행을 저지르는 계기나 기제가 비교적 수월하게 설명될 수 있기 때문이다. 실제로 범죄의 결과에 대한 '수치심'이나 '사회적 연대와 끈'이라는 개인적 또는 사회적 통제력을 토대로 사이코패스적 범행패턴을 보인 유명 연쇄살인사건 등에 있어서 살인범의 범행원인에 대해 통제이론으로써 분석해 보려 했던 몇몇 선행연구는 바로 이와 같은 점에 착안하여 범죄원인 분석의 단초를 찾고자 했던 것으로 판단된다.

그러나 본서에서 주목하고자 하는 바는 통제이론에 의한 사이코패스의 범죄충동 분석은 일정한 한계가 있다는 것이다. 비록 통제이론이 일반적 범죄자의 범죄충동에 대하여 개인적 또는 사회적 차원의 거의 모든 요소를 분석적으로 제시하여 주고 있고, 그에 대한 형사적 대응방안을 수립하는 데 있어 유의미한 기여를 할 수 있다는 점을 부인할 수는 없겠지만, 그럼에도 불구하고 사이코패스 범죄충동은 통제이론의 기본전제와 이론적 틀을 벗어나 있는, 다시 말해 그 '소질적 특성'이 너무 강하게 작용하여 표준적인 범죄통제 메커니즘으로는 설명하기 힘든 '특이한 유형'의 충동이라는 점을 명확히 드러내 보이고자 한다. 이러한 논증을 통해 궁극적으로 사이코패스에 대한 독자적인 형사적 대응방안이 필요하다는 점을 입론하려는 것이다. 왜냐하면 여전히 우리 학계와 실무에서는 사이코패스에 대한 특별한 처우의 필요성에 대한 인식이 상당히 미흡하다고 판단되기 때문이다. 이하 본서에서는 통제이론을 검토해 봄으로써 사이코패스에 대한 독자적 대응방안이 필요한 근거를 제시해 보고자 한다.

II. 범죄충동과 억제에 대한 통제이론적 분석

일반적인 범죄원인론은 범죄를 저지르지 않는 사람들이 어떠한 생물학적·심리학적·환경적 요인으로 인해 범죄를 저지르게 되는 것인지에 주목한다. 즉 "어째서 한 개인이 범죄를 저지르는가?"를 구명하려는 것이다. 그러나 통제이론은 일반적인 범죄원인론들과는 달리 인간은 누구나 범죄를 저지를 수 있음에도 불구하고 무엇이 범행을 억제하게 만드는가를 설명하는 이론이다. 이에 대한 답변으로 통제이론은 범죄의 발생원인을 개인적 또는 사회적 범죄억제력의 결여에서 찾는다. 사회속의 개인은 모두 잠재적인 범죄인이기 때문에 그 개인은 욕망실현의 수단으로 범죄행위로 나아갈 수 있음에도 불구하고, 왜 많은 사람들은 범죄를 억제하고 법을 지키며 살아갈 수 있는지6)에 주목하며,

---

6) 왜 일반적으로 사람들이 법을 지키면서 살아가는가에 대하여는 여러 가지 해답이 제시 될 수 있을 것이다. 가장 쉽게 생각할 수 있는 해답은 바로 처벌에 대한 두려움 때문일 것이다. 합리적 선택이론(rational choice)이론은 경제학의 원리를 토대로 하여 범죄로 인한 보상보다 그 비용(대가)이 더 크기 때문에 범죄를 억제하게 된다고 본다. Michael Hindelang, The Commitment of Delinquents to Their Misdeeds; Do Delinquents Drifts?, 17 Sccial Problems, 1970, 509면 참조. 사람들

이에 대해 통제이론에서는 개인에 대한 내적 강제(internal forces)와 외적 강제(external forces)에 의하여 범죄적 욕망의 실현이 제지당한다고 설명한다. 인간은 누구나 자기만의 욕구로 인해 일정한 범죄충동을 갖고 있으나, 내부적으로는 각 개인이 지니고 있는 종교적·철학적 신념, 가치관과 도덕적 의지 등의 자기통제(self-control) 메커니즘에 의하여 범죄를 쉽게 저지르지 못하도록 억제당하고, 외부적으로는 부모님, 학교, 종교기관, 교우단체 등의 통제집단에 의해 범죄행위가 억제된다고 한다. 이러한 설명방식에 따르면 사이코패스 범죄도 내적통제나 외적 통제의 실패로 인해 발생하는 것으로 간명하게 이해될 수 있을 것이다. 그러나 과연 사이코패스의 범죄충동이 통제이론에 의해 그와 같이 간단히 설명이 가능할 것인지는 아직 미지수다. 이하 본고에서는 사이코패스 범죄의 발생원인에 대한 통제이론적 분석이 어느 정도로 적실성을 가질 수 있으며, 반면 어떤 점에서 한계가 있는가를 살펴보기로 한다.7)

1. 초기통제이론적 범죄억제요인분석: 수치심과 죄의식

1) 라이스의 초기통제이론

라이스라는 학자는 1,110명의 보호관찰 처분을 받고 있던 소년들의

이 법적 의무를 준수하는 이유에 대한 법철학적 해명으로는 Leslie Green, Law and Obligations, in: Jules Coleman & Scott Shapiro eds., *The Oxford Handbook of Jurisprudence and Philosophy of Law*, Oxford Univ. Press, 2002, 515면 이하 참조.

7) 통제이론에 대해서는 국내에 여러 번역서와 교과서에서 상세하게 다루어지고 있으므로 본장에서는 상세한 각주 없이 중요한 내용에 대해서만 문헌표기를 병기해 두기로 한다.

기록을 검토한 결과, 보호관찰의 처분을 취소당한 자들은 대부분 자기통제력이 미약한 것으로 평가되었고, 따라서 비행소년들은 자아와 자기통제력이 약하다는 결론을 내리게 됐다. 이러한 검토결과를 통해 라이스는 비행을 저지르게 되는 원인에 대해 첫째, 개인적 통제(personal control)의 미비에서 비롯된다고 보았고 둘째, 사회적 통제(social control)의 약화로 인해 비행이 유발된다고 보았다. 개인적 통제란 한 개인이 규범과 규칙을 위반하려 하는 충동을 피하는 능력이고, 사회적 통제는 사회집단이 구성원에게 규범과 규칙을 준수하도록 강요하는 능력으로 정의된다. 라이스는 이 중에서 특히 개인통제에 관심을 가졌다. 자기 자신에 대한 가치정립과 성숙한 자아상(self-image)의 수립이 범죄통제에 기여하게 된다는 것이다(Albert J. Reiss, 1951). 이는 주변 사람들에게 자신의 비행사실이 알려지면, 자신에 대한 이미지가 나빠질 것을 두려워하게 되기 때문인 것이다. 반면 스스로의 자아상에 대해 비관적이어서 외부의 시선이나 이미지에 개의치 않는 사람은 상대적으로 범죄를 쉽게 저지르게 된다고 한다.[8) 요컨대 범죄에 대한 수치심이나 죄책감이 범죄를 통제하는 중요한 기제로 작용할 수 있다는 것이다.

2) 초기통제이론의 의의와 한계

라이스의 초기 통제이론은 지나치게 단순하고, 사회적 통제에 관한 실증적 연구가 이루어 지지 않았다는 점에서 그의 근거가 초보적이라

---

8) Scott Briar & Irvin Piliavin, Delinquency; Situational Inducements and Commitment to Conformity, *13 Social Problems*, 1996, 35~45면; Howard Kaplan, Robert Johnson, & Carol Bailey, Self Rejection and the Explanation of Deviance; Refinement and Elaboration of a Latent Structure, *49 Social Psychology* Quarterly, 1986, 110~128면 참조.

는 비판을 받기도 한다.

그 이론적 한계에도 불구하고 사이코패스와 관련하여 초기통제이론은 유의미한 분석의 틀을 제공해 주고 있다. 사이코패스는 초기통제이론의 설명처럼 개인통제력이 현저히 낮고, 수치심이 없기 때문에 범죄로 나아가기 쉽기 때문이다. 다만 사회집단이 규범과 규칙을 구성원에게 준수하도록 강요하는 사회통제력의 약화로 인해 범죄가 유발된다는 설명방식은 사이코패스에게는 부적절하다고 본다. 왜냐하면 정상인이라면 사회화의 과정을 거쳐 그러한 사회적 규칙에 따라 행동하는 법을 배울 수 있고, 또 규칙위반 시 이에 대한 일정한 사회적 제재나 양심에 의한 죄의식 등으로 인해 규범을 내면화하는 것이 가능하지만, 사이코패스는 '이상인격'으로 인해 내면을 통제하는 양심이 없고, 따라서 사회의 각종 규칙을 극단적으로 무시하는 경향이 있기 때문이다. 즉, 이들은 규칙을 알고 있으면서도 다른 사람이 받게 될 영향 따위는 전혀 개의치 않고 규칙위반에 대한 죄의식이 없으며, 양심의 구속으로부터 자유롭기 때문에 처벌을 피해갈 수만 있다면 무슨 짓을 해서든 원하는 바를 얻어낸다는 것이다. 물론 사이코패스라고 하여 사회적 규칙에 대해 전혀 개의치 않는 것은 아니며, 이들도 항상 맹목적으로 일시적 충동이나 필요성에 의해 범죄를 저지르는 것은 아니지만, 확실한 점은 이들은 지켜야 할 규칙이나 규정을 선택하는 것이 정상인에 비해 제멋대로라고 한다. 스스로 정상적인 사회적 규칙에서 벗어나 있다고 생각하지 않고 다만 자신의 규칙을 충실히 지키며 행동하고 있다고 여긴다는 것이다(헤어 2005).

2. 사회통제이론적 범죄억제요인 분석: 가정환경

1) 나이의 사회통제이론

나이는 가정을 유소년들에게 있어 가장 중요한 사회통제기관이라고 주장하였다. 그는 780명의 소년, 소녀들의 가정적 요인과 비행과의 관계를 조사하였던바, 가장 비행을 적게 저지르는 집단은 가족이 교회를 규칙적으로 나가고, 이사를 자주하지 않으며, 주로 시골지역 이었던 것으로 밝혀졌다. 또한 이 집단은 부모의 교육방식에 대하여 긍정적인 태도를 가지고 있으며, 부모와 함께 많은 여가시간을 보내고, 부모와 가치관이 유사하며 부모가 주는 용돈에 대하여 만족하고, 이성친구나 종교에 관하여 부모와 많은 대화를 나누고 있는 것으로 나타났다 (Nye 1958). 이러한 조사결과로부터 나이는 가정환경과 그 청소년의 비행행위가 밀접한 관련을 가지고 있다고 분석한 것이다. 나이는, 사회통제 방법을 세 가지로 분류하였는데, 첫 번째로는 직접통제(direct control)를 꼽았고 두 번째로 간접통제(indirect control), 세 번째로는 내부통제(internal control)가 있다고 보았다. 직접통제란, 어떠한 잘못을 했을 때 부모가 직접 억압과 처벌을 함으로써 이후의 비행을 예방하는 것이고, 간접통제란 자신의 잘못으로 인하여 주위사람들에게 고통과 실망을 안겨줄 것 이라는 점을 인식하도록 함으로써 이후의 범행을 예방하는 것이며, 내부통제란 그 자신이 스스로 양심이나 죄의식 때문에 비행으로 나아가지 않는 것을 말한다. 여기에 더하여, 직접통제의 경우에는 또다시 공식통제(formal control)와 비공식통제(informal control)로 분류된다. 공식통제는 국가기관에 의하여 이루어지는 사법처리 등을 말하고 비공식통제는 학교, 가정에서의 교육방법을 말한다. 나이는 이중에서 가장 효율적인 범죄예방방법으로 '비공식적인 간접통제'를 꼽았다. 즉, 학교나 가정에서 만약 자신이 범죄를 저지르게 되면 그 주위사람들에게 실망과 고통을 줄 것이라고 인식시켜 주는 것이 범죄 예방에 가장 효율적이라는 것이다.

2) 사회통제이론의 의의와 한계

우리나라에도 가정에서의 자녀에 대한 통제, 부모와의 대화 여부 등 이 자녀의 비행에 직접적인 영향을 미친다는 연구결과가 있다(대검찰 청 1995). 나이의 사회통제이론을 어느 정도 지지해 주는 근거자료이 다. 다만 청소년의 경우에 있어서 효율적인 통제방법이 비공식적인 간 접통제일수는 있으나, 성인 범죄의 경우 비공식적인 간접통제만으로는 효율적인 범죄의 통제 효과를 얻을 수 없을 것으로 보인다. 또한, 우리 나라의 경우에는 종교와 범죄와의 관계는 아직 불명확한 것으로 보이 며, 지역과 범죄와의 관계도 뚜렷하지 않은 것으로 보고된 바 있다.

그러나 나이의 사회통제이론은 사이코패스 범죄분석에 큰 의미가 없다고 사료된다. 이는 전술한 초기통제이론에서 사회통제력의 설명 방식이 사이코패스에게는 적용되기 어렵다는 근거와 동일하다. 즉, 직 접통제이든, 간접통제이든, 내부통제이든 수치심과 양심의 가책이 없 고, 타인에 대한 공감능력이 현저히 부족한 사이코패스에게는 그 효과 를 기대하기 어렵기 때문이다. 다시 말해 사이코패스는 그 소질적 특 성이 정상인과는 현저히 다른 이상성격자이기 때문이라는 것이다. 다 만 범죄예방에 있어서 가정의 역할을 강조한 점은 주목할 만한 것인 데, 예컨대 연쇄살인범 유영철의 경우 유년기의 가정불화가 그의 반사 회적 성격을 형성하는 데 상당한 영향을 미쳤을 것이라는 연구도 있고, 불안정한 환경에서 자란 사이코패스는 안정된 환경에서 자란 사이코패스보다 강력범죄를 저지를 확률이 더 높다는 연구결과도 있기 때문이다(헤어 2005). 그러나 부적절한 양육이나 유년기의 나쁜 기억이 사이코패시를 발현시키는 데 중요한 역할을 하는 것은 사실이지만, 이것이 사이코패시의 근본원인은 아니기 때문에(헤어 2005, 270) 사이코패스 범죄충동을 이해하는데 있어 가정의 역할을 지나치게 강조해서는 안 되며 보다 신중한 접근이 필요하다고 본다. 즉, 불안정하거나 불우한 가정환경이 사이크패스를 만드는 직접적인 원인은 아니라는 것이다(헤어 2005, 266~268). 요컨대 나이의 사회통제이론도 정상인의 범죄유발 메커니즘을 규명하는 데에는 적절할 수 있어도, 사이코패스 범죄의 원인규명에는 일정한 한계를 지니고 있다고 할 것이다.9)

3. 억제이론적 범죄원인 분석: 애착의 결핍과 유대감의 부족

1) 레크리스(Walter Reckless)의 억제이론(Containment Theory)

레크리스는 억제이론(Containment Theory)을 통해 모든 사람에게는 범죄나 비행으로 이끄는 범죄 유발요인과 이를 차단하고자 하는 범죄 억제요인이 존재 한다지만, 만약 범죄 유발요인이 범죄 차단요인보다

---

9) 거듭 강조하지만, 사이코패스라고 하여 모두 범죄자가 되는 것은 아니다. 즉, 사이코패스도 유소년기의 가정환경의 영향을 받아 범죄자로 발전할 수도 있다는 것이다. 이 점에서는 나이의 사회통제이론도 분명 기여하는 바가 있을 것이다. 다만 사이코패스를 범죄자로 만드는 잠재적 요인이라고 할 수 있는 사이코패시라는 증후군 자체는 가정환경보다는 선천적·생물학적 영향을 보다 직접적으로 받아 형성된다는 점에 있어서 나이의 이론은 사이코패스의 범죄충동 억제요인 분석에 일정한 한계가 있다는 것이다.

크다면 그 사람은 범죄나 비행을 저지르게 되는 것 이고 반면에 범죄를 차단하는 요인이 더 크다면 범죄나 비행을 자제 하게 된다고 주장하였다(Reckless 1961).

레크리스가 말한 범죄 유발요인은 크게 세 가지로 분류된다. 첫째로, 자기 내적 원인과 둘째로, 자기 외적 요인, 셋째로 타인에 의한 원인으로 분류된다. '자기 내적 원인'이란, 주로 개인적인 적대감, 복수심, 정신적 갈등, 불만, 순간적 욕구 등이 이에 해당한다. 이는 개인의 생물학적, 심리학적 요소들로서 배출(pushes) 요인으로 표현되기도 한다. '자기 외적 요인'이란, 자기 자신에 의한 범죄요인이 아니라 빈곤, 계층 간의 차별, 제한된 기회, 성 차별, 학력차별, 가족 간의 갈등, 실업 등 자기 내면의 요인 외에 그 주변으로부터 발생 하는 것을 말한다. 이는 압력(pressures) 요인 이라고도 한다. '타인에 의한 원인'이란, 자신 외의 제3자에 의한 범죄 유발요인으로 정상적인 생활로부터 이탈하도록 유인하는 요소를 말한다. 이에는 비행적 친구 관계나 범죄조직, 불건전한 대중매체 등이 해당된다. 이를 유인(pulls) 요인이라고도 한다. 이러한 세 가지 요인은 비행, 범죄에 직접적, 간접적인 영향을 미치는데 사람에 따라 어떠한 요인이 얼마만큼의 영향을 미치는지는 각기 다르다고 한다.

위와 같은 범죄 유발요인에도 불구하고 개인이 범죄행위로 나아가지 않는 이유는, 범죄 억제요인이 작용하고 있기 때문이다. 특히 우범지역에 거주하면서도 범죄를 저지르지 않는 자들을 대상으로 왜 그들이 범죄를 저지르지 않는지에 대한 의문에 대하여 레크리스는 범죄 억제요인이 더 크게 작용하기 때문이라고 해석한다. 레크리스에 따르면, 이러한 범죄 억제요인은 크게 외부적 억제요소와 내부적 억제요소로 나눌 수 있으며, 외부적 요소 혹은 내부적 요소 중 어느 하나만이라도 제대로 작동 한다면 범죄와 비행을 예방할 수 있다고 한다. 예를 들어, 스스로 내부적 억제요소가 취약하다 하더라도 가족관계에서의 억제요소 등이 강력하다면 범죄가 예방 될 수 있다고 한다.

범죄 억제요인의 외부적 요소는 사회적 연대와 끈(social bond and tie)이라고 할 수 있는 것들로 가족이나 주위사람들과 같이 외부적으로 범죄를 차단하는 요인들이다. 즉, 친밀한 가족관계, 사회에서의 활동, 적절한 인간관계, 소속감 등이 포함된다. 내부적 요소는 개인 스스로의 통제(self-control)를 일컫는다. 그 중에서 자아관념(self-concept), 목표지향(goal orientation), 좌절극복능력(frustration), 규범수용성(norm retention) 등이 중요하다고 한다. 여기에서 자아관념이란, 자기 스스로를 어떻게 이해하고 평가하는가 하는 문제이다. 자기 자신에 대하여 긍정적인 평가를 하는 사람이 스스로를 가치 있는 존재로 생각해서 범죄의 유혹을 뿌리 칠 수 있는 동기가 강할 가능성이 크다. 레크레스의 연구결과에서도 자기 자신을 비행청소년이라고 생각하는 청소년들은 비행과 범죄를 저지르는 확률이 높았다. 이러한 면에서 레크리스는 자아관념을 매우 중요시 하여, 이를 비행에 대한 절연체(insulator)라고 주장 하였다. 즉, 열악한 가정환경에서도 많은 소년들이 비행을 저지르지 않고 정상적인 사회구성원으로 성장하게 되는 원인을 바로 올바른 자아 관념에서 찾고 있는 것이다. 레크리스는 긍정적 자아개념(positive self concept)이 비행에 빠지는 것을 억제시키는 중요한 요소가 된다고 보는 것이다. 또 다른 내부적 요소로서, 목표지향이 있는데 이는 삶에 있어서의 합법적인 목표를 지향하는 자일수록 비행으로의 유혹을 뿌리칠 가능성이 크다는 것이다. 예를 들어 법조인이 되고자 하는 자는 범죄로 나아갈 유혹을 물리칠 가능성이 크다. 좌절 극복능력은 자신의 합법적인 성공 목표를 달성하고자 하는 과정에서 경험할 수 있는 좌절을 극복 할 수 있는 능력의 정도를 말한다. 만약, 인생의 과정 속에서 실패와 좌절을 극복하지 못하면 비행에 빠져들 가능성이 크다고 본다. 규범수용성은 개인이 사회규범, 가치, 법을 얼마나 인정하고 수용하는 가의 문제이다. 물론 합법적인 사회규범, 가치를 인정하는 자가 범죄를 저지를 가능성이 적다고 본다.

2) 사이코패스에 대한 억제이론적 분석의 한계

레크리스는 누구에게나 범죄를 유발하는 요인과 범죄를 억제시키는 요인이 존재 한다고 보았고, 범죄를 억제 시키는 요인이 범죄를 유발시키는 요인보다 클 경우에 범죄 행위로 나아가지 않게 된다고 한다. 이처럼 인간의 범죄 유발 요인과 억제요인을 동시에 인정하고 이를 비교하는 것은 중요한 시도였다고 생각된다. 다만, 이러한 레크리스의 실험적인 연구결과에도 불구하고 그에 대한 비판도 만만치 않은데, 특히나 범죄행위를 억제하기 위하여 올바른 자아관념이 완성되어야 한다는 주장에 대해서 비판이 제기된다. 즉, 레크리스의 이론에 따르면 범죄를 저지르지 않기 위해서는 청소년의 자아관념의 수립이 완벽해야 하는데, 실제로 그의 이론에 따라 완벽하고 철저하게 자아관념이 수립된 청소년은 오히려 극히 드물다는 것이다(Robert Regoli & Eric Poole 1978).

레크리스의 억제이론은 범죄유발요인과 범죄억제요인을 세분하여 전자보다 후자가 클 경우에는 범죄를 저지르지 않게 된다고 설명한 점에서 매우 합리적인 이론이 아니라 할 수 없을 것이다. 그러나 이 이론 역시 사이코패스에게 적용할 때에는 큰 난관에 부딪치게 되는데, 왜냐하면 사이코패스는 그 자체로 이상성격에 의해 잠재적인 범죄유발요

인을 지니고 있으며, 설령 레크리스가 논급한 범죄억제요인이 존재한
다 할지라도 그러한 범죄억제요인은 사이코패스의 범죄충동을 억누르
기에는 역부족일 것이기 때문이다. 우선 범죄억제의 외부적 요소로서
레크리스는 사회적 연대와 끈, 다시 말해 친밀한 가족관계나 적절한
유대관계 및 소속감 등을 들고 있지만 사이코패스에게 있어서 그러한
가족 간의 애착이나 유대관계의 부족은 사이코패시를 발병시키는 원
인이 된다는 과학적 근거가 없다. 요컨대 억제이론은 사회적 연대와
끈의 부족이 범죄의 원인이기 때문에 이를 회복시키면 범죄를 억제시
킬 수 있다고 설명하지만, 사이코패스에게 있어서는 애착의 결핍이나
유대관계의 부족은 범죄의 원인이 아니라 오히려 사이코패시의 증상
의 하나이기 때문에(헤어 2005, 268~269) 그러한 처방만으로는 효과를
거두기 어렵다고 생각된다. 사이코패스는 애착이나 유대감을 형성할
수 없는 생물학적 요인을 타고나기 때문이다. 다음으로 레크리스는 범
죄를 억제할 수 있는 내부적 요소로서 자아관념, 목표지향, 좌절극복
능력, 규범수용성 등을 들고 있다. 사이코패스가 스스로 어떠한 자아
관념을 지니고 있는지, 그리고 좌절에 대해 어느 정도의 극복능력이
있는지에 대한 실증적 연구결과는 찾아보기 어렵다. 그러나 분명한 사
실은 설령 사이코패스가 긍정적 자아관념을 지니고 좌절극복능력도
구비하고 있다 하더라도 전술한 바와 같이 사회적 규칙에 부합되는 합
법적 목표지향성이나 규범수용능력이 없는 이상, 언제든 "자기중심적
인 과장과 달변, 그리고 거짓말과 속임수"로 "무책임한 충동과 자극"
에 이끌려 범죄를 저지르게 될 가능성이 있기 때문에(헤어 2005, 65)
사이코패스에게 스스로의 충동을 억누르고 범죄를 억제하기를 기대하
기는 어렵다고 본다.

4. 중화이론적 범죄원인 분석: 표류와 중화기술

1) 중화이론

맛짜(D. Matza)는 사이크스(Gresham M. Sykes)와 함께 1957년에 "중화기술; 비행이론(Technique of Neutralization; A Theory of Delinquency)"이란 논문을 발표 하였고(Sykes & Matza 1957), 그 후 1964년에 이와 관련된 "비행과 표류(Delinquency and Drift)"라는 책을 발표하였던바(Matza 1964), 이를 통하여 맛짜와 사이크스는 "범죄자와 일반인은 서로 다른 도덕관념과 가치체계를 가지고 있다고 보고 따라서 범죄자는 범죄자 일뿐이며, 그들은 그들 나름대로의 가치관에 따라 범죄행위를 할뿐이라고 하여 일반인과 범죄자를 구분 하려는" 기존의 범죄이론을 비판하였다(Hindelang 1970, 509). 이들의 지적처럼 모든 범죄자가 일반인과 전혀 다른 가치관과 도덕을 가지고 있다고 보는 것은 현실적으로 납득하기 어렵다. 오히려 범행 외의 행동에서는 일반인과 같은 행동을 하고 일반인과 유사한 가치 또는 도덕관념을 가지고 있을 것이라고 보는 것이 더 자연스럽다. 이에 대하여 맛짜는 비행소년이라 하더라도 일반 소년들과 근본적인 차이가 없으며 대부분의 경우에는 다른 사람들과 마찬가지로 일상적인 준법행위를 하며 특별한 경우에 비행행위나 위법행위로 나아간다는 것이다. 범죄는 모든 사람이 저지를 수 있는 가능성을 가지고 있는 것이고, 전문적인 범죄자라 하더라도 항상 24시간동안 범죄를 저지르고 다니는 것은 아니어서 그들도 학생이라면 학교에 가고 직장인이면 직장에 가고 심지어 종교기관에 가서 종교행사도 정상적으로 수행한다. 따라서 사람은 사회적 존재로서 좋은 일과 나쁜 일 사이에서 줄타기를 하듯 왔다 갔다 하는 것이 일상적인 모습인데, 그렇다면 왜 정상적으로 생활하던 사람들이 갑자기 범죄를 저지르게 되는가에 대한 문제가 제기된다. 뿐만 아니라 맛짜는 비행소년이라 할지라도 성년기가 되면 대부분 정상적인 생활을 하는 것이 보통인데 기존 이론들로는 이러한 현상을 설명하지 못하는 한계가 있음을 지적한다.

2) 표류이론(Drift Theory)과 중화기술(Technique of Neutralization)

위와 같이 사람은 누구나 범죄를 저지를 가능성을 가지고 있으며 범죄자라 하더라도 일반인과 크게 다르지 않다고 한다. 그런데 정상적인 사람이 비행을 저지르게 되는 이유 혹은 범죄자가 다시 범죄를 저지르게 되는 이유는 표류(drift) 상태에 빠져 있기 때문이라고 한다. 여기서 표류란, 사회통제가 약화 되었을 때, 사람들이 합법적인 규범이나 가치에 전념하지 못하며 그렇다고 위법행위에도 몰입하지 못하는 합법과 위법의 중간단계에 머물러 있는 상태를 의미한다. 따라서 이러한 상태에서 상황을 어떻게 판단하느냐에 따라 위법 혹은 합법적인 행동으로 나아갈 수 있다고 한다. 맛짜는 이러한 표류 상태로 빠져드는 이유에 대하여는 중화기술의 습득 때문이라고 하였다. 즉, 사람들은 위법행위에 대하여 자신을 합리화 시킬 수 있는 중화기술을 터득함으로써 표류상태에 쉽게 빠져 들게 된다고 한다. 따라서 사람들은 자신의 비행 혹은 범죄행위를 합리화 시키고 변명하는 과정을 통하여 표류상태로 쉽게 빠져들고 이로써 보다 자유로워진 그들이 비행 혹은 범죄행위로 나아갈 가능성이 커진다고 보는 것이다. 예컨대 성매매는 명백히 범법행위임에도 불구하고 성매매에 종사하는 여성들은 스스로 잘못된 일을 하고 있지 않으며, 오히려 남자들, 나아가 사회전반에 도움을 주는 행위를 한다고 믿으며 성매매 행위에 대한 비난을 중화기술로 무력화 시킨다는 것이다. 사이크스와 맛짜는 중화기술로 5가지 유형을 들었다.

첫째, '책임의 부정(denial of responsibility)'이 있다. 책임의 부정이란, 자신의 범행 또는 비행에 대하여 자신이 사실상 책임이 없고 이는 불가피한 일이었다고 주장 하는 것이다. 가장 대표적인 예로서 자신의 비행, 범행을 어려운 가정형편, 열악한 환경, 불량친구들 때문이라고 변명하려는 것을 말한다. 범죄자들이 "누가 나와 같은 환경에서 그렇게 하지 않을 수 있겠는가?"라고 자문하게 되는 것을 책임의 부정으로써 설명 할 수 있을 것이다. 실제로 1994년 사회에 충격을 주었던 '지존파' 사건에서 그들은 그들의 범행을 자신들의 가난과 가진 자들에 대한 사회의 구조적 문제에 그 책임을 돌렸다.10) 뿐만 아니라, 자신의 나이만큼 사람을 죽이겠다고 한 온보현은 어려운 가정환경으로 인해 자살을 결심하고 혼자 죽기 아깝다는 생각에 자신의 불행은 오로지 세상 탓이라고 주장했다.11) 이뿐만 아니라 많은 범죄자들이 자신의 환경을 비관하여 그 때문에 자신과 같은 환경에서는 그러한 범죄가 어쩔 수 없는 일 이라고 변명하거나 자기를 합리화 시키는 경향이 강하다.

둘째, '피해의 부정(denial of injury)'이 있다. 피해의 부정이란 자신의 비행으로 인한 피해자체가 발생하지 않았다고 주장하는 것이다. 절도 범죄를 저지르면서 물건을 잠시 빌린다고 생각한다든지, 마약을 복용하면서 그 누구에게도 피해를 주지 않는 것이므로 괜찮다고 생각하는 행동이 이에 해당한다. 고창 연쇄살인사건의 경우 귀가하던 초등학

---

10) 조선일보, 1994.9.22, 1면.
11) 조선일보, 1994.9.28, 1면.

생남매 등 4명을 살해한 김해선은 자신이 피해자들에게 성추행, 강간한 내용에 관하여 "그냥 장난일 뿐이었다", "같이 놀았다"라고 표현하고 특별한 여성에 대한 분노나 특별한 성적욕망을 충족시키려는 수단으로 보지 않았다.

셋째, '피해자의 부정(denial of victim)'이 있다. 피해자의 부정은 자기행위로 인하여 피해가 있을지도 모른다는 것을 인정하면서도 실질적인 피해자가 없다고 여기는 것이다. 즉 그런 사람은 피해를 입어 마땅하다고 생각하거나 내가 당했으니까 되갚아 준다는 식의 인식이다. 2004년 사회를 또다시 놀라게 했던 유영철은 20명이 넘는 사람을 살해하였으나 그 주된 대상은 윤락녀였다. 유영철은 철저히 계산된 행동으로 치밀히 준비하였으며, 단 한번도 강간 또는 성관계를 가진 적이 없다. 이는 윤락녀들을 살해함으로써 일반여성들을 살해하는 것보다는 양심의 가책을 덜 느낀 것으로 분석되며 그들을 자신의 성을 팔아서 돈을 버는 타락한 여성으로 보았기 때문이라고 말할 수 있다.

넷째, '비난자에 대한 비난(condemnation of the condemners)'이 있다. 비난자에 대한 비난은 자신의 행위를 비난 하는 사람들을 비난함으로써 본인의 행위를 정당화 시키는 것을 말한다. 예를 들어, 경찰에 체포된 범죄자가 오히려 경찰에게 욕을 하고 반항하면서 경찰은 모두 부패한 자들이라고 비난 하는 것과 사법부와 사회를 비난하면서 자신은 재수가 없어서 또는 힘이 없어서 처벌된다고 생각하는 것이다. 또한, 청소년비행에 있어서 자신들이 비행을 항변하면서 기성세대들의 잘못을 지적 하는 것이 이에 해당된다고 볼 수 있다. 1988년 민가에 인질을 잡고 경찰과 대치하면서 "유전무죄 무전유죄"를 외친 지강헌 일당은 자신들이 범죄자가 된 것은 바로 가난한 사람을 차별하는 불공평한 세상 때문이라고 하였다.[12] 이것은 자신들의 행위를 비난하는 세상을 향하여 오히려 비난을 한 것이라고 해석할 수 있을 것이다.

다섯째로 '더 높은 권위에의 호소(appeal to higher authorities)'라는 것이 있다. 더 높은 권위에의 호소는 자신의 행위를 더 높은 가치로서 자신의 비행, 범죄를 합리화 시키는 기술이다. 예를 들어 폭력을 행사하면서 친구들과의 의리 때문에 어쩔 수 없었다고 합리화시키는 경우가 이에 해당한다. 수백만 명의 유태인의 학살을 주도한 아돌프 아이히만 등 나치 지도자들은 "나는 단지 명령을 따랐을 뿐이다"라고 주장하였으며, 아랍의 자살폭탄 테러범들은 이스라엘이나 미국에 대한 테러가 조국을 향한 열정적 애국심의 표현이자 이슬람교를 위한 순교적 행위라고 믿는다(짐바르도 2008, 443~449).

맛짜는 이러한 5가지 기술들을 통하여 범죄자는 자신의 범죄를 합리화시킨다고 주장하였다.

3) 사이코패스에 대한 중화이론적 분석의 의의와 한계

맛짜의 중화이론에 관하여 몇몇의 실증적인 연구가 이루어진 바 있다. Robert Agnew의 연구에서는 비행청소년을 상대로 조사를 벌인 결과, 자신들이 타인에게 가하는 폭력에 대하여 어떠한 가치나 의미를 부여하지 않으며 자신에게 잘못하는 아이는 무조건 맞아야 하며, 맞을 만 해서 맞았다는 식의 논리를 가지고 있는 것으로 나타났다(Agnew 1994). 또한 교정기관에 수용중인 청소년들은 자신들만큼은 다른 범죄자들보다 관대한 처분을 받아야 한다고 생각하는 것으로 나타났다(Ball 1966). 이러한 결과에서 알 수 있듯이 범죄자들은 스스로가 자신들의 비행 또는 범죄행위에 대하여 대단히 관대해 지는 자기 합리화

---

12) 조선일보, 1988.10.18, 1면.

과정을 거치고 있다는 것을 알 수 있다. 사이크스와 맛짜의 중화이론은 범죄가 비정상적인 사람들에게만 일어나는 것이 아니라 범죄도 정상적인 사람에 의해서 일어날 수 있으며 스스로의 범행에 대하여는 자기 합리화를 하려는 경향이 있다는 것을 명확하게 설명하였다는 점에서 큰 의미를 갖는다고 본다. 그러나 중요한 것은 범죄자의 중화기술이 이루어지는 시점이 범행 이전인지 범행이후 인지가 분명하지 않다는 문제가 제기된다. 만약 범죄자의 중화기술이 범행 후에 일어나는 것이라면, 단순히 개인적인 심리학적 방어기제에 불과 하고 이는 범죄원인론으로 인정될 수 없는 것이다. 뿐만 아니라, 이 연구는 일반인이 표류하게 되는 원인에 대하여는 중화이론으로써 설명하고 있으나 일반인이 표류하게 된 후 구체적인 범죄로 나아가게 되는 원인에 대하여는 명쾌한 답을 제시 하지 못하고 있다. 즉, 일반인도 자기 합리화를 통하여 표류하게 되는 것까지를 밝혔으나 표류하는 자가 범죄로 나아가는 원인은 밝히지 못하고 있다는 것이다.

중화이론은 사이코패스의 범행특성에 놀라울 정도로 부합되는 측면이 있다. 대개 사이코패스의 범행은 도구적 성격을 강하게 띤다. 도구적 범행이란 범행이 피해자에 대한 감정의 표출이 아니라 물질적 이득이나 성적 쾌락 등 다른 목적을 달성하기 위한 수단으로 사용되는 것을 말한다. 사이코패스는 단지 스릴이나 흥분을 맛보기 위해 범죄를 저지르는 경우가 많으며, 그러므로 사이코패스 강간범의 경우 "희생자를 심리적으로 짓밟는 과정에서 성적 쾌감을 얻는다." 사이코패스 살인범들의 범행 특성은 계획적이고 외적인 목표를 성취하기 위한 것이 많았으나 사이코패스가 아닌 살인범들은 감정의 고조에 의해서 우발적으로 범행을 저지르는 경우가 많았다는 보고도 이를 뒷받침한다(김상준 2005 넷째 면). 강도상해를 저지른 한 사이코패스 범죄자는 다음

과 같이 말했다. "생각 좀 해 보쇼! 그 자는 병원에 편안하게 누워 몇
달만 보내면 되지만, 난 여기서 썩고 있잖소. 그 자를 좀 찌르긴 했지.
하지만 죽이려고 마음먹었다면 목을 베어버렸을 거요. 난 그런 사람이
야. 그 사람에게 잠시 휴식을 주었을 뿐이라고"(헤어 2005, 75). 게다가
사이코패스는 자신의 범행을 인정하는 경우에도 상대방에게 입힌 피
해의 결과를 심하게 과소평가하는 경향이 있으며, 심지어 완전히 부인
하는 경우도 있다(헤어 2005, 75~79). 이처럼 사이코패스는 중화이론
의 지적처럼 책임이나 피해, 그리고 피해자를 부정하는 등의 중화기술
에 익숙한 사람으로 볼 수 있을 것이다. 또한 중화이론에 대한 비판에
서 볼 수 있듯이 그러한 중화기술이 범행 전에 자신의 범행을 사전에
정당화하기 위해 쓰이는 것인지, 범행 후에 심리적 방어기제로서 자신
의 행동을 합리화하기 위해 끌어들이는 것인지에 대한 지적은 사이코
패스 범죄자의 심리특성 연구에도 여전히 의미가 있다고 본다. 수많은
인터뷰에서 사이코패스 범죄자들은 중화기술을 체득한 듯한 표현을
사용하고 있지만 그것이 실제로 범행의 한 원인이 되었는지, 아니면
단지 자신의 행동을 정당화하기 위한 변명에 불과한 것인지에 대한 문
제의식과 연구는 아직 부족한 형편이기 때문이다.

5. 허쉬의 사회통제이론적 범죄원인 분석: 사회환경적·유대적 요소

1) 사회통제이론

통제이론 중에서 가장 전형적인 모델을 제시한 사람이 바로 허쉬
(Travis Hirschi)이다. 그는 1969년에 자신의 책 "비행의 원인(Causes of

Delinquency)"에서 인간은 모두 동물이고 따라서 범죄성을 본질적으로 갖고 있기 때문에 비행의 원인이 무엇인지를 설명할 필요는 없다고 하였다. 다만 그럼에도 불구하고 일반적으로 사람들이 비행행위를 하지 않게 되는 원인을 연구하여야 하는데 이에 대하여 허쉬는 사회적 유대가 주요 원인이라고 하였다(Hirschi 1969). 따라서 그의 이론을 사회유대이론(Social Bond Theory)이라도 한다. 이 이론에 따르면 가족, 학교, 동료 등과 같은 사회집단에 밀접하게 연대되어 있는 사람은 비행 또는 범죄행위로 쉽게 나아 갈 수 없다고 한다. 따라서 만약에 인간이 사회적인 유대관계(social ties and bonds)를 가지고 있지 않다면 범죄를 자유롭게 자기 마음대로 저지르게 될 것이라고 한다. 이는 한번만 투명인간이 되어 보고 싶어 하는 인간의 욕망과 닮아 있다는 것이다(Hirschi 1969). 또한 이 이론은 사회적 유대관계를 바탕으로 한다는 점에서 사회통제이론으로 불리며 이후 등장하는 자기통제이론과는 구별된다.

2) 사회적 유대의 요소

허쉬는 인간은 모두 범죄성을 본질적으로 가지고 있기 때문에 가족, 동료와 같은 사회집단에 밀접하게 연대해 있어야 하고 이러한 연대가 약해질 경우, 비행 또는 범죄로 나아가기 쉽다고 하였다. 허쉬는 사회유대의 요소로서 애착(attachment), 전념(commitment), 참여(involvement), 신념(belief) 등 4가지 요소를 꼽고 있다.

애착이란, 부모, 선생님, 친구집단, 동료 등 주변인물 들과의 정서적 유대관계를 말한다. 따라서 이러한 주변 인물들과 긴밀한 애착관계를 형성하고 있는 자는 이러한 유대관계를 해칠 수 있는 비행, 범죄행위로 나아가지 않을 가능성이 크다. 특히 부모에 대한 애착이 가장 큰 영향을 미친다고 한다. 전념(commitment)은 합법적 행위를 추구하려고 애쓰는 노력을 의미한다. 이러한 합법적인 행위를 위한 노력은 자신이 사회적 성공이나 만족을 위해 스스로 노력한 것이므로 이것을 잃어버리고 싶지 않다는 생각 때문에 비행행위를 통제하게 된다고 한다. 즉 위험을 감수 하는 행위(risk taking activity)는 굳이 하지 않을 것 이라는 설명이다. 예를 들어, 대학에 들어가고 싶어 하거나 좋은 직장 또는 법조인이 되고자 하는 사람은 쉽게 범죄행위로 나아 갈 수 없고 스스로 이를 통제 하려고 한다는 것이다. 이는 토비(Jackson Toby)의 '순응의 이득(stake in conformity)' 라는 개념으로 설명될 수 있다고 한다. 순응의 이득이란, 범죄인이 자신이 법을 어길 때 잃게 되는 이득을 의미한다. 즉, 모든 사람은 비행 또는 범죄를 저지르고자 하는 유혹이 있지만 그 행위로 나아갔을 때 잃게 되는 순응의 이득은 각자 마다 다르다고 한다. 따라서 순응이 이득이 큰 사람은 비교적 비행, 범죄행위로 나아가게 될 가능성이 적어진다는 것이다. 이는 위험(risk)과 비용(cost)을 비교하여 행동하게 되는 것이고 따라서 자신이 어떠한 일을 성취하고자 하는 사람이거나 사회적 명성을 얻고자 하는 사람 혹은 그를 위하여 노력이 강한 사람은 그것을 잃어버릴 위험 때문에 자기 자신을 통제 하게 된다고 한다(Toby 1957).

사회적 유대의 요소로서 참여는, 바쁘게 자기 자신의 일상생활에 몰입하여 살아가는 사람은 상대적으로 비행 또는 범죄를 저지를 가능성이 적어진다는 것이다. 반면에 나태하고 시간이 많은 사람일수록 자신의 일에 집중하거나 몰입하지 않기 때문에 쉽게 비행 또는 범죄를 저지를 가능성이 있다고 본다. 이에 대하여 허쉬는 집에서 숙제하는데 많은 시간을 보내는 학생은 그렇지 않은 학생에 비하여 비행을 적게 저지른다고 지적하면서, 마약복용과 같은 비행에 빠지지 않게 하기 위해서는 그들을 바쁘게 만들어야 한다고 주장하였다.

신념은 사회의 규범과 규칙을 준수하는 태도 혹은 이러한 규범, 규칙에 대한 신뢰를 말한다. 사회적인 규칙과 규범에 긍정적이고 수용적인 태도를 가질 때 이러한 규칙, 규범을 보다 준수 하게 되며 비행 또는 범죄행위로 나아갈 가능성이 적어지는 것은 물론이다. 만약 사회의 규범, 규칙에 대해 신뢰 또는 신념이 강한 자가 범죄를 저지르게 되면 그에 대한 죄책감 혹은 갈등이 크게 작용할 것으로 보인다.

이러한 4가지 사회적 유대관계의 요소들은 상호 구별적, 배타적 속성을 가지지 않고 상호 관련성이 있는 것으로 보인다. 다만 일반적으로 어느 하나의 요소가 강한 경우에는 다른 요소도 강해진다고 한다.

3) 사회통제이론적 분석의 한계

허쉬는 자신의 이론을 입증하기 위하여 샌프란시스코의 중·고등학생 약 4,000명을 대상으로 조사 하였는데, 그 결과 부모, 학교, 동료에 대한 애착이 강한 학생일수록 그렇지 않은 학생에 비하여 비행을 덜 저지르는 것으로 드러났다. 또한 비행행위를 더 많이 저지르는 학생은 그렇지 않은 학생보다 동료에 대한 애착을 덜 갖는다고 한다. 뿐만 아니라 집념에 관하여도 숙제하는 데 시간을 많이 보내고 즐거워하는 학생일수록 비행, 범죄를 적게 저지르고 숙제를 하는데 시간을 덜 할애하고 지루해 하며 친구들과 자동차 타고 다니는 것을 좋아하는 학생일수록 비행, 범죄행위를 더 많이 저지른다고 한다. 또한 일상적인 가정, 학교 활동에 참여가 적은 학생일수록 비행, 범죄에 쉽게 빠지며 "할 수만 있다면 법망으로부터 빠져나가는 것이 좋다"는 명제에 동의한 학생일수록 비행, 범죄를 쉽게 저지르는 것으로 나타났다. 그러나 이러한 연구 결과에서 몇몇의 문제가 제기되는데, 우선 애착을 가지는 학생이 범죄를 덜 저지르는 것이라는 가설에서의 애착의 개념이 모호하다. 즉, 가족의 구조적 문제를 이야기 하는 것인지 가족의 기능상 문제를 언급한 것 인지도 확실치 않다. 또한, 비행행위를 많이 저지르는 학생은 동료에 대한 애착을 덜 갖는다고 하였으나, 그 동료집단이 어떤 집단인가에 따라 달라 질수 있다. 즉, 비행청소년에게서 비행청소년 끼리의 집단에서는 동료에 대한 애착도 중요한 변수가 될 수 있다고 본다(Akers 1996, 229-247). 뿐만 아니라, 숙제 등에 시간을 많이 보내는 학생이 범죄를 적게 저지른다는 결론도 그 때문에 범죄를 적게 저지르는 것인지, 범죄를 자주 저지르는 학생은 일반적으로 공부에 흥미를 느낄 가능성이 적으므로 그로인한 결과인지가 확실하지 않다.

허쉬는 사회통제이론을 발표하면서, 인간은 모두 동물이고 따라서 범죄성을 본질적으로 갖고 있기 때문에 비행의 원인이 무엇인지를 설명할 필요는 없다고 하였다. 그럼에도 불구하고 일반적으로 사람들이 비행행위를 하지 않게 되는 원인은 사회적 유대 때문이라고 주장하였다. 비판의 여지는 남아 있겠으나 위에서 살펴본 사회적 유대의 요소들은 나름의 근거를 가지고 있는 것으로 드러났고 또한 각 연구결과들이 이를 뒷받침하고 있다고 생각된다.[13)]

허쉬의 사회통제이론은 범죄억제요인으로서 사회적 유대의 요소를 강조했다는 점에서 레크리스의 억제이론이 범죄억제의 외부적 요인으

---

13) 그러나 허쉬는 범죄의 억제 요인으로 사회적 유대만을 고려하여 문화적 배경 혹은 주변 환경 등을 고려하지 않았다. 이와 관련하여 사회적 유대관계가 절대적인 범죄 억제 요인이라면 과연 사회적 유대관계가 없다고 무조건 범죄를 저지르게 되는가 하는 의문이 남는다. 만약 혼자 해외로 유학을 가게 되었을 때 친척, 친구 등 사회적 유대관계가 전혀 없는 상황을 가정해 본다면, 이러한 사람이라고 무조건 범죄를 저지르게 될 가능성이 높다고 결론짓는 것은 다소 무리가 있어 보인다.

로서 '사회적 연대와 끈'을 강조한 점과 유사하다. 그렇기 때문에 이를 사이코패스에 적용할 경우 레크리스의 억제이론에 대한 한계를 지적한 것과 같은 맥락의 비판이 가능하다고 본다. 헤어 교수에 따르면 주변 인물들과 긴밀한 애착관계를 형성하고 있는 자는 이러한 유대관계를 해칠 수 있는 범죄행위로 나아가지 않을 가능성이 크다는 소위 '애착이론'은 "이 이론의 경험자료 대부분이 어린 시절의 회고일 뿐이어서 과학적 증거가 될 수 없다"고 한다(헤어 2005, 268). 오히려 앞서 지적한 바와 같이 애착 결핍이나 유대관계의 부족은 사이코패시의 원인이 아니라 결과이다. 사이코패시는 생물학적 요인과 사회적 요인이 복합적으로 작용해서 나타난다. 헤어는 다음과 같이 말한다.

> "유전적 요소가 뇌 기능의 생물학적 토대와 기본 인격형성에 영향을 미치며, 이것이 다시 각 개인의 반응 방식에 영향을 주고, 삶의 경험이나 사회환경 가운데 상호작용[한다]. 공감능력의 부족이나 두려움을 느끼지 못하는 것 같은 사이코패시적 특징의 일부는 선천적으로, 혹은 태중에 있을 때나 신생아일 때, 미처 알려지지 않은 어떤 생물학적 작용으로 인해 준비된다. 그 결과 내면적 통제와 양심이 발달하지 못하고 다른 사람과 감정적 '유대감'을 갖지 못하게 되는 것이다."(헤어 2005, 269-270)

물론 그러한 불안정하거나 불우한 사회환경적 요소는 사이코패시의 근본원인은 아니지만, 사이코패시를 일정한 방향으로 발현시키는 데 중요한 역할을 한다. 예컨대 사이코패시적 인격을 가진 사람이 안정된 가정에서 긍정적 사회상을 접하며 자라면 사기꾼이나 화이트칼라 범죄자 등으로 발전할 가능성이 크고, 그가 정서적인 문제를 야기하는 환경에서 자라면 청부업자 등 강력범이 될 가능성이 크다고 한다(헤어 2005, 270). 다시 말해 사회적 요인과 가정환경 등의 사회적 유대의 요소는 행동적 표현 방식의 형성에 영향을 미칠 뿐, 동정심 결여나 양심부재와 같은 사이코패시적 특성 자체를 바꾸지는 못한다는 것이다. 요컨대 사회적 유대의 요소는 사이코패스의 범죄충동 억제요인을 해명하기 어렵다고 보이며, 영향력이 있다 하더라도 극히 제한적인 역할만을 할 것으로 판단된다.

6. 범죄 일반이론적 분석: 유소년기의 가정환경

1) 범죄 일반이론(A General Theory of Crime)

곳프레드슨과 허쉬는 그들의 저서 범죄일반이론(A General Theory of Crime)을 통하여 범죄의 원인을 '낮은 자기 통제력'으로 제시 하였다. 이는 범죄는 누구나 자신의 욕망의 실현으로서 저지를 수 있다는 전제 하에 범죄의 실행은 낮은 자기 통제력으로 발생한다고 보는 입장이다. 이러한 자기 통제력은 자기 자신의 내적 통제로서 이전의 사회적 통제와는 구별된다. 동 이론에 따르면, 이러한 자기통제는 8살 전후에 형성되며 그 후에는 변화 없이 지속되는 것이 일반적이라고 한다. 이에 따르면, 인간은 누구나 범죄를 저지를 가능성이 있으며 이를 위해서는 특별한 능력이나 동기를 요하지는 않는다고 한다. 다만 자기 자신의 내적 자기통제력이 저하된 사람은 범죄로 쉽게 나아 갈 수 있다고 본다(Michael Gottfredson & Travis Hirschi 1990).

동 이론에서는 이러한 낮은 자기통제력의 원인을 어린시절의 잘못된 자녀양육에서 비롯된다고 본다. 따라서 아이들의 행동을 항상 관찰하고 비행을 저질렀을 경우에는, 즉시 확인 하여 적절한 처벌을 하는 것이 필요하다고 한다. 가정환경과 청소년 비행 사이의 관계를 연구한

조사에 따르면, 비행청소년의 가정에는 애정 결핍의 현상이 나타나고
있고 부모는 과도한 음주, 부족한 관리·감독 등의 문제가 있는 것으로
밝혀졌다. 따라서 적절한 자녀양육을 위한 조건으로는 부모와 자녀와
의 친밀성, 부모의 적절한 감독, 일탈행위의 제재 등을 들 수 있는데,
그러나 이는 결국 위에서 살펴본 사회적 통제와 크게 다를 바 없다고
생각된다. 곳프레드슨과 허쉬는 적절한 자녀양육을 가장 중요하게 생
각하였는데, 만약 이를 통하여 자기통제력이 적절히 형성되지 못한다
면 학교에서의 역할이 중요해 진다고 한다. 즉, 낮은 자기통제력을 학
교에서 개선시킬 수 있다고 주장한다.[14]

범죄일반이론에서는 자기통제력의 특징으로 몇 가지를 논급한다.
① 자기통제력이 낮은 사람들은 자극에 즉각 반응한다고 한다. 따라서
끈기나 근면성도 낮다. 또한 ② 자기통제력이 낮은 사람은 모험심이
강하고 적극적인 반면에 스릴과 흥분을 즐기는 습성을 가진다. 뿐만
아니라 ③ 이들은 장기간에 걸쳐 이익을 주는 행동들에는 큰 관심을
보이지 않는다고 한다. 따라서 장기간에 걸친 목표의 추구에는 관심이
없다. 따라서 계획성이 부족하다. ④ 자기통제력이 낮은 사람들은 범
죄 이외의 영역에서도 즉각적인 쾌락이나 만족을 추구하는 경향이 있
다. 따라서 흡연, 음주, 마약, 문란한 성생활을 즐겨 한다고 한다. 이를
바탕으로 자기통제력이 낮은 자들의 특징을 종합해 보면, 충동적이고
무분별하며, 육체적이고, 위험을 감수하여 쾌락을 쫓고, 긴 안목이 없
다고 한다. 이를 가리켜 이 이론에서는 일반적인 범죄인의 특성이라고
말한다.[15]

---

14) 그러나 이러한 주장에는 논리적 모순이 있다. 곳프레드슨과 허쉬는 자기통제력이
   8살 전후에서 완성된다고 밝힌 바 있는데, 이 이론에 근거한다면 그 후의 학교에
   서의 역할은 미미할 것이기 때문이다.

2) 의의와 한계

곳프레드슨과 허쉬의 이론은 비교적 최근에 발표된 바 있기 때문에, 이에 대한 연구도 활발히 이루어 질 것으로 기대된다. 우리나라에서도 이에 대한 연구가 진행된 바 있는데, 그 결과 위에서 살펴본 이론에 따라 자녀양육에 의하여 형성된 자기 통제력이 청소년 비행, 범죄에 중요한 영향을 미치는 것으로 드러났다. 또한 개인의 자기통제력 형성에 있어서는 가정의 구조적 요인보다 부모의 자녀양육방식이 더 중요한 영향을 미치는 것으로 나타났다. 따라서 부모의 자녀에 대한 감독과 관심, 보호 정도가 적절하여야 하며 이에 따라 가정의 경제적 생활수준, 부모의 사회적 지위가 낮을 지라도 자녀에 대한 감독, 관심, 보호, 자녀행동에 대한 인식이 확실히 이루어진다면 자녀에 대한 자기통제력이 높게 형성되어 범죄와 비행을 충분히 예방 할 수 있다고 한다. 또한 연쇄살인범 유영철의 심리상태를 조사해 본 결과, 유영철은 어린 시절부터 그의 아버지는 음주와 노름으로 재산을 탕진하고 부부싸움이 심하였고 술을 마시면 항상 구타를 하였다고 진술 하였고 이는 자기통제 및 반사회적 성격을 형성하는 데 상당한 영향을 미쳤을 것이라는 보고도 있다. 그러나 곳프레드슨과 허쉬의 이론에도 상당한 문제가 있는 것으로 보인다. 첫째로는, 개인의 자기통제력은 가정내에서의 자녀양육에 초점을 맞추고 있는데 그 외의 사회계층, 문화의 문제, 사회적 차별문제 등은 거론하고 있지 않다. 따라서 자기통제력이라 할지라도 가정외의 영향력을 전혀 인정하지 않았다는 문제가 있다. 둘째로는, 이러한 범죄의 통제력은 자기통제력 뿐만 아니라 외적인 사회적

---

15) 자기통제력이 낮은 사람들의 특징은 사이코패스들의 행동특징과도 매우 유사하다. 사이코패스의 특징에 대해서는 본서 제4장의 Ⅱ 참조.

통제력도 문제 될 수 있다. 그러나 곳프레드슨과 허쉬는 사회적 통제력에 대한 언급을 회피하고 있다.

곳프레드슨과 허쉬의 연구는 개인의 낮은 자기통제력을 범죄의 주요 원인으로 꼽으면서 이를 예방하기 위하여 가정의 중요성을 강조하였다. 이는 실증적 연구에서 드러났듯이 정상적인 사람이 범죄를 저지르는 경우에는 충분히 지지할 만한 가설임에는 틀림이 없다. 그러나 사이코패스에 대해서도 범죄일반이론이 유효하게 적용될 수 있다고는 보이지 않는다. 곳프레드슨과 허쉬의 연구에 의하면 자기통제력은 8살 전후에 형성되며, 낮은 자기통제력을 가진 자는 "충동적이고 무분별하며, 육체적이고, 위험을 감수하여 쾌락을 쫓고, 긴 안목이 없다." 이 점에 있어서는 사이코패스의 성격적 특성과 상당히 유사한 측면이 있다. 사이코패스도 유소년기의 사회환경에 의해 일정한 영향을 받을 수 있으며, 자기통제력이 낮은 사람의 전형적 특성을 고스란히 지니고 있기 때문이다. 그러나 곳프레드슨과 허쉬의 연구는 어디까지나 "일반적인 범죄인"을 대상으로 한 연구라는 점을 간과해서는 안 된다. 사이코패스의 범죄충동은 범죄일반이론의 주장과 달리 가정환경의 영향을 거의 받지 않는다. 그 소질적 특성을 이미 선천적으로 또는 태중에 있을 때나 신생아일 때 갖게 되므로 유소년기의 가정환경이 사이코패시의 발현에 미치는 영향은 극히 미미하다. 앞서 지적한 바와 같이 그 "행동적 표현방식의 형성"에만 영향을 미칠 수 있을 뿐이다. 한마디로 사이코패스는 일반적인 범죄자들과 달리 "가정환경의 좋고 나쁨에 영향을 받기가 훨씬 어렵다"(헤어 2005, 271). 헤어 박사는 캐나다 오타와에서 개최된 심리학회에서 동료 전문가들과의 공동연구논문으로 "Psychopathy, family background, and early criminality"를 발표하면서 유년기의 가정환경이 사이코패스와 비사이코패스 범죄자의 범죄에 미치는 영향에 대해 다음과 같은 통계결과를 제시하였다. 그 중 몇 가지 주요한 내용을 간추리면 아래와 같다(헤어 2005, 271~272).

- 사이코패스가 아닌 범죄자의 경우, 가정환경이 불우하거나 문제가 있었던 범죄자가 법정에 서는 나이는 대략 15세인 반면 비교적 안정된 환경의 범죄자는 24세인 것으로 나타났다.
- 반면에 사이코패스의 경우 가정환경이 초범의 특징에 전혀 영향을 미치지 않았다. 사이코패스는 가정환경이 어떻든 동일하게 평균 14세에 법정에 섰다.
- 사이코패스가 아닌 일반범죄자의 경우 가정이 불우하면 더 어린 나이에 초범을 저지른다. 그러나 바람직한 가정환경이라도 냉담하고 자기만족을 추구하는 사이코패스의 삶을 저지하지 못한다.
- 다만 불안정한 환경에서 자란 사이코패스는 안정된 환경에서 자란 사이코패스보다 강력범죄를 저지를 확률이 높은 반면, 다른 일반범죄자들은 가정환경이 범죄의 경중과 거의 무관했다. 이는 사회 환경적 요소가 사이코패스의 행동적 표현 방식에 영향을 준다는 주장과도 일치한다.

III. 맺음말

1. 통제이론적 분석틀과 사이코패스

앞서 검토해 보았듯이, 통제이론은 사이코패스에 대해 유의미한 분석틀을 제공해 주면서도 그에 못지않게 사이코패스의 범죄충동 억제 요인 분석에는 일정한 한계를 지니고 있다. 초기통제이론은 사이코패스가 개인통제력이 현저히 낮고, 자아상(self-image)에 대한 관심이 적어 범죄에 대한 수치심이 없기 때문에 범죄를 저지르기 쉽다는 점을 매우 적확히 설명해 준다. 그러나 사회통제력의 약화로 인해 범죄가 유발된다는 설명방식은 적어도 사이코패스에게 있어서는 부적절하다. 왜냐하면 사이코패스는 성격적 특성으로 인해 규범을 내면화할 수 있는 양심이 없고, 사회의 각종 규칙을 극단적으로 무시하는 경향이 있기 때문이다. 나이의 사회통제이론도 초기통제이론에서의 사회통제력의 설명방식이 사이코패스에게 적용되기 어려운 이유와 마찬가지로 한계가 노정되어 있다 할 것이다.

레크리스의 억제이론이나 허쉬의 사회통제이론, 그리고 곤프레드슨과 허쉬의 범죄일반이론에서는 범죄억제요소로서 친밀한 가족관계나 유대관계 및 가정의 역할 등의 사회적 유대요소나 사회적 환경요소를 강조했지만, 사이코패스의 범죄충동은 그러한 요소의 영향을 거의 받지 않는다는 점을 논증하였다. 간단히 말해 사이코패시는 그러한 환경적 요소로 인해 발현되는 것이 아니며, 따라서 사이코패스의 범죄충동은 환경적 요소와는 무관하다. 오히려 타고난 사이코패시적 성향으로 인해 유년기의 사이코패스는 가족간의 친밀한 애착이나 사회적 유대관계의 형성이 어려운 것이다. 다만, 그러한 환경적 요소는 사이코패시의 발현형태, 즉 사이코패스의 행동적 표현방식에는 영향을 줄 수 있다.

다른 통제이론과 달리 사이크스와 맛짜의 중화이론은 사이코패스의 범죄충동분석에 있어서 매우 큰 의의가 있다고 본다. 사이코패스는 이상성격으로 인하여 책임이나 피해, 피해자를 부정하는 '중화기술'에 익숙한 사람으로 설명될 수 있기 때문이다. 다만 중화기술이 범죄의 원인이 아니라 범행 후에 자신의 행위를 합리화하기 위한 심리적 방어기제일 수 있다는 비판이 적실하였듯이, 수많은 사이코패스 범죄자들이 인터뷰에서 자신의 범행동기에 대해 다양한 '자기 정당화적 내지는 자기 합리화적' 중화기술을 언급하는 것이 과연 진실에 부합되는 것인지, 아니면 범행 후의 심리적 방어기제에 불과한 것인지에 대하여 보다 정확한 연구가 필요하다고 본다.

2. 사이코패스에 대한 독자적 형사정책 수립의 필요성

서구나 일본 등에서는 이미 100여 년 전부터 사이코패스에 대한 심도 있는 논의가 전개되어 왔고, 이는 각국의 형사실무와 교정정책에도 상당부분 반영이 되었다. 그럼에도 불구하고 아직 우리나라에서는 이에 대한 본격적인 정치한 논의가 매우 드문 형편이다.16) 이것은 아마도 근자에 각종 매스컴을 통해 국내 유명한 연쇄살인사건과 미국의 한국인 대학생 총기난사사건 등이 센세이셔널하게 보도됨으로써17) 사이코패스가 사회 일반에 널리 알려지게 되었음18)에도 불구하고 형사실무와 학계에서는 여전히 사이코패스에 대한 문제의식과 관심이 적기 때문인 것으로 보인다. 어쩌면 문제의식과 관심은 있지만 사이코패스라는 '별종의' 범죄자유형을 인정하여 별도의 독자적인 형사적 처우를 해야 한다는 데 어느 정도 부담감이 작용하였을 수도 있을 것이다.19)

---

16) 학계에서는 대표적으로 김선수 교수의 "정신병질 범죄자의 처우에 관한 연구 (1986)"가 있고, 법조실무계에서는 김상준 부장판사의 "사이코패스에 대한 사법적 대응(2005)"이 있으며, 그리고 이재상 교수의 형법교과서에 정신병질자에 대한 처우 논의가 간략히 소개되어 있는 정도다. 이재상, 형법총론, 2006, 617면 참조.

17) 그러나 '조승희 총기난사사건'의 경우 대다수 언론은 그를 사이코패스로 진단내렸지만 실제로 사이코패스로 판정된 것은 아니다.

18) 대표적으로 2004년 4월 10일 방영되었던 KBS 스페셜 "악의 가면 사이코패스"가 있다.

즉, 현행의 형사사법시스템만으로도 충분히 사이코패스를 다룰 수 있을 것이라는 믿음이 은연중에 작용하였을 수도 있다는 것이다. 이와 관련해 우리 대법원은 "범행 당시 정상적인 사물변별능력이나 행위통제능력이 있었다면 심신장애로 볼 수 없는 것이고 특단의 사정이 없는 한 위와 같은 성격적 결함을 가진 자에 대하여 자신의 충동을 억제하고 법을 준수하도록 요구하는 것이 기대할 수 없는 행위를 요구하는 것이라고는 할 수 없으므로 원칙적으로 (그와 같은) 성격적 결함은 형의 감면사유인 심신장애에 해당하지 않는다고 봄이 상당하고, 다만 그러한 성격적 결함이 매우 심각하여 원래의 의미의 정신병을 가진 사람과 동등하다고 평가할 수 있다든지, 또는 다른 심신장애사유와 결합된 경우에는 심신장애를 인정할 여지가 있을 것이다."고 판시한 바 있다.[20] 판례의 행간을 읽자면 대법원 역시 사이코패스 등과 같은 이상 성격자 내지 성격장애자를 적극적으로 인정하는 데 매우 조심스러운 입장인 듯 보이며, 다만 다행스럽게도 중증의 성격장애자는 심신장애로 볼 여지가 있다고 판단하고 있다. 만족스럽지는 않지만 성격장애자도 심신장애를 인정받을 여지를 열어 놓고 있기 때문에 매우 고무적이

---

19) 또 한편으로는 만일 사이코패스를 인정하게 되면 피고인을 치료 불가능한 '생래적 악인'으로 '낙인'찍게 되는 것에 대한 부담감이 작용하였을 수 있다. 이는 피고인 '인권보장'의 차원에서 보면 충분히 수긍할 만한 일이다. 그러나 사이코패스를 방치해 우리 사회가 치르게 될 희생을 고려해 보면 무책임한 처사이기도 할 것이다. 더구나 사이코패스라는 진단이 막연히 우려하는 만큼 낙인효과를 가져오지 않는다는 사실을 입증하는 연구결과도 있음을 유념해야 할 것이다. 이에 대해서는 Daniel C. Murrie, Dewey G. Cornell, & Wendy K. McCoy, Psychopathy, Conduct Disorder, and Stigma: Does Diagnostic Labeling Influence Juvenile Probation Officer Recommendations?, Law and Human Behaviour, Vol.29, No.3, June 2005, 323-340면 참조.

20) 동 판결요지는 대판1995.2.24. 94도3163과 대판 2007.2.8. 2006도7900의 중복되는 요지를 조합하여 재구성한 것이다.

라 아니할 수 없다.

본고에서는 사이코패스에 대한 우리 학계와 실무계의 대응이 매우 소극적이라는 판단 하에, 독자적인 형사적 대응방안의 수립이 절실하다는 점을 입론하고자 우선 사이코패스가 일반범죄자와 얼마나, 또 어떻게 다를 수 있는가를 통제이론을 통해 논증해 보았다. 범죄충동에 대한 통제이론적 분석은, 사이코패스가 아닌 일반범죄자에 대해서는 매우 유의미할 수 있지만, 사이코패스에 대해서는 거의 적용되기 어렵다는 점을 입론하였다. 다만 한 가지 분명히 해 둘 점은, 본고에서는 범죄원인에 대한 누 개의 설명방식, 즉 생물학적·유전적 원인론과 상황적·환경적 원인론 사이에서 어느 한 관점의 우월성을 내세우고자 하려는 의도는 전혀 없다는 것이다. 일반적인 범죄자의 범죄충동 분석에 있어서도 두 가지의 요인이 복합적으로 작용할 수 있듯이 사이코패스 범죄의 경우도 두 가지 설명방식이 모두 가능하다고 본다. 그러나 본고에서 주장하려는 바는 사이코패스에 있어서는 바로 그와 같은 두 가지 요인 중에서 전자의 '소질적 요인'이 보다 강하게 작용하여 '환경적 요인'의 역할이 매우 제한적이라는 점이다. 이러한 주장은 매우 중요하면서도 그동안 심도 있게 논의되지 못한 논제이다. 사이코패스의 경우도 그저 막연히 두 가지 요인이 거의 대등하게 복합적으로 작용하리라는 것이 일반적인 인식이었기 때문이다. 그렇기 때문에 본고에서는 범죄자의 '범죄충동'을 개인적 또는 사회적 차원에서 폭넓게 구명해 내고 있는 '통제이론'과의 비교를 통해 사이코패스가 지닌 범죄충동의 특이성을 명확히 드러내고자 하였다. 일반적인 범죄자의 범죄충동요인을 망라하여 분석해 주고 있는 여러 통제이론 역시 사이코패스의 범죄충동을 설명하기에는 역부족이며, 그 이유는 사이코패스 범죄자가 일반 범죄자와 다른 특이한 '이상성격'을 지니고 있다는 점을 인정해야만 설명될 수 있다고 본다.

요컨대 사이코패스는 정상인의 범죄충동을 분석하는 통제이론 등의 표준이론을 통해서는 접근하기 힘든 특이한 유형의 '이상성격자'이며, 따라서 책임능력의 제한이나 특수한 치료프로그램의 개발 등 사이코패스에 대한 독자적인 사법적 대응책이 절실하다는 점을 다시 한 번 분명히 강조해 두고자 한다.

제 3 장

사이코패시의 원인론

I. 사이코패시의 발생원인과 치료가능성

사이코패스(psychopath: 精神病質者)가 저지르는 범죄에 대해 필요·적절한 대책을 마련하기 위해서는 무엇보다도 그 범죄를 유발하는 밀접한 요인으로 작용하는 정신병질(精神病質), 즉 사이코패시(psychopathy)의 원인에 대한 이해가 전제되어야 할 것이다. 사이코패시의 원인에 대해서는 이 분야의 저명한 권위자의 한 사람인[1] 헤어의 견해가 매우 논쟁적인(controversial) 형태로 제시되어 있다.

헤어의 입장을 간단히 정리하자면, 사이코패시는 선천적인 생물학적 요인과 후천적인 사회·환경적 요인이 복합적으로 작용해서(interplay) 나타난 결과다.[2] 그는 사이코패시의 직접적 유발요인이 아직은 명확히 밝혀지지 않고 있음을 인정하면서도[3] 후천적 요인보다는 선천적 요인이 보다 직접적인 원인으로 작용한다고 주장한다. 헤어의 주장에 따르면 나쁜 환경이나 유년기의 부적절한 양육이 사이코패시를 유발하는 직접적 요인은 아니며, 다만 이미 선천적·생물학적 작용으로 준비된 사이코패시적 특성을 발달시키고 행동적으로 표출시키는 (develops and is expressed in behaviour) 기능을 한다.[4] 헤어는 다음과

---

1) 헤어에 대한 이러한 평가로는 Grant T. Harris, Tracy A. Skilling, & Marine E. Rice, The Construct of Psychopathy, 28 *Crime & Justice*, 2001, 203면 참조. 제3장은 이영란교수화갑기념논문집(2008)에 게재된 논문 "사이코패시의 원인론, 그 형사정책적 함의"를 수정·보완한 것이다.

2) Robert D. Hare, *Without Conscience: The Disturbing World of the Psychopaths Among Us*, The Guilford Press, 1999(1995년 초판발행), 166면과 173면 참조.

3) Robert D. Hare, 앞의 책, 165면.

4) Robert D. Hare, 앞의 책, 173~174면.

같이 말한다.

"나는 사이코패시가 생물학적 요인과 사회적 요인이 복합적으로 작
용해서 나타난다는 견해를 선호한다. 이 견해는, 유전적 요소가 뇌 기능
의 생물학적 토대와 인격의 근본구조(basic personality structure)에 기여하
며, 그럼으로써 삶의 경험과 사회적 환경에 대한 개인의 반응방식과 상
호작용에 영향을 미친다는 증거에 기초해 있다.5) 실제로 사이코패시의
발달(development)에 필요한 공감능력의 심각한 부족과 두려움 등의 감정
전반(complete range of emotions including fear)을 느낄 수 있는 능력의 결
여는, 일부는 선천적으로 또는 태아기(developing fetus)나 신생아(neonate)
일 때 어떤 밝혀지지 않은 생물학적 영향으로 인해 갖추어진다. 그 결과,
내면적 통제와 양심을 발달시키고, 타인과의 감정적 '유대(connections)'
를 형성할 수 있는 능력이 현저하게 저하되는 것이다."6)

이와 같은 헤어의 주장이 논란을 불러일으키는 이유는, 사이코패시
의 원인에 대한 기존의 여러 견해를 논박하면서 생물학적 요인이 직접
적인 역할을 한다고 명확히 하였기 때문이다.

사이코패시의 원인론은 형사정책적으로도 중요한 의의를 갖고 있
다. 사이코패스 범죄에 대응하기 위해서는 무엇보다도 사이코패시의
원인이 규명되어야만 그것을 토대로 필요·적절한 대책이 수립될 수
있기 때문이다. 그런데 일반적으로 사이코패시의 치료는 거의 불가능
한 것으로 알려져 있다.7) 그로 인해 치료를 받은 후에도 재범의 위험

---

5) 이 점에 대해 헤어는 다양한 과학적 증거자료를 제시하고 있다. Robert D. Hare,
   앞의 책, 173면의 각주 17) 참조.
6) Robert D. Hare, 앞의 책, 173면.
7) 이에 대해서는 Grant T. Harris, Tracy A. Skilling, & Marine E. Rice, 앞의 논문,
   232면 이하 참조. 사이코패시의 치료에 부정적 입장을 보인 선구적 문헌으로는
   R. v. Krafft Ebing의 "Textbook of Insanity(C.G. Chaddock 역), 1904"가 있으며,
   동 문헌에서 Krafft Ebing은 도덕적으로 미친 자들(morally insane individuals)의

성이 현저히 높은 것으로 보고되고 있다.[8] 바로 이 점은 일반인의 법감정은 물론 많은 형사사법관련 실무가 또는 연구자들에게 있어서 사이코패스 범죄에 대해 엄벌주의적 입장을 고수하게끔 만드는 주된 요인이 되고 있는 것으로 보인다.[9] 만일 그 치료가능성이 매우 비관적이라면, 사이코패스 범죄자에 대한 강경론의 입장은 상당히 설득력이 있을 것이다. 그러나 사이코패시에 대한 적절한 치료프로그램의 개발이 가능하고, 그 효과가 입증될 수 있다면, 형사적 대응에 있어서 다른 대안을 모색하지 않을 수 없을 것이다. 과연 사이코패시는 치료가 불가능한 것일까? 사이코패시의 원인이 밝혀질 수 있다면, 그 원인의 제거 또는 조작을 통해 치료가 가능해질 수 있는 것은 아닐까? 이하 본고에서는 이와 같은 문제의식 하에 사이코패시의 원인에 대한 현재까지의 다양한 견해를 비판적으로 검토해 보고, 그 치료가능성에 대한 최신의 논의를 살펴볼 것이다. 이를 통해 사이코패스 범죄자에 대한 형사적 대응의 바람직한 방향을 모색해 보고자 한다.

치료가능성에 대해 "가망이 없다(without prospect of success)고 보았다고 한다. 이에 대해서는 Jan Looman, Jeffrey Abracen, Ralph Serin, & Peter Marquis, Psychopathy, Treatment Change, and Recidivism in High-Risk, High-Need Sexual Offenders, *20 Journal of Interpersonal Violence*, 2005, 549면 참조.

8) 이에 대해서는 Robert D. Hare, 앞의 책, 198면 이하 참조. 특히 헤어의 조사에 의하면 일정한 치료프로그램은 "사이코패스의 치료에 효과가 없을 뿐만 아니라 오히려 그들을 더욱 악화시키기까지 한다고 한다(not only was the program not effective for psychopaths, it may actually have made them worse!)." 이에 대해서는 Robert D. Hare, 앞의 책, 199면 참조. 관련 문헌으로는 G.T. Harris, M.E. Rice, & C.A. Cormier, Psychopathy and violent Recidivism, *15 Law and Human Behaviour*, 1991, 625면 이하.

9) 이러한 입장의 대표적 문헌으로는 Christina Lee, The Judicial Response to Psychopathic Criminals: Utilitarianism over Retribution, *31 Law and Psychology Review*, Spring 2007, 125면 이하 참조.

Ⅱ. 원인에 대한 여러 견해의 검토

1. 원인론(Etiology)

사이코패시의 원인에 대해서는 "선천적인 본성(Nature)에서 비롯된다"는 학설과 "후천적으로 길러진다(Nurture)"는 학설이 있지만, 이 두 가지 요인이 복합적으로 작용하여 발생한다는 것이 오늘날 일반적인 견해로 보인다.[10] 유력하게 제시되고 있는 견해들은 다음과 같다.

1) 사회·환경적(Social/Environmental) 원인론

사이코패시의 원인을 사회·환경적 요인에서 찾는 이론은 크게 두 가지로 대별될 수 있다. 그 하나는 유소년기의 가정·환경적 요인에 초점을 맞추는 견해이고, 다른 하나는 보다 거시적인 사회구조(social structure) 및 문화적인 차이에 주목하는 견해이다.

먼저 전자의 입장을 취하는 William McCord와 Joan McCord에 따르면 유년기에 부모로부터 요구를 거부당했을 때(parental rejection)에 겪게 되는 신경 기능의 훼손[11](neurological damage)과 이를 더욱 악화

---

10) 이러한 입장의 대표적 최신문헌으로 Martha Stout, 「당신 옆의 소시오패스(The Sociopath Next Door)」, 2008(김윤창 역, 원전은 2005년 미국에서 초판발행), 192면 이하 참조. Martha Stout은 임상 심리학자이며(a clinical psychologist), 하버드 의과대학 정신의학과 심리학 강사로 활동 중이다. 역시 동일한 입장으로는 Robert D. Hare, 앞의 책, 165면 이하 참조.

11) 예컨대 부모로부터 방임되거나 학대받은 유아는 보통 지능이 떨어지고, 우울증, 행동장애, 산만함, 폭력성향, 자기통제의 어려움 등을 겪게 될 위험이 높다. 이 점에 대해서는 Robert D. Hare, 앞의 책, 170면 참조.

시키는 주변 환경, 그로 인한 정서적 박탈(affectional deprivation)이 바로 사이코패시의 원인이 된다는 "신경사회학적(neurosocial)" 모델을 제시한 바 있다.12) 그러나 이에 대해서 첫째, 유년기의 양육방식에 주목한 이러한 학설은 '회상적 보고', 다시 말해 과거의 일을 개인적으로 회상한 자료에 의해 기초하고 있기 때문에 지극히 조심스럽게 해석되어야 한다는 지적이 있다. 만일 현재 사이코패스 판정을 받은 사람에 대한 유년기의 사건을 회상해 보라고 다른 사람들에게 요구하면, 비행을 저질렀던 사건들은 회상되기 쉬운 반면에, 모범적이거나 정상적인 사건들은 간과되기 쉽다는 것이다. 특히 정신병질자 자신들의 회상적 보고는 더욱더 신뢰할 수 없다고 한다.13)

다음으로, 유년기의 겪었던 심리적인 충격(psychological trauma)과 적대적인 경험(adverse experience)이 '양심의 부재'와 같은 사이코패시의 핵심 특성을 유발한다는 설득력 있는 연구결과가 없다는 비판이 있다. 즉, 유년기의 불행한 경험이 범죄와 폭력을 낳을 수 있다는 점은 많은 연구들에 의해 입증되었지만14) 그것이 곧 사이코패시를 초래한다는 연구성과는 없다는 것이다. 아울러 유년기의 부적절한 양육방식은 성인이 된 후 우울증이나 불안감에 시달리게 만들지만, 사이코패스는 그와 같은 괴로움을 겪지 않는다는 점도 신경사회학적 모델의 결함을 입증해 준다고 한다.15) 실제로 다른 범죄자들과 달리 사이코패스

---

12) William McCord & Joan McCord, *The Psychopath: An Essay on the Criminal Mind* vii, 1964, 91면.
13) 이러한 지적으로는 Gerald C. Davison, John M. Neale, & Ann M. Kring, *Abnormal Psychology*, 9th Ed., 2005(이봉건 역, 제9판 원전은 2004년 발행), 269면 참조.
14) 이 점에 대해서는 Martha Stout, 앞의 책, 203면.
15) Martha Stout, 앞의 책, 203면.

범죄자들은 불안정한 가정환경의 영향을 덜 받는다는 일단의 증거도
이를 과학적으로 뒷받침하고 있다.16)

사이코패시의 발달에 영향을 미치는 미시환경적 영향에 대하여 또
다른 견해로는 '애착장애(attachment disorder)' 이론이 있다. 이는 간단
히 말해 영아기에 부모 또는 양육자와 애착이나 유대관계 등의 심리적
결속이 이루어지지 못하면 사이코패시가 유발될 수 있다는 것이다. 애
착이론(attachment theory)에 따르면 영아기의 적절한 애착은 감정적인
자기통제와 자신의 경험과 행동의 반성능력 등을 길러주고 나아가 다
른 사람들과의 정서적인 결속을 형성할 수 있게 해 준다.17) 이와 같은
영아기의 애착이 방해를 받을 때 '애착장애'가 일어난다. 많은 경험적
증거에 의하면 애착장애를 겪는 아이들은 충동적이고 냉정하며 폭력
적이라고 한다. 사이코패시의 특성과 애착장애의 증상의 유사성에 착
안해 애착장애가 곧 사이코패시의 원인이라는 가설이 제시된 것이
다.18) 그러나 애착장애 이론에 대해서도 우선 이론의 경험적 증거 대
부분이 유년기 경험에 대한 회상적 보고(retrospective reports)에 기초한
것이어서 이 역시 믿을 만한 과학적 증거가 결여되어 있다는 지적이
있다.19) 또한 애착장애의 증상들과 사이코패시의 전형적인 특성은 유
사하기도 하지만 근본적인 차이점이 있다는 비판이 있다. 즉, 사이코패
스와 달리 애착장애자들은 대인관계에서 매력적이거나 능란한 경우가
거의 없다고 한다. 사이코패스는 목적을 위해 필요한 경우 속마음을 감
추고 타인을 속이고, 유혹하고, 조종해 사기행각을 벌일 수도 있지만,

---

16) 이러한 연구결과에 대해서는 Robert D. Hare, 앞의 책, 174~175면 참조.
17) 애착이론에 대한 소개로는 Martha Stout, 앞의 책, 205면.
18) 이 점에 대해서는 Martha Stout, 앞의 책, 205~208면.
19) Robert D. Hare, 앞의 책, 172면.

이 애착장애자들은 대인관계에 있어서 대개 불쾌감을 주며, 억지로 정
상적인 척하려고 노력하지도 않는다는 것이다.[20] 요컨대 애착장애가
사이코패스 특유의 남을 속이는 재주(characteristic manipulative charm)
등의 사이코패시적인 증상 전반(the full gamut of symptoms comprised
by psychopathy)을 유발한다는 증거는 전혀 없다고 한다.[21]

　　다만 헤어에 의하면 "부적절한 양육이나 유년기의 적대적인 경험이
사이코패시의 직접적인 원인은 아니지만(Although psychopathy is not
primarily the result of poor parenting or adverse childhood experiences),
선천적으로 지닌 사이코패시적 소질을 발현시키는 데 중요한 역할을
한다(play an important role in shaping what nature has provided)." 즉,
가정·환경적 요소는 사이코패시가 발달하고 행동적으로 표출되는 방
식에 영향을 준다는 것이다.[22] 이와 유사한 맥락에서 Steven Porter 는
일차적(primary) 사이코패시와 이차적(secondary) 사이코패시를 구분해
야[23] 한다고 주장하면서, 일차적 사이코패시는 유전적으로 형성된 것

---

20) 이러한 지적으로는 Martha Stout, 앞의 책, 209면.

21) Robert D. Hare, 앞의 책, 172면. 사이코패시가 유년기 애착장애의 결과라는 주장
　　에 대하여 헤어는 오히려 그러한 유대관계의 장애는 사이코패시의 증상의 하나
　　라고 주장한다. 이러한 아이들은 유대관계를 맺는 능력이 부족한데, 그들의 애착
　　결핍은 사이코패시의 원인이 아니라 대체로 그 결과라는 것이다. 같은 책, 172면
　　참조.

22) 사이코패시적 인격특성을 가진 사람이 안정된 가정에서 긍정적인 사회·교육적
　　혜택을 받고 성장하면 사기꾼(con artist)이나 화이트칼라 범죄자, 또는 다소 떳떳
　　하지 못한(shady) 기업가나 정치가, 전문가 등이 될 수 있고, 반면에 그러한 사람
　　이 빈곤하고 불안정한(deprived and disturbed)가정에서 성장하면 떠돌이(drifter)
　　나 청부업자, 또는 폭력범죄자가 될 수 있다고 한다. 이상의 내용에 대해서는,
　　Robert D. Hare, 앞의 책, 174면.

23) '일차적 사이코패시(primary psychopathy)'와 '이차적 사이코패시(secondary
　　psychopathy)'의 분류는 1941년 Hervey Cleckley가 "The Mask of Insanity"에서
　　처음 시도한 것으로서 현재까지 잘 알려진 분류법이다. 일차적 사이코패스는

이고(genetic in etiology), 반면에 이차적 사이코패시는 정서적 무감각 상태 등의 외상 후 스트레스 장애[24](posttraumatic stress disorder)를 초래하는 해리장애[25](dissociative disorder)의 일종으로 간주될 수 있다고 한다.[26] 특히 아동기 학대 등의 유년기의 적대적인 경험은 이차적 사이

PCL-R상의 제1요소(Factor1)에 있어서 이차적 사이코패스에 비해 상대적으로 높은 점수를 얻는다. 반면 이차적 사이코패스는 제2요소에서 높은 점수를 보인다. 일차적 사이코패스는 처벌이나 스트레스, 비난 등에 대해 무반응을 보이며, 반사회적 충동을 억제할 수 있는 능력을 보이는데, 그 이유는 양심 때문이 아니라 그러한 충동억제가 그들의 목적 달성에 더 부합되기 때문이다. 이차적 사이코패스는 심한 스트레스와 불안감, 죄책감 등을 보이고 공격적인 성향을 띤다. 한 마디로 전자는 정서적으로 안정된(stable) 사이코패스인 반면 후자는 공격적인 (aggressive) 사이코패스라고 볼 수 있다. 이차적 사이코패스는 '완전히 사이코패스적인(fully psychopathic)' 자는 아니라고 말할 수 있다. B. Hicks, K. Markon, C. Patrick, & R. Krueger, Identifying psychopathy subtypes on the basis of personality structure, *16 Psychological Assessment*, 2004, 276-288면 참조. PCL-R의 제1요소와 제2요소에 대해서는 본장의 각주 108) 참조. 이와 달리 2차적 사이코패스를 정신병이나 신경증에서 비롯된 반사회적 행위자를 일컫는 용어로 사용하며, 양심, 죄책감, 공감능력 등이 결여돼 자기중심적, 충동적으로 행동하는 일차적 사이코패스와 구분해야 한다는 견해도 있다. 즉, 같은 용어지만 다른 의미로 사용하고 있다. 이에 대해 Ben Karpman, The Myth of the Psychopathic Personality, *104 American Journal of Psychiatry*, 1948, 523-534면 참조.

24) 외상 후 스트레스 장애란, 대단히 충격적인 외상적 사건의 후유증으로 인해 겪는 불안과 정서적 무감각 상태를 말한다. 이 장애에 시달리는 사람은 낮에는 고통스러운 과거 경험이 머릿속에 엄습해 오고 밤에는 악몽을 꾼다. 이 환자는 주의를 집중하는 데 어려움을 겪으며, 주변 사람이나 주변의 일에 대해 거리감을 느낀다. 이에 대해서는 Gerald C. Davison, John M. Neale, & Ann M. Kring, 앞의 책, 13면과, 111면 이하 참조.

25) 해리장애란 아동기의 신체적, 성적 학대 등으로 인해 의식과 기억 및 정체감 등이 붕괴되는 상태를 말한다. 이 환자들은 극도의 건망증과 기억상실을 겪거나 다중인격을 띠기도 한다. 보다 상세한 내용으로는 Gerald C. Davison, John M. Neale, & Ann M. Kring, 앞의 책, 140면 이하 참조.

26) 외상 후 스트레스 장애와 해리장애는 서로 범주를 달리 하는 별개의 장애이지만, 외상 후 스트레스 장애는 외상을 받았을 때, 건망증 등의 해리증상이 심할수록 나타날 가능성이 높다는 점에서는 서로 관련성이 있다. 이 점에 대한 상세한 설

코패시를 발달시키는 데 중요한 역할을 한다고 Porter는 주장한다.27)

사이코패시의 원인을 유소년기의 가정·환경적 요인보다는 거시적인 사회구조(social structure) 및 문화적인 영향력에서 찾는 견해가 있다. Martha Stout에 의하면 사이코패시에 미치는 환경적 영향은 자녀양육의 여러 요인들보다는 폭넓은 문화적 특성들에서 더 확실하게 찾을 수 있다고 한다. 실제로 사이코패시의 발생을 문화와 관련짓는 것은 특정한 자녀양육 변수에서 답을 구하는 것보다 현재까지 더욱 많은 성과를 거두어 왔다고 한다.28) 다수의 문헌기록에 의하면 사이코패시적 성격특성을 지닌 사람들은 시대와 지역을 초월해 보편적으로 존재해 온 것으로 보인다.29) 일례로 헤어는 사이코패스가 성서를 비롯해 고전기(classical)와 중세(medieval) 문헌기록에 모두 등장하고 있다는 전거를 제시해 주었고,30) 또한 Jane M. Murphy는 캐나다 한랭지역에 거주하는 이누이트족31)에게도 사이코패시적 특징을 지니는 성격유형을 지닌

명으로는 Gerald C. Davison, John M. Neale, & Ann M. Kring, 앞의 책, 115면 참조.

27) Steven Porter, Without Conscience or Without Active Conscience? The Etiology of Psychopathy Revisited, *1 Aggression & Violent Behaviour*, 1996, 179면과 183면. 동 문헌에 대한 소개로는 Matthew Owen Howard, James Herbert Williams, Michael George Vaughn, & Tonya Edmond, Promise and Perils of A Psychopathology of Crime: The Troubling Case of Juvenile Psychopathy, *14 Washington Univ. Journal of Law and Policy*, 2004, 475면 참조.

28) Martha Stout, 앞의 책, 210면.

29) Martha Stout, 앞의 책, 211면.

30) Robert D. Hare, Psycopaths and their nature: Implication for the mental health and criminal justice system, in: T. Milton, E. Simonsen, M. Birket-Smith, & R.D. Davis 공편, *Psychopathy: Antisocial, criminal and violent behaviour*, 1998, 188면 이하 참조.

31) 캐나다의 한랭 툰트라지대를 주된 생활영역으로 하며 에스키모어를 모국어로 하는 수렵민. 전에는 에스키모라고 불렸으나 현재는 이누이트가 정식 민족명칭이다. '이누이트'는 에스키모어로 '인간'이란 뜻이다.

사람을 일컫는 '쿤랑에타(kunlangeta)'라는 명칭이 존재함을 보여주었다.[32] 이와 같이 사이코패시가 동서고금(東西古今)에 보편적으로 존재하는 인격장애인 점에 비추어 볼 때, 사이코패시의 유병률(prevalence)이 문화·지역적으로 현저한 차이가 있다는 흥미로운 사실에 사회구조 및 문화적 원인론은 주목한다. 영어권 국가들은 유병률이 3.2%로 유사한 데 반해, 중국[33]과 일본[34] 등 동아시아 문화권의 유병률은 0.14%로 매우 낮다.[35] 이처럼 사이코패시는 일부 동아시아 국가들에서는 비교적 드물게 나타나,[36] 태국의 도시 및 농촌 지역에서 실시된 한 연구에서는 서구권 국가의 평균인 4%에 비해 현저히 낮은 0.03~0.14%로 나타났다고 한다.[37] 이러한 현상을 두고 Joel Paris는 강력하고 권위적인 부권(strong and authoritative father)과 높은 수준의 가족적 유대(familial cohesion)가 결합된 문화는 사이코패시 유병률을 저하시키고, 그 반대의 문화적 특성은 이를 증진시키는 것으로 해석한다. 따라서 제2차 세

---

32) 쿤랑에타는 "반복적으로 타인을 속이고 물건을 훔치며, 사냥하러 나가지 않고, 다른 남자들이 마을을 떠나 있을 때 여러 여자들을 성적으로 농락하는 남자"를 뜻하며, 이누이트족은 쿤랑에타가 불치임을 인정해 전통적으로 그들은 쿤랑에타를 사냥에 끌고나가 인적 없는 낭떠러지에 밀어버린다고 한다. 이에 대해서는 Jane. M. Murphy, Psychiatric Labeling in Cross-Cultural Perspective: Similar kinds of Disturbed Behaviour appear to be labeled Abnormal in Diverse Cultures, *191 Science*, 1976, 1019면 이하 참조.

33) 중국 내 사이코패시 유병률이 낮다는 점은 중국인들에게 사이코패스란 용어가 상당히 낯설다는 점에서도 간접적으로 확인할 수 있다. 중국에서 학술교류차 우리 대학에 방문한 산동대학교의 두 교수로부터 중국에는 사이코패스란 용어가 거의 알려지지 않았다는 사실을 알게 되었다.

34) 일본 내 사이코패시의 원인과 실태에 대한 진단으로는 Takamura Karou & Noda Masaaki, Japanese Society and Psychopath, *Japan echo*, October 1997, 9-13면 참조.

35) 이 점에 대해서는 Charles Fischette, Psycopathy and Responsibility, *Virginia Law Review*, September. 2004, 1435면 참조.

36) 관련 연구문헌에 대해서해서는 Martha Stout, 앞의 책, 212면의 각주 48) 참조.

37) Martha Stout, 앞의 책, 212면.

계대전 이후 번영기에 서구 국가에서 사이코패시 유병률이 증가한 원인을 전통적 가족제도의 붕괴에서 비롯된 것으로 분석해 낸다.[38]

Martha Stout은 1991년 미국 젊은 층의 반사회적 성격장애 유병률이 15년 사이에 두 배나 증가했다는 연구결과보고에 주목하면서, 그러한 변화를 생물학적인 요인만으로는 설명하기가 불가능하며, 사이코패시의 발생에 문화적 요인이 매우 중요한 역할을 한다고 주장한다.[39] Stout의 분석에 의하면, 미국 사회에 사이코패시가 창궐하는 원인은, 미국 문화가 중국 등 동아시아 지역의 집단중심적 문화와 달리 개인 우선적 태도를 허용하고 자신을 위해서 또는 경쟁에서 남보다 우월해지기 위해 죄의식 없이 행동하고 심지어 다른 사람들을 조종하는 행위를 사회적으로 조장하기 때문이라고 한다.[40] 동아시아의 많은 문화들은 종교적, 철학적으로 모든 생명체 간의 상호연관성을 중시하여, 그러한 연결의식을 토대로 하는 의무감과 양심을 사회전체가 긍정적으로 고취시켜, 사이코패스와 같은 반사회적 행위자가 비록 그들 자신이 다른 사람들과 연결되어 있다는 사실을 깨닫게 해 주는 내적 기제가 결여되어 있음에도 불구하고, 그들에게 친사회적 행위를 이끌어 내기에 충분한 외적 기제 역할을 하는 데 반해, 미국 등의 북미문화는 그와 반대되는 개인 중심적 가치를 조장하기 때문에 사이코패스에게 타인과의 연대성을 일깨워 주는 외적 기제를 결여하고 있다는 분석이다.[41] 요컨대, "(동아시아 지역) 어떤 문화들의 근본적인 신념체계는 사이코

---

38) Joel Paris, A Biopsychological Model of Psychopathy, *1 Psychopathy*, 1998, 281면 참조.
39) Martha Stout, 앞의 책, 212면.
40) Martha Stout, 앞의 책, 213~214면.
41) Martha Stout, 앞의 책, 214면 참조. 이와 유사한 지적으로는 Robert D. Hare, 앞의 책, 177면 참조.

패스들을 긍정적으로 북돋아, 그들이 감정적으로 결여한 바를 인지적
으로 보충하게끔 만들어 [주기]" 때문에 그 유병률이 서구 사회보다
낮다는 것이다.42)

2) 사회생물학적(Sociobiological) 원인론

비교적 새로운 분야인 사회생물학에서는 사이코패시란 정신의학적
장애가 아니라 유전에 기초한 특수한 번식전략의 하나(a particular
genetically based reproductive strategy)라고 주장한다.43) 사회생물학자
들에 의하면 삶에 있어 우리의 주요한 임무 가운데 하나는 번식을 통
해 유전자를 다음 세대로 전달하는 것이다. 우리는 다양한 방식으로
이를 실천에 옮길 수 있는데, 그 하나는 적은 수의 자녀를 낳아 자녀들
이 성공적으로 살아남을 수 있도록 주의 깊게 양육하는 것이고, 다른
하나는 어떻게든 많은 수의 자녀를 두어 그들을 방치하거나 포기하더
라도 그 중 일부가 살아남을 수 있도록 하는 것이다. 사이코패스는 극
단적인 방식으로 후자의 전략을 고수하는 자일 것이라는 게 사회생물
학자들의 입장이다.44)

남성 사이코패스의 경우 다수의 자녀를 두기 위해 가급적 많은 수
의 여성과 관계를 맺고 곧바로 헤어지는 전략을 취한다. 그러한 목적

---

42) Martha Stout, 앞의 책, 213-214면. Stout에 의하면 타인과의 연결성을 신념의 문
   제로 고수하는 문화에서는 대인의무에 관한 인지적인 이해를 사회전체가 가르쳐
   준다고 한다.
43) 이러한 입장으로는 J. MacMllan & L.K. Kofoed, Sociobiology and antisocial
   behaviour, 172 *Journal of Mental and Nervous Diseases*, 1984, 701~706면; H.C.
   Harpending & J.Sobus, Sociopathy as and adaptation, *8 Etiology and
   Sociobiology*, 1987, 63~72면 참조. 동 문헌에 대한 소개로는 Robert D. Hare, 앞
   의 책, 166면의 각주 8) 참조.
44) Robert D. Hare, 앞의 책, 166면.

을 달성하기 위해서 그들은 여성을 속이거나 자신의 신분을 허위로 부풀리기도 한다. 그러나 사회생물학자들은 인간이 유전자를 전달하기 위해 의도적으로 성관계를 맺는다고는 주장하지 않는다. 다만 자연적인 본성(Nature)이 우리로 하여금 유전자를 전달할 수 있도록 다양한 전략을 취하도록 만드는데, 사이코패스는 그러한 전략 중 하나인 "속이기(cheating)" 전략을 택한다는 것이다. 여성 사이코패스에게서도 이러한 "속이기(cheating)" 전략을 찾아볼 수 있는데, 그들은 많은 남성들과 관계를 맺고 곧바로 떠나며, 자녀양육에는 등한시하는 경향을 보이기 때문이다.[45)

사회생물학적 원인론에 대해서 헤어는 "혹자에게는 매우 강력한 직관적 호소력을 갖고 있지만 과학적으로 검증하기 힘들다. 왜냐하면 이를 지지해 주는 증거 대부분이 정황증거와(circumstantial) 일화뿐이기(anecdotal) 때문이다."고 비판한다.

3) 진화생물학적(Evolutionary Biological) 원인론

진화생물학적 입장에서는 사이코패스의 행동과 정서와 인지(cognitive)에 있어서의 제반 특성들과, 신경심리학적(neuropsychological)인 특성들을 결함(deficits)이나 손상(impairment)으로 보지 않으며, 그 대신 그러한 사이코패스적 특성들을 인간의 진화 역사에서 하나의 실현 가능한 생식적·사회적 생존전략(a viable reproductive social strategy)을 구성하는 일련의 조직적이고 기능적이며, 특수한 표현형적 특징들(phenotypic features)로 여긴다. 만일 초기 인간의 진화 역사가 협력이 일반화되고, 집단에서 집단으로의 이동이 비교적 쉬우며, '사기꾼(cheaters)'을 찾아

---

45) 이상의 설명으로는 Robert D. Hare, 앞의 책, 166~168면.

보기 어렵다고 특징지어질 수 있다면, 사이코패스는 그러한 집단적 환경에 적응하기 위한 일생(life-history)의 전략으로 간주될 수 있다고 한다. 예를 들어, 고대 사회에 있어서는 결속력 있고, 상호 이타적인 집단에 소속되는 것이 생존을 위해 적합했을(adaptive) 것이고, 따라서 인간의 유전적 성향은 성공적인 생존을 위해서 집단의 유대를 돈독히 하고, 집단의 규칙을 준수하는 것을 선호하는 방향으로 기울어져 왔을 것이며, 다수에 의한 이러한 유전적 전략은, 그 다수를 이용해 이익을 취할 수 있게 만드는 "대안적인 속이기 전략(alternative cheating strategy)"[46]을 탄생시키게 된 것이라는 가정을 할 수 있다는 것이다.[47] 이러한 대안적 전략이 효과적이기 위해서는 이기적이고, 냉담하며, 피상적으로만 매력적이고, 공감능력이 결여될 필요가 있다. 그러나 다수의 사람들이 이러한 대안적 전략을 취하는 사기꾼(cheaters)이 될 경우 그 전략은 실패하게 될 것이다. 왜냐하면 그렇게 되면 이용해 이익을 취할 수 있는 대상이 적어지고, 사회전반에 사기꾼에 대한 경계심이 높아질 것이기 때문이다. 그러므로 집단에 순응적인 전략과, 집단을 이용하는 전략은 실행 빈도에 의존할(frequency dependent) 수밖에 없으며, 따라서 사이코패시는 그 낮은 유병률을 유지할 수밖에 없다고 한다.[48] 이처럼 진화생물학적 이론에 따르면 사이코패스는 상호 협력적인 분위기의 사회 속에서 집단의 결속에 순응적인 다수의 생존전략과 다른 대안적인 전략을 취하는 소수의 "사기꾼"들로서 종족보존을 위해 단기적 짝짓기(short-term mating) 전략을 구사하거나, 사회적 지배권을 획득하기 위해

---

46) 이는 다수가 규칙을 잘 준수하는 사회에서 규칙을 지키지 않고 무임승차하여 부당한 이익을 보는 경우라고 보면 될 것이다.

47) Grant T. Harris, Tracy A. Skilling, & Marine E. Rice, 앞의 논문, 228~229면 참조.

48) Grant T. Harris, Tracy A. Skilling, & Marine E. Rice, 앞의 논문, 229면.

서 공격적이고 위험스러워지기도 하며, 사회적 교환에 있어서 배은망
덕(non-reciprocating)하거나 사기꾼적(duplicitous)인 전략을 취하게 된
다. 요컨대 진화생물학적 원인론은, 사이코패스의 성격특성들이 호혜적
협력에 의해 지배되는 대인관계적인 환경(interpersonal environment)속
에서 살아남기 위하여 설계된 적자생존(Darwinian adaptation)적인 특징
들이라고 본다.49)

그러나 진화생물학적 원인론에 대해서는, 흔히 사이코패시에 수반
되는 신경심리학적 손상이라든가, 주의력의 결핍과 같은 다른 특성들
도 적자생존을 위해 필요한 성격특성인가에 대해서 명확한 설명을 해
주지 못하고 있다는 비판이 제기된다.50)

4) 편도체 및 전두엽 기능장애(Dysfunction)론

사이코패시의 생물학적 원인에 주목한 몇몇 연구결과(Blair, 2003;
Yang, Raine, Lencz, Bihrle, LaCasse, & Colletti, 2005)에 의하면 편도체
(Amygdala)의 기능장애가 한 원인이 될 수 있다고 한다. 편도체는 스트
레스 해소, 즉 신체가 스트레스에 반응하는 것을 돕는 두뇌부위로서,
혐오조건 형성(aversive conditioning)51)이나 도구적 학습(instrumental

---

49) 이러한 입장으로는 Martin L. Lalumiere, Tracey A. Skilling, & Marnie E. Rice,
   Psychopathy and Developmental Instability, 22 Evolution & Human Behaviour,
   2001, 75~78면 참조.
50) 이러한 비판으로는, Matthew Owen Howard, James Herbert Williams, Michael
   George Vaughn, & Tonya Edmond, 앞의 논문, 477면 참조.
51) '혐오조건 형성'이란 '혐오치료(aversive therapy)'라고도 불리며, 문제행동을 혐
   오를 불러일으키는 자극과 결부시켜 문제행동의 빈도를 감소시키는 방법이다.
   예컨대, 알코올 중독자의 경우 술을 마시기 전에 구토제를 복용하게 반복시키면
   술을 마실 때마다 고통스럽게 구토를 하게 되고, 이러한 경험이 반복되면 술을
   볼 때마다 구토를 연상하게 되어 술을 피하게 되는 원리를 이용하는 것이다.

learning),52) 그리고 두렵거나 슬픈 표정에 대한 적절한 반응과 관계가 있다.53) 사이코패스에게는 이러한 편도체 기능이 손상된 것으로 보인다고 한다. 사이코패시 성향이 높은 사람들(PCL-R에 대해 28/40 이상인 사람들)은 편도체의 양이 적었고(Tiihonen et al., 2000), 중립적이고 부정적인 의미의 단어에 대한 반응이 정상인에 비해 느렸다(Kiehl et al., 2001).

이상의 연구결과로부터 편도체 손상이 사회화과정에 영향을 미친다는 것을 알 수 있다(Blair, 2003). 사회화과정은 '혐오조건 형성'이나 '도구적 학습'과 밀접히 관련되기 때문이다. 따라서 사이코패스는 반사회적 행동을 억제하는 법을 배울 수 없다고 볼 수 있는바, 왜냐하면 일정한 행동을 회피하는 법을 배운다는 것은 그 행동을 하면 스스로 혐오적인 반응(aversive response)을 일으켜 고통을 받을 수 있어야 하기 때문이다.54)

다양한 방식의 연구결과들에 의하면 전두엽의 기능장애도 사이코

---

52) 어떠한 행동이 일정한 결과를 초래하도록 강화되거나 약화되는 절차를 통해 학습된다고 할 때, 그 행동은 결과에 대해 도구적인 역할을 한다고 볼 수 있으며, 이러한 학습절차를 '도구적 학습'이라고 한다.

53) 슬픔, 공포, 혐오 등의 얼굴감정표현에 대한 사이코패스의 인지능력에 대한 최신의 연구결과로는 Anita Lill Hansen, Bjørn Helge Johnsen, Stephen Hart, Leif Waage, & Julian F. Thayer, Psychopathy and Recognition of Facial Expressions of Emotion, *Journal of Personality Disorders*, December 2008, 639-643면 참조. 이 연구결과에 의하면 사이코패스들은 슬픔이나 혐오에 대한 인지능력이 떨어지는 것으로 나타났다. 이 논문 642면의 도표 참조.

54) 예컨대, 타인의 신체에 폭행 및 상해를 가하는 것이 나쁜 행동이라는 것을 배우기 위해서는, 누군가에게 신체적 고통을 주고 나서 그 사람의 고통으로부터 스스로 부정적 감정(혐오적 반응)을 느낄 수 있어야 한다. 이상 편도체 이상에 대한 연구결과의 소개로는 Rebecca Taylor LaBrode, Etiology of the psychopathic serial killer: An analysis of antisocial personality disorder, psychopathy, and serial killer personality and crime scene characteristics, *Brief Treatment and Crisis Intervention*, May 2007, 153면 참조.

패시에 영향을 준다고 한다. 임상연구에 의하면 전두엽 기능장애를 지
닌 사람은 극도의 반사회적 행동을 하고, 목표 설정이 부족하며, 자아
인식이 제한된다고 한다. 특히 Lykken은 전두엽 기능장애 환자는 일
반적으로 사이코패시와 매우 유사한 이상성격을 지닌다는 것은 의심
의 여지가 없다고 결론지었다.[55] 이들의 유사성에는 장기적인 계획성
의 부족, 낮은 수준의 욕구불만내성(low frustration tolerance),[56] 피상
적 감정처리, 과민반응, 공격성, 사회적으로 부적절한 행동, 충동성 등
이 포함된다.[57] Gorenstein과 Newman은 전두(前頭)/중격(中隔)(frontal/
septal) 병변(病變, lesion)을 지닌 쥐와 사이코패스를 비교 연구하여 이
들이 반응 억제력이 결여되고 내키지 않는 불의의 사태를 변화시키는
데 상대적으로 둔감하다는 사실에 주목하여 일부 사이코패스에게는
전두엽 기능장애가 있다는 결론을 제시하기도 하였다.[58]

　　그러나 Gorenstein과 Newman의 연구에 대해서는, 처벌의 가능성이 증
가하더라도 사이코패스가 처벌이전에 보상을 받는(previously rewarded)
행동을 지속하려는 경향이, 과연 전두엽 기능장애 때문임을 반영하는 것
인지, 아니면 단지 사이코패스의 일반적인 위험 감수 성벽(risk-taking
propensity)을 암시하는 것인지 불분명하다는 비판이 있다.[59]

---

55) David T. Lykken, *The Antisocial Personalities*, 1995, 178면.
56) "욕구불만내성(慾求不滿耐性)"이란 욕구불만에 저항할 수 있는 능력수준(The
　　level of an individual's ability to withstand frustration)을 말한다. 즉, 욕구를 참
　　아내는 인내력이라고 할 수 있다.
57) 이러한 유사성에 대해서는 헤어도 언급하고 있다. Robert D. Hare, 앞의 책, 169
　　면 참조.
58) 이에 대해서는 E.E. Gorenstein & J.P. Newman, Disinhibitory Psychopathology:
　　A New Perspective and a Model for Research, *87 Psychological Review*, 1980,
　　301면 참조.
59) Matthew Owen Howard, James Herbert Williams, Michael George Vaughn, &
　　Tonya Edmond, 앞의 논문, 478면 참조.

또한 헤어는 자신과 몇몇 연구자들의 최근 연구결과에 따르면, 사이코패스에게 전두엽 손상이 있다는 증거를 찾지 못했다고, 전두엽 기능장애론에 회의적인 입장을 보이기도 한다. 더욱이 사이코패스와 전두엽 환자 간에는 피상적인 유사점들만 있을 뿐이어서 오히려 차이점들이 더 주목할 만하다고 한다.[60] 다만 헤어는 여전히 많은 연구자들은 사이코패스의 충동성과 부적절한 행동을 억제하지 못하는 성벽이, 비록 실제의(구조적)[61] 전두엽 손상을 포함하지는 않더라도, 일정한 종류의 전두엽 기능장애에서 비롯된다는 사실을 설득력 있게 주장하고 있다는 점을 지적하면서, 전두엽이 행위 통제에 중요한 역할을 한다는 점은 잘 입증된 사실이므로, 잘못된 연결(faulty wiring)이든 유년기의 전두엽 손상이든, 어떤 이유에서든지 전두엽이 사이코패스의 행동을 통제하는 데 상대적으로 취약하다고 가정하는 것은 합리적인 것으로 보인다고 시인한다.[62] 나아가 헤어는 또 다른 한 문헌에서는 최신 신경생물학적 연구결과는 사이코패시가 전두엽 기능장애과 관련이 있다는 주장과 일치한다는 사실을 논급하고 있는바,[63] 이로 미루어 볼 때, 전두엽 기능장애를 사이코패시의 한 원인으로 인정하고 있는 것으로 판단된다.[64]

---

60) Robert D. Hare, 앞의 책, 169면.
61) 헤어는 1995년의 저서에서는 "실제의 손상(actual damage)"라는 표현을 썼다가, 1999년의 한 논문에서는 동일한 문장을 그대로 기술하면서 "구조적 손상(structural damage)"으로 표현을 변경하였기에 본고에서는 양자를 모두 병기하기로 한다. 1995년의 논문에 대해서는 Robert D. Hare, David J. Cooke, & Stephen D. Hart, Psychopathy and Sadistic Personality Disorder, in: Theodore Millon, Paul H. Blaney & Roger D. Davis, *Oxford Textbook of Psychopathology*, Oxford Univ. Press, 1999, 568면 참조.
62) Robert D. Hare, 앞의 책, 169면 참조.
63) Robert D. Hare, David J. Cooke, & Stephen D. Hart, 앞의 논문, 568면.
64) 그러나 이상의 결론이 사이코패시의 원인이 전적으로 생물학적인 것이라거나, 이

5) 신경생물학적(Neurobiological) 원인론

(1) 행동억제시스템 모델(BIS Model)

신경생물학적 원인론에 의하면 사이코패시는 품행장애(conduct disorder; CD)의 일종인 "고립적 공격성 증후군(undersocialized[65] aggressive syndrome)"의 주요 특성과 일치한다고 한다.[66] 이 증후군의 주 특성은 싸움, 반항, 집단따돌림(bullying), 착취(exploitativeness) 등이 있으며, 타인에 대한 정상적인 감정처리 및 공감능력, 그리고 유대관계가 결여되어, 자기중심성, 냉담성, 사기행각 등을 보인다고 한다.[67] Quay는 Gray의 신경생물학적 성격이론에 기초하여 고립적 공격성 품행장애 이론을 정립하였는데, 그에 따르면 이 장애를 겪는 유소년(youth)[68]은 동기유발(incentive motivation)을 조절하는 보상지향적(reward- oriented)

러한 신경의 손상을 가진 모든 사람이 사이코패스로 발전한다는 것을 의미하는 것은 아니라는 점에 유의할 필요가 있을 것이다. 이 점에 대한 적확한 지적으로 는 Rebecca Taylor LaBrode, Ibid., 153면 참조. 실제 연구보고에 의하더라도 환 경적 요인이 생물학적 요인만큼 중요한 역할을 한 사례가 있다. 예컨대 큰 철못 이 머리를 관통한 스페인의 한 남자는 전두엽이 손상되었지만, 그를 지지하는 가 족들과 따뜻한 환경으로 인해 60년이 넘도록 반사회적 행동이나 범죄행동을 저지 른 적이 없었다고 한다. 이에 대한 소개로는 Adrian Raine & Yaling Yang, "The Neuroanatomical Bases of Psychopathy", 법무부·여성가족부·국가청소년위원회· 한국심리학회 공동주최, 「성범죄자에 대한 치료사법적 대안모색」, 2007, 90면.

65) "undersocialized"란 "타인과의 충분한 유대감 결여(absence of adequate bonds to others)"로 정의되며, 본고에서는 "고립적"이라고 번역하였다.

66) Matthew Owen Howard, James Herbert Williams, Michael George Vaughn, & Tonya Edmond, 앞의 논문, 479면 참조.

67) 이 점에 대해서는 Herbert C. Quay, The Psychopathology of Undersocialized Aggressive Conduct Disorder: A Theoretical Perspective, 5 *Development & Psychopathology*, 1993, 166면 참조.

68) 품행장애는 세 살 경부터 시작되어 평생 지속되는 경우도 있고, 청소년기에 한정 되는 경우도 있다. 이 점에 대한 설명으로는 Gerald C. Davison, John M. Neale, & Ann M. Kring, 앞의 책, 416면 참조.

두뇌시스템이 처벌이나 무보상(non-reward), 또는 낯설음(novelty) 등의 조건 하에 행동을 억제하는 행동억제시스템(Behavioral Inhibition System)을 압도하였다고 한다. Quay의 연구결과에 의하면 이 장애를 겪는 유소년은 노르아드레날린의 신경전달이 부족하고, 외부자극에 대한 전류피부반응(electrodermal response; 피전기적 반응)이 미약하며 - 이는 행동억제시스템(BIS)에 장애가 있다는 점을 암시한다 -, 처벌의 가능성이 높아지는 상황에서조차 지속적으로 보상에 반응한다(persistent responding for a reward)고 한다.[69] Gray에 의하면 행동억제시스템(BIS)은 임박한 처벌(impending punishment)과 낙담적 무보상(frustrative nonreward)의 신호에 대한 유기체의 반응을 통제한다. 반면에 행동활성시스템(Behavioral activation system; BAS)은 임박한 보상에 대한 반응을 통제한다. 행동억제시스템은 부정적 감정(negative affection)에 의해 작동되고 예상되는 처벌 또는 무보상에 이를 수 있는 운동성 행동(motoric activity)을 억제한다. 따라서 행동억제시스템 장애(weak BIS)는 처벌 또는 무보상에 이를 수 있는 행동을 억제하지 못하게 만든다는 것이다.[70] 이러한 맥락에서 D.C. Fowel과 K. Missel은 특히 예기불안(豫期不安; anticipatory anxiety)[71]의 결핍과 연관시켜 고려해 볼 때, 사이코패스는 행동억제시스템 장애를 겪기 때문에 잠재적 처벌이나 낙담으로 인해 더 이상 보상을 추구하지 않도록 행동을 유도하는 자극이 결여(failure

---

69) Herbert C. Quay, 앞의 논문, 168~176면 참조.

70) 이상의 설명으로는 Robert D. Hare, David J. Cooke, & Stephen D. Hart, 앞의 논문, 570면. 참조문헌으로는 J.A. Gray, *The neuropsychology of fear and stress*, Cambridge Univ. Press, 1987.

71) "예기불안"이란 심리학 용어로서 "어떤 도전적인 활동을 하기에 앞서 겪게 되는 두려움(the anxiety one experiences before starting a challenging activity)"을 의미한다.

of cues)된 결과, 충동성(impulsivity)이 유발된다고 주장하였다.[72]

　이러한 신경생물학적 원인론에 대해서는 다음과 같은 반론이 제기된다. 우선 BIS모델은 사이코패스의 충동성을 설명하는 데 있어서는 직관적 타당성이 있어 보이나, 피상적 감정처리라든지, 자기중심주의 등은 설명하기 힘들다는 지적이 있다. 즉, 이 모델로는 사이코패시의 전반적인 증상특성을 설명해 내지 못한다는 것이다.[73] 다음으로는 Gray의 이론이 사이코패스의 충동성과는 직접적 관련성이 없다는 반론이다. 그레이는 행동억제를 벗어날 수 있는 다양한 방식의 탈억제(disinhibition) 경로를 제시해 주고 있다. 예를 들어 "강한 행동활성시스템(strong BAS)"으로 인한 보상에 대한 과도반응(hyperresponsivity)이나, "불완전한 행동억제시스템(deficient BIS)"에 의한 처벌에 대한 비정상적 반응은 모두 행동억제로부터 벗어날 수 있는 경로라는 것이다. 더욱이 그레이 자신은 충동성을 행동억제시스템이 아닌 행동활성시스템과 연관짓고 있다. 그러므로 그레이의 이론에 의하면 사이코패스는 충동적이라기보다는 탈억제적(disinhibited)이라고 보는 것이 옳다는 것이다.[74] 끝으로 비록 BIS 모델이 사이코패스의 전류피부반응이나 공포학습방법(fear conditioning),[75] 수동적 회피학습(passive avoidance learning) 등에 대한 연구에 의해 부분적으로 지지받는다고 하지만, 사

---

72) 이에 대해서는 D.C. Fowel & K. Missel, Electrodermal hyporeactivity, motivation, and psychopathy: Theoretical Issues, in: D. Fowles, P. Sutker, & S. Goodman (eds.), *Psychopathy and antisocial personality: A developmental perspective: Vol. 17. Progress in experimental personality and psychopathology research*, 1994, 278면.

73) Robert D. Hare, David J. Cooke, & Stephen D. Hart, 앞의 논문, 570면.

74) Robert D. Hare, David J. Cooke, & Stephen D. Hart, 앞의 논문, 570면.

75) "fear conditioning"이란 새로운 자극에 대한 두려움을 학습하는 방법(method by which organism learn to fear new stimuli)을 말한다.

이코패스가 처벌에 대하여 항상 과소반응(hyporesponsivity)을 보이지
는 않는다는 것이다. 즉, 사이코패스는 오직 처벌과 경쟁적인 수준의
보상에 직면했을 때에만 처벌에 대한 과소반응이 두드러질 뿐이라는
것이다.76)

BIS 모델의 한 형태이면서도 바로 그 점 때문에 상대적으로 주목을
끌지 못했던 이론으로서 공포부재(fearlessness) 모델이 있다. 간단히
설명하자면, 사이코패스가 처벌이나 학습된 공포(conditioned fear)에도
불구하고 반사회적 충동성을 억제하지 못하는 것은 공포감의 부재 때
문이라는 것이다.77) 그러나 이 모델 역시 사이코패시의 전반적인 증상
특성을 모두 설명해 주지는 못한다는 비판을 받고 있다.78)

(2) 불완전한 반응조절 모델
(Deficient Response Modulation Model)

이 모델은 BIS 모델을 보다 정교하게 발전시킨 모델로서, 사이코패
스의 충동적인 행동은, 행동억제시스템의 장애 때문이 아니고, "자동
주의전환(automatic switching of attention)" 기능의 조절장애에서 비롯
된다고 본다. 즉, 자동주의전환이 안 되면, 행위자가 일정한 목표지향
적 행위에 몰두하면서, 그 행위와 잠재적으로 관련되지만 간과된
(unattended) 정보를 다른 정보와 마찬가지로 동질화시키는 능력에 방

---

76) 이 점에 대해서는 J.P. Newman & J.F. Wallace, Psychopathy and Cognition, in:
P. Kendall & K. Dobson (eds.), *Psychopathy and Cognition*, 1993, 293면 이하
참조.

77) 이러한 설명으로는 D.T. Lykken, *The antisocial personalities*, 1995, 135면.

78) Robert D. Hare, David J. Cooke, & Stephen D. Hart, 앞의 논문, 570면. 한편
동 문헌의 저자들은 공포감의 부재가 심리사회적 스트레스나 구조적 두뇌손상에
서 기인하기보다는 유전적 요소일 가능성을 언급하고 있다. 같은 논문, 같은 면
참조.

해를 받게 된다는 것이다.

다시 말해 사이코패스에게 일단 행동활성시스템이 작동하면, 그의 주의력의 결핍이 원인이 되어 행동억제시스템이 작동하기 위한 관련 정보가 부족하게 된다는 설명인 것이다.[79] 이 모델은 BIS 모델이 공포 부재모델을 포함하듯, BIS 모델을 포함하고 있다고 볼 수 있으며, BIS 모델보다 사이코패시의 증상설명을 더 잘 해준다고 평가받고 있다. 이 는 특히 사이코패스가 오직 특정한 상황에서만 처벌에 대하여 과소반 응을 보이는 현상을 설명해 줄 수 있다는 점에서 더욱 그러하다고 볼 수 있을 것이다.[80]

이 모델은 그 실험적 검증방법이 독창적이고 방법론적으로 정교함 에도 불구하고, 이 모델에 의해 예측된 일부 실험적 결과는 기대만큼 확고하지는 못하다고 한다.[81]

(3) 인지적-정서적 장애모델(Cognitive-Affective Model)

인지적-정서적 장애모델은 한마디로 사이코패스에게는 인지적-정 서적 처리과정에 심각한 문제가 있다는 이론이다. 다양한 형태의 모델 이 제시되어 있으며, 우선 헤어는 사이코패스가 기대되는 공포를 느낄 수 없다기보다는, 임박한 고통이나 처벌을 암시하는 심리적/정서적 자 극을 완화시켜 주는 동적 보호기제(dynamic protective mechanism)에 언 제나 접근가능하기 때문이라고 설명하며, 이는 사이코패스에게는 임박 한 자극에 대한 일반인과 다른 신경생물학적 처리방식이 존재하기 때문

---

79) J.P. Newman & J.F. Wallace, 앞의 논문, 712면; Robert D. Hare, David J. Cooke, & Stephen D. Hart, 앞의 논문, 571면 참조.

80) Robert D. Hare, David J. Cooke, & Stephen D. Hart, 앞의 논문, 571면 참조.

81) Robert D. Hare, David J. Cooke, & Stephen D. Hart, 앞의 논문, 571면 참조.

이라고 한다. 정상적인 사람의 경우 새롭고, 흥미롭고, 중요한 사건은 지향적 반응(orienting response)을 불러와 피부전도도(skin conductance)의 증가와 심장박동수(heart rate)의 감소를 야기하고, 유쾌하지 않고 두려운 사건은 방어적 반응(defensive response)을 불러일으켜 피부전도도와 심장박동수를 모두 증가시키게 된다. 그러나 실험결과에 의하면 사이코패스는 유쾌하지 못한 자극이 기대되는 상황에서 낮은 피부전도도와 그에 비해 상대적으로 높은 심장박동수의 증가를 보였다. 이러한 결과는 사이코패스가 공포감을 느끼지 못한다기보다, 불유쾌한 자극에 대하여 정상적인 사람은 그에 대해 주의를 집중하는 반면, 그들은 공포심 없이 이를 "없애 버리는(tune out)" 신경생물학적 기제를 가진 것으로 해석될 수 있다는 것이다.[82]

이러한 실험결과를 다소 확대시켜 Larbig 등은 피부전도도와 심장박동수 이외에 주의집중 처리과정과 관련해 피질전위(cortical potential)[83]를 측정하였는데, 그들에 의하면 독일에서 PCL-R에 의해 극악한 교통사범으로 판정된 사이코패스들의 경우, 시끄러운 소음을 기다릴 때, 그들의 피질전위가 낮게 기록된 점에 주목하여, 사이코패스들은 정상인보다 피질전위가 낮으며, 이는 곧 임박한 소음에 대한 주의집중력이 떨어진다는 것을 의미한다고 결론을 내렸다고 한다.[84]

---

82) 이상의 설명으로는 Robert D. Hare, David J. Cooke, & Stephen D. Hart, 앞의 논문, 571면 참조.

83) "피질전위"란 뇌전도검사계(electroencephalograph)에서 확인할 수 있는 대뇌피질(cerebral cortex)에서의 급속한 전압변동(rapid fluctuations of voltage)을 의미하는 신경생리학적 용어이다.

84) 이 점에 대해서는 W. Larbig, R. Veit, H. Rau, P. Schlottke, & N. Birbaumer, Cerebral and peripheral correlates in psychopaths during anticipation of aversive stimulation, in: *Paper presented at Annual Meeting of the Society for Psychophysiological Research*, San Diege, October, 1992 참조. 동 문헌에 대한

최근에 헤어는 사이코패시가 정서적 결핍이나 장애보다는, 심오한 어의나 정서적 의미(deep semantic and affective meaning)를 이해하고 처리하는 데 있어서 일반적 장애와 관련되어 있다는 가설을 세웠다. 이는 사이코패시가 광범위한 인지적-정서적 장애가 있다는 최근의 증거와도 일치한다. 예를 들어 Williamson 등의 실험결과에 의하면, 반응속도와 사건관련 두뇌전위(Event related brain potentials; ERP)를 기록한 결과 범죄자가 아닌 일반인의 경우 중립적 의미의 단어들(neutral words)보다는 긍정적 또는 부정적 의미가 담겨 있는 정서적 의미의 단어들(affective words)에 대한 두뇌의 반응이 더 빠르고 정확했다고 한다. 마찬가지로 비사이코패스 범죄자의 경우에도 중립적 단어보다는 정서적 의미의 단어에 보다 빠르게 반응했다고 한다. 그러나 사이코패스의 경우 중립적 단어와 정서적 단어에 있어서 반응속도나 ERP상의 차이점을 보여주지 못했다. 이러한 실험결과는 비사이코패스는 단어의 정교한 의미론적·정서적 연관성을 이해하지만, 사이코패스는 그렇지 못하고 단지 대강의(cursory) 피상적인(shallow) 방식으로만 처리하여 이해한다는 사실을 입증해 준다고 한다. 또한 Kiel 등에 의하면 ERP의 차이는 비단 중립적/정서적 단어 사이에서만 나타나는 것이 아니고, 구체적/추상적 단어 사이에서도 나타난다고 한다. 이와 같은 실험결과들을 종합해 볼 때, 사이코패스는 심각한 인지적-정서적 처리절차의 장애를 겪고 있다고 볼 수 있을 것이다.[85]

또 다른 최근의 연구결과에 의하면 사이코패스는 정서적 의미의 구두자료(verbal material)과 비구두자료를 효율적으로 처리하는 데 어려움이 있으며, 사건의 감정적 의미(emotional significance), 즉 양면성

소개로는 Robert D. Hare, David J. Cooke, & Stephen D. Hart, 앞의 논문, 571면.
85) Robert D. Hare, David J. Cooke, & Stephen D. Hart, 앞의 논문, 572면.

(polarity)을 혼동하는 경향이 있고, 대뇌반구 의 비정상적인 내적구조 (unusual inter-hemispheric distribution)를 보이기도 하며, 언어의 미묘한 차이를 이해하는 데 어려움을 겪고, 안와주변전두엽장애(orbitofrontal dysfunction)로 인한 후각 식별능력이 떨어지며, 언어적 비일관성으로 특징지어지는 사고 장애(thought disorder)를 겪기도 한다고 한다.[86]

이상의 인지적-정서적 장애를 설명하기 위해서는 신경생물학적 연구에 의존할 수밖에 없으며, 따라서 어의적, 정서적 정보와 계획성과 충동성, 그리고 행동 억제를 조절하고 처리하는 기능을 하는 내측전전두엽피질(ventromedial prefrontal cortex), 전측두피질(anterior termporal cortex), 전대상피질(anterior cingulate cortex), 그리고 편도(amygdala)의 상호작용에 대해 특별한 관심이 필요한데, 바로 이러한 부위의 손상은 사고의 논리적/인지적 요소와 정서적 요소에 해리(解離; dissociation)를 가져올 수 있기 때문이다.[87]

6) 정상성격의 변이(Variant of Normal Personality)로서의 사이코패시론

특질 모델(trait model)이라고도 하며, 이에 따르면 사이코패시는 특이한 정신장애가 아니며 단지 정상적인 성격의 기본 특질의 극단적 변이형(extreme variation of basic traits of normal personality)에 불과하다고 본다. 이 모델의 연구자들은 헤어가 개발한 사이코패시 진단도구인 PCL-R(Psychopathy Checklist-Revised)의 이상성격 목록들이 5요인 모델(Five Factor Model; FFM)이라고 하는 성격의 다섯 가지 요인으로

---

86) Robert D. Hare, David J. Cooke, & Stephen D. Hart, 앞의 논문, 572면.
87) Robert D. Hare, David J. Cooke, & Stephen D. Hart, 앞의 논문, 572면.

설명이 가능하다고 주장한다. 5요인 모델의 다섯 가지 성격요인은 신경증(neuroticism)유무와 외향성/내향성(extraversion/introversion), 경험에 대한 개방성(openness to experience), 온정성/적대감(agreeableness/antagonism), 그리고 성실성(conscientiousness) 등이 있다. Harpur 등은 남성 범죄자를 대상으로 연구한 결과 이 중에서 온정성이 PCL-R의 이상성격 목록과 밀접하게 관련되어 있다고 밝혔고, Widiger는 PCL-R의 모든 이상성격 목록이 FFM의 정상성격 목록에 포함될 수 있다고 주장하였다.[88]

Harpur 등의 주장에 대해서는 FFM의 다섯 가지 정상성격 요인을 조합하더라도, 사이코패시의 이상성격을 만들어 내기에는 불충분하며, 사이코패시의 전반적 증상특성을 설명하기 위해서는 인지적, 정서적, 신경생물학적 장애에서 비롯된 추가적인 특성들이 필요하다는 지적이 있고,[89] Widiger의 주장은 논리적이고 설득력은 있지만, FFM의 다섯 가지 요인을 이용한 회귀방정식(regression equation)이 PCL-R의 사이코패스를 분류하는 데 효과적이라는 경험적 자료가 없다는 비판이 제기된다.[90]

7) 분석심리학(Analytical Psychology)적 원인론

융(C.G. Jung)에 의하면 인간의 성격은 각기 분리되면서도 상호작

---

88) T.J. Harpur, S.D. Hart, & R.D. Hare, Personality of the psychopath, in: P.T. Costa & T.A. Widiger (eds.), *Personality disorders and the five-factor model of personality*, 1994, 149~173면; T.A. Widiger, Psychopathy and normal personality, in: D.J. Cooke, A.E. Forth, & R.D. Hare (eds.), *Psychopathy: Theory, research, and implications for society*, 1998, 47~68면 참조.

89) Robert D. Hare, David J. Cooke, & Stephen D. Hart, 앞의 논문, 567면.

90) Robert D. Hare, David J. Cooke, & Stephen D. Hart, 앞의 논문, 567면.

용을 하는 자아(ego)와 개인무의식, 그리고 집단무의식으로 이루어져 있다. 어느 정도 표면에 있는 무의식 층은 개인의 과거사와 비롯된 것으로서 콤플렉스와 관련되며 명백히 개인적 성격을 띤다. 이를 개인적 무의식(das persönliche Unbewußte)이라고 한다. 개인적 무의식은 그보다 더 깊고, 유전 기제에 의해 선천적으로 주어져 있으며, 보편적인 진화 경험의 저장소인 무의식 층의 토대 위에 놓여 있는데, 이를 집단적 무의식(das kollektive Unbewußte)이라고 부른다. '집단적'이라는 것은 이 무의식이 개인적이 아닌 보편적인 성질을 지니기 때문이다. 즉 집단적 무의식은 개인적 무의식과 달리 모든 개인에게 어디에서나 동일한 내용과 행동양식으로 나타나는, 모든 인간에게 동일하며 모든 인간에게 존재하는 보편적 정신의 토대이다.[91]

보편적인 경험들은 우리 내부의 심상으로 나타나거나 표현되는바, 융은 이것을 원형(原型; Archetypen)이라고 칭하며, 고대시대부터 인류에게 보편적으로 내재해 온 원초적 심상으로서, 신적 이미지(神像)와 관련되며 플라톤의 '에이도스(Eidos)'에 해당하는 용어라고 설명하였다. 원형은 신화와 민담, 종교 등에서 보편적 가치의 심상으로 드러나는 경우도 있지만, 개개인의 꿈이나 환상을 통해 새롭게 산출되는 신화적 심상으로도 나타나며 궁극적으로는 개개인의 의식적 삶에 영향을 미친다. 나아가 융은 '원형상(原型像)'들이 정신활동의 과정에서 '의식'에 영향을 미치고, 결국 '의식'과 더불어 통일된 인격을 구현하려는 목적을 지녔다고 설명한다. 즉, 원형은 전체 인격의 조절자적인 역할을 한다는 것이다.[92] 이러한 원형들 중에서 특히 정신치료자에게 실제로 의미가 있는 원형은 아니마(anima)이다.[93] 아니마란 무의식 자

---

91) C.G. Jung/융 저작 변역위원회 역, 원형과 무의식, 1984, 105~106면 참조.
92) 이상의 설명으로는 이유경, 원형과 신화, 2004, 101~124면 참조.

체(unconscious itself), 감정, 에로스, 삶의 원리 등을 의미하는 여성적 원리(feminine principle)이다. 이는 객관성, 외향성, 의식(consciousness), 합리성, 자기중심성, 공격성, 목표지향성 등과 결부된 남성적 원리 (masculine principle)인 아니무스(animus)에 대비되며, 그 성격상 주관성, 내향성, 비합리성, 이타성(oriented toward non-ego phenomena), 수용성(receptive), 특히 그 무엇보다도 성찰적 태도(reflective)와 관련된다. 아니마의 원형상은 이브(Eve), 트로이의 헬레나(Hellen), 성모 마리아, 영화배우, 지혜의 여신 소피아, 여왕, 퍼스트레이디 등 영원한 여성성(cternal feminine)의 특질들로 나타날 수 있다.[94]

아니마의 이미지는 그들이 놓인 특정한 상황과 경험에 따라 개개인에게 각각 상이한 영향을 준다. Hillman에 따르면 아니마의 기능은 성찰적 성격(reflective nature)을 통해 의식을 가능하게 만드는(makes consciousness possible) 것이며, 개개인의 정체감(identification)은 자아(ego)에 의해 형성되는 것이 아니라, 아니마에 의해 자아에 주어지는 것이라고 한다. 그 임상적 증거로서 '이인증(離人症; depersonalization)'이 있다. 이 증상은 Schilder의 정의에 의하면 "한 개인이 자신이 이전의 상태로부터 완전히 변화된 것으로 느끼는 상태"로 이때, 개인은 자신의 존재감과 자신을 둘러싼 외부 세계의 현실감이 느껴지지 않게 되며, 그 자신을 인격체로 인식하지 못하게 된다. 따라서 이인증 환자는 자신의 행동을 방관자의 입장에서 관찰하게 된다.[95] 이 증상의 환자는 냉담하고 단조롭고 건조하며 무기력한 느낌을 갖게 되며, 한마디로 자

---

93) C.G. Jung/융 저작 변역위원회 역, 앞의 책, 177면.
94) John Edward Talley, A Jungian Point, in: William H. Reid ed. *The Psychopath: A Comprehensive Study of Antisocial Disorder and Behaviors*, 1978, 122~123면 참조.
95) J. Hillman, Anima II., 1974, 114면 참조.

신의 가치를 믿지 않고 무관심해지는 것이다. "더 이상 아무것도 실제로 보이지 않고", "내가 죽고 텅 빈 느낌"을 갖게 된다는 것이다. 인격 형성과 타인에 대한 애정, 그리고 인간관계에 대한 믿음은 모두 아니마 원형의 한 기능인 인격화(personifying)에 달려 있다.

　분석심리학적 입장에서는 사이코패스의 이상성격은 전술한 기능을 하는 아니마의 발달이 어느 순간에 멈추었기 때문이라고 본다. 즉 사이코패스의 모든 반사회적 행동은 아니마의 상실(loss of anima)로 설명될 수 있다는 것이다. Ben Karpman은 사이코패스를 이 증상의 몇 가지 중요한 특성을 갖추고 있는 진정한 의미의(core, "true") 사이코패스인 '아네토패스(anethopath)'96)와 그 외에 정신병이나 신경증으로 인해 반사회적 행위를 일삼는 '이차적 사이코패스(secondary psychopath)'로 구분하였다. 이 구분방식에 따르면 이차적 사이코패스는 경우에 따라 정신요법이 효과가 있는 반면, 아네토패스는 정신요법(psychotherapy)이 효과가 없다.97) 결론적으로 말해 분석심리학적으로 볼 때 아네토패스는 영혼이 상실된 것이 아닌 영혼이 부재한(absence of soul) 자라고 볼 수 있으며, 그는 태어날 때부터 내면적 공허감과 같은 이인증을 갖고 있고, 아네토패스가 아닌 사이코패스는 유소년기에 억압, 긍정의 결핍, 거칠고 잔인하며 폭력적인 환경을 경험하기 때문에 아니마의 상실을 겪게 된다는 것이다.98)

　분석심리학적 모델에 대해서는 우선 그 모델이 기초하고 있는 개인

---

96) 심리학 용어상 도덕적 억제능력이 결여된(morally uninhibited) 자를 뜻하며, 라틴 어원적으로는 결여·부정·반대의 의미를 지닌 접두사 a(n)과 에토스(ethos), 그리고 질병 또는 고통(suffering)을 뜻하는 path가 결합한 단어이다.
97) Ben Karpman, The Myth of the Psychopathic Personality, *104 American Journal of Psychiatry*, 1948 참조.
98) John Edward Talley, 앞의 책, 121면과 125면 참조.

무의식과 집단무의식, 그리고 원형과 아니마 등의 가설에 대한 과학적 검증이 불가능하다는 문제가 제기될 수 있다고 본다.[99] 아울러 아니마의 발달지체 또는 상실로 인한 이인증으로는 사이코패시의 전반적인 특성을 설명할 수 없다는 난점도 있다. 이인증 환자는 "내가 죽고 텅 빈 느낌"을 갖고 "방관자적 입장"에서 자신의 행동을 관찰하지만 일반적으로 사이코패스는 "자신의 내면적 세계에 매우 만족하고 있으며, 자신에게 아무런 잘못이 없고, 자신의 행동이 이성적이고 가치가 있으며, 만족스럽게 여기기" 때문이다.[100] 이는 명백히 이인증 환자가 경험하는 내면세계와는 다른 것이다.

8) 기타 원인론

전술한 원인들 이외에 사이코패스의 뇌구조가, 그 원인이 밝혀지지는 않았지만, 비정상적으로 느리게 성장하기 때문이라는 생물학적 가설이 있다. 그 증거는 다음과 같다. 우선 성인 사이코패스의 뇌파(brain wave)는 정상적인 청소년의 뇌파와 유사하고, 다음으로 자기중심성, 충동성, 이기심, 욕구충족을 미루지 못하는 성향 등은 어린이와 비슷하다는 것이다.[101] 일부 연구자들은 이로부터 사이코패시가 발달지체(developmental delay)와 유사하다고 주장한다.[102]

헤어에 의하면 이러한 주장은 매우 흥미롭기는 하지만, 증거로 든

---

99) 이 점에 대한 융의 반론으로는 C.G. Jung, 융 저작 변역위원회 역, 앞의 책, 13면 이하 참조.
100) Robert D. Hare, 앞의 책, 195면; Martha Stout, 김윤창 역, 앞의 책, 84~86면 참조.
101) Robert D. Hare, *Psychopathy: Theory and Research*, 1970 참조.
102) R. Kegan, The child behind the mask, in: W.H. Reid, D. Dorr, J.I. Walker, & J.W. Bonner Ⅲ (eds.), *Unmasking the psychopath*, 1986 참조.

뇌파 특성은 정상적인 성인의 나른함(drowsiness)이나 따분함(boredom)
의 상태와도 관계가 있어, 이는 두뇌의 발달지체에서 비롯된 것일 수
도 있지만, 사이코패스가 틀에 박힌 뇌파측정 절차에 졸릴 정도로 무
관심하여(sleepy disinterest) 나온 결과일 수도 있다는 Syndulko의 지적
이 있다.103) 더욱이 이 주장의 문제점은 사이코패스의 자기중심성과
충동성은 아이들의 그것과 동일하지 않다는 점에 있다. 나이 차이를
고려하더라도 정상적인 10살 아이들과 성인 사이코패스의 성격과 동
기 및 행동은 확연히 다르다는 데 이의를 제기할 사람은 없을 것이
다.104)

2. 원인론의 형사정책적 검토

앞서 살펴 본 다양한 원인론들은 모두 나름대로의 이론적 근거와
직관적 호소력을 지니고는 있지만 대부분의 경우 비판으로부터 자유
롭지 못하다는 점은 전술한 바와 같다. 예컨대, 미시환경적 원인론이
나 사회생물학적 원인론, 발달지체론 등에는 방법론적인 문제가 있고,
진화생물학적 원인론, 행동억제시스템 모델, 정상성격의 변이형 이론
등은 공통적으로 그 원인이 사이코패시의 증상전반을 결정론적으로
설명해 주지 못한다는 근본적 한계를 지니고 있다. 또 일부 원인론들
은 방법론적 문제와 결정론적 설명 불가능의 문제를 모두 지니고 있기

---

103) 이에 대해서는 K. Syndulko, Electrocortical investigation of sociopathy, in: R.D.
Hare & D. Shalling (eds.), *Psychopathic Behaviour: Approaches to research*,
1978, 145~156면 참조.
104) 이러한 지적으로 Robert D. Hare, David J. Cooke, & Stephen D. Hart, 앞의
논문, 568면.

도 하고, 방법론적으로는 정교하지만 그 모델에 의한 예측이 확고하지 못한 원인론도 논급되어 있다.

제시된 원인론 중에서 비교적 비판의 여지가 적은 것으로는 거시환경적 원인론과 전두엽기능장애론, 그리고 인지적-정서적 장애모델이다. 이 중에서 문화와 종교 및 가족제도와 같은 거시환경적 원인론은 이론적으로는 타당할 수 있겠으나 형사정책적으로는 특별히 고려할 만한 요소를 갖고 있지 않다. 왜냐하면 거시환경적인 요인은 형사정책이 해결할 수 있는 문제라기보다는 사회정책적인 문제이기 때문이다. 그렇기 때문에 전술한 원인론 중에서 형사정책적으로 주목할 만한 것은 생물학적 원인론의 일종인 전두엽기능장애론과 인지적-정서적 장애모델뿐이라고 본다.

인지적-정서적 장애모델도 결과적으로 전두엽 등의 두뇌영역과 관련되어 있으며 따라서 이 두 원인론의 공통점은 두뇌에 대한 (신경)생물학적인 연구를 토대로 하고 있다는 점에 주목할 필요가 있다. 왜냐하면 사이코패시가 생물학적 원인에서 발생한다면 이에 대한 수술 및 내과적 치료 등의 가능성을 고려해볼 수 있기 때문이다. Adrian Raine과 Yaling Yang은 정신분열증 환자들의 전전두엽(prefrontal lobe)을 절개 수술하여 폭력성을 감소시켰다는 보고를 언급하면서 장기적으로 정신병질을 줄이기 위한 뇌 구조 수술이 가능할 것으로 전망하였다.[105] 다만 이러한 극단적인 수술을 시행하기보다는 "영양은 뇌를 발달시키는 핵심적 요소이고, 교육과 신체활동은 뇌결함 발현을 억제[하기]" 때문에 어린 시절 질 높은 프로그램을 통해 인지적-정서적 통제

---

105) Adrian Raine & Yaling Yang, The Neuroanatomical Bases of Psychopathy(사이코패시의 신경해부학적 기초), 법무부·여성가족부·국가청소년위원회·한국심리학회 공동주최, 「성범죄자에 대한 치료사법적 대안모색」, 2007, 91면.

와 교육, 운동 등의 실천적인 기능훈련을 제공함으로써 사이코패시를 치료하는 것이 바람직하다고 보고 있다.

만일 사이코패시가 치료가능하다면 이는 형사정책적으로 매우 중요한 의미를 갖는다. 치료감호제도 등을 통해 정신병질자를 치료할 수 있는 방법을 모색할 수 있기 때문이다. 이미 검토한 바와 같이 현재 가장 유력한 사이코패시 원인론은 바로 (신경)생물학적 원인론인 것으로 판단된다. 이는 헤어의 입장과도 크게 다르지 않다. 다행스럽게도 사이코패시가 생물학적 원인에서 기인한다는 사실은 우리 사회가 이들을 대책 없이 포기하지 않아도 된다는 점을 강력하게 시사해 준다. 이하 본고에서는 정신병질자, 즉 사이코패스들의 범죄를 형사적으로 취급하는 데 있어서 어떠한 어려움이 있으며, 이들에 대한 치료는 과연 가능한 것인지, 또한 그 치료가능성은 형사정책적으로 어떠한 의미를 지닐 수 있는가를 검토해 보기로 한다.

III. 사이코패스 범죄에 대한 형사적 대응의 딜레마

1. 사이코패스의 형사책임능력[106)

1) 사이코패스의 특성과 책임능력

사이코패스란 일반적으로 타인의 고통에 대한 공감능력이 결여되어 죄책감이나 후회를 못 느끼며, 대인관계에 있어 냉담, 거만, 교활한

---

106) 이 내용은 제4장에서도 다시 다루어지기 때문에 중복되는 면이 있으나, 중복되는 부분에 있어서도 본장의 내용과 제4장의 내용은 엄연히 차이가 있고(상호 보완되는 측면이 있다), 또한 논지 전개상 생략하지 않는 것이 바람직하다고 판단되어 그대로 수록하기로 하였다.

특성을 보이고, 충동적 또는 계획적으로 범죄를 저지르는 성향을 지녀, 잠재적으로 범죄 위험성을 지닌 사람들을 말한다. 그 특유의 '이상인격' 내지 그가 지닌 '기질적 특성'으로 인하여 자신의 행위가 위법하고 부정하다는 것을 알면서도 이를 억제하여 준법적 행동으로 나아갈 수 있는 '자기통제력'을 상실한 '고도의 재범 위험군'[107])에 속하는 사람이라는 것이다. 헤어는 사이코패스의 주요 특징들로 다음과 같은 점을 지적한다.[108)] 우선 감정과 대인관계(affective/interpersonal)의 측

---

107) 이러한 표현으로 김상준, 사이코패스에 대한 사법적 대응, 한림대학교응용심리연구소·한국사회 및 성격심리학회·법무부교정국 공동주최 국제심포지엄, 「범죄와 사이코패시 – 이해와 대책」, 2005, 둘째 면 참조. 동 논문에는 별도의 페이지 표시가 없기 때문에 1면을 첫째 면으로 하여 차례로 페이지 표시를 하기로 한다.

108) Robert D. Hare, 앞의 책, 33면 이하. 헤어가 지적하는 주요 특성들은 그가 개발한 사이코패스 진단도구인 PCL-R의 20가지 평가목록들 중 일부이다. 20가지 목록은 크게 두 가지의 요소로 분류되며, 그 하나는 감정적·대인관계적(affective/interpersonal) 요소이고(Factor1), 다른 하나는 충동적이고 반사회적이며 불안정한 생활방식, 즉 사회적 일탈(social/deviance)의 요소이다(Factor2). PCL-R의 20가지 진단목록 중에 헤어가 위 문헌에서 언급하지 않은 것으로는 빈번한 단기적 혼인관계(many short-term marital relationships), 기생적 생활방식(parasitic lifestyle), 현실적이고 장기적인 목표의 부족(lack of realistic, long term goals) 및 다양한 범죄경험(criminal versatility) 등이 있다. PCL-R 진단목록에 관한 상세한 설명으로는 Robert D. Hare, David J. Cooke, & Stephen D. Hart, 앞의 논문, 558면 이하와 Matthew Owen Howard, James Herbert Williams, Michael George Vaughn, & Tonya Edmond, Promise and Perils of A Psychopathology of Crime: The Troubling Case of Juvenile Psychopathy, *14 Washington Univ. Journal of Law and Policy*, 2004, 448면 이하 참조. 한편 헤어의 두 가지 요소 모델(Two Factor Model)에 대하여, 교만하고 속임수에 능한 대인관계(arrogant and deceitful interpersonal style)와, 감정적 경험의 부족(deficient affective experience), 그리고 충동적이고 무책임한 행동(impulisive and irresponsible behavioral style) 등의 3 가지 요소로 구성된 세 가지 요소 모델(Three Factor Model)이 보다 적절함을 입론하는 문헌으로는 David J. Cooke & Christine Michie, Refining the Construct of Psychopathy: Towards a

면에 있어서 사이코패스는 "달변이지만 깊이가 없다. 자기중심적이며 과장이 심하고, 후회나 죄의식이 결여되어 있으며, 타인의 고통 및 감정에 대한 공감능력이 부족하다. 또한 거짓말과 속임수에 능하며 감정이 부족109)하기 때문에 느낌의 폭이나 깊이에 한계가 있다." 다음으로 사회적 일탈(social deviance)의 측면에서는 "행동의 옳고 그름이나 결과의 타당성 여부에 대한 숙려(熟慮)가 없이 충동적으로 범죄를 저지른다. 뿐만 아니라 타인이 주는 모욕이나 경멸에 대해 자신의 행동을 제어하지 못하고 쉽게 감정이 폭발하여 공격적인 태도를 취한다. 참을성이 없고, 성미가 급하며, 언제나 사회적으로 용인되지 않는 극도의 스릴과 자극을 갈망하여 퇴폐적이고 방탕한 생활을 추구하는 경향이 있다. 나아가 사이코패스에게는 일체의 책임감과 의무감이 없다. 대부분의 사이코패스는 유소년기부터 심각한 일탈행동을 일삼기 시작하며, 성인이 된 후에도 반사회적 행동을 지속한다."110)

헤어에 의하면 사이코패스가 아닌 사람도 이러한 증상을 보일 수 있다. 그러나 많은 사람들이 충동적이거나 달변이거나, 냉정하거나 감정이 결여되어 있거나, 반사회적이라고 해서 사이코패스 되는 것은 아니라고 한다. 왜냐하면 사이코패시는 연관된 여러 증상들이 모여 나타

Hierarchical Model, *Psychological Assessment, Vol.13(2)*, June 2001, 171면 이하 참조. PCL-R에 대한 국내 번역본과 PCL-R의 '한국판 표준화'에 대한 상세한 설명으로는 Robert D. Hare, 조은경·이수정 역, PCL-R(전문가 지침서), 학지사 심리검사연구소, 2008을 참조할 것.

109) 일반적으로 사이코패스는 감정이 결여되어 있지만, 당장의 신체적이 고통과 쾌락, 또는 단기간의 좌절과 성공에서 비롯되는 이른바 '원초적인' 정서반응은 느낄 수 있다고 한다. 그러나 이러한 감정적 반응들은 대부분 오래 지속되지 않으며, 다른 감정들처럼 대뇌변연계에서 발생하기는 하지만, 여타의 '고등' 감정들과는 달리 대뇌피질의 기능을 통해 조절되지 않기 때문에 신경학적으로 '원초적'이라 일컬어진다고 한다. Martha Stout, 앞의 책, 200면 참조.

110) Robert D. Hare, 앞의 책, 33면 이하 참조.

나는 일종의 증후군(a syndrome-a cluster of related symptoms)이기 때문이다.111)

전술한 사이코패스의 특성 중에서 형사책임능력과 관련하여 유의미한 것은 바로 "타인에 대한 공감능력이 없다"는 점이다. 주지하다시피 우리형법 제10조 제1항은 "심신장애로 인하여 사물을 변별할 능력이 없거나 의사를 결정할 능력이 없는 자의 행위는 벌하지 아니한다."고 규정하고 있다.

이처럼 사물을 변별할 수 있는 능력, 즉 행위의 옳고 그름을 판단할 수 있는 '시비변별능력'과 그러한 판단에 따라서 행동할 수 있는 '의사결정능력'을 모두 갖추고 있어야만 완전한 책임능력이 인정되고, 어느 하나라도 결여되면 행위자는 책임무능력자가 된다. 살인, 강도, 강간 등 사회윤리적인 비난의 요소가 깃들어 있는 범죄의 경우에, 행위자는 행위의 옳고 그름에 대한 판단을 내리고 그에 따라 행위를 실행함에 있어서 일정한 도덕적 판단에 기초하게 마련이다. 즉, 범행을 결의하였다가도 도덕적으로 그릇된 행동이라는 판단이 동기가 되어 범행을 중지하는 경우도 있을 것이고, 반면 도덕적 비난을 무릅쓰고 범행을 감행하는 경우도 있을 것이다. 그렇기 때문에 시비변별능력과 의사결정능력의 유무를 판별하는 데 있어서 행위자의 도덕적 판단능력은 중요한 기능을 한다고 볼 수 있을 것이다. 한편 도덕적 판단이 가능하려면 타인에 대한 공감능력이 있어야만 한다. 왜냐하면 타인의 감정과 고통에 대한 공감능력이 없이는 타인의 "입장이 되어보는(get into the skin or walk in the shoes of others)" 것이 불가능하고, 따라서 올바른 양심의 발현을 기대하기 어려워져 결국 내면에서 우러나오는 실질

---

111) Robert D. Hare, 앞의 책, 34면.

적 도덕판단이 불가능해지기 때문이다. 형사책임능력의 이와 같은 논리적 구조에 따르면 결론적으로 책임능력의 도덕적 기초는 "타인에 대한 공감능력"에 놓여 있다고 볼 수 있을 것이다.

전술한 바와 같이 "타인에 대한 공감능력"은 형사책임능력을 결정하는 데 있어서 분명히 고려되어야 할 요소임에도 불구하고 그러나 학계와 실무의 지배적 견해에 따르면 사이코패스는 정신병자와 달리 형사책임능력이 인정된다. 왜냐하면 사이코패스에게는 "공감능력"이 결여되어 있음에도 불구하고 사이코패스는 "인식능력이 부족하거나 현실감각이 떨어지지 않으며, 대부분의 정신장애자에게서 나타나는 환상이나 망상, 강렬한 부정적 스트레스도 경험하지 않[기]" 때문이다. 즉, 이들은 "정신병자와 달리 극히 이성적이며 자신의 행동이 무엇을 의미하며 원인이 무엇인지 잘 인식하고 있[는바]", 결국 이들의 행동은 "자유로운 선택에 의한 실행의 결과"이기 때문이다.112) 요컨대, 사이코패스에게는 시비변별능력과 의사결정능력이 인정되기 때문에 형사책임능력이 인정될 수밖에 없다는 것이다.

이처럼 사이코패스의 책임능력에 대해서는 서로 상반된 견해가 제시될 수 있는바, 이하에서는 사이코패스의 책임능력에 대한 긍정론과 부정론의 대표적인 논거를 검토해 보기로 한다.

2) 책임능력 긍정론과 부정론

사이코패스의 형사책임능력에 대해서는 이를 긍정하는 입장과 부정하는 입장이 대립하고 있다.

---

112) 사이코패스와 정신병자의 차이점에 대한 지적으로는 Robert D. Hare, Without Conscience: The Disturbing World of Psychopaths among Us, 1999, 22면 참조.

(1) 긍정론

주지하다시피 오늘날 사이코패스의 형사책임능력에 대해서는 이를 긍정하는 것이 지배적 견해이다.[113] 그 주된 이유는 앞서 논급한 바와 같이 이론적으로 사이코패시는 결코 '정신병'이 아니기 때문이라는 것이다. 사이코패스의 책임능력을 긍정하는 입장에서는 사이코패스는 단지 평균인의 기준에서 다소 벗어난 이상인격을 지녔고, 그로인해 이상성격을 보이는 자이기 때문에 사이코패스에게는 평균적인 사람들과 마찬가지로 준법적 행동을 하도록 성격의 이상성을 억제하고 교정할 의무가 있다고 본다.[114] 또한 정신의학차원에서 정신병은 물질적 기초를 가진 질병이라는 전제 하에 예컨대 뇌 속 신경전달물질인 도파민의 이상분비로 인한 정신분열병(精神分裂病; Schizophrenia)[115] 등은 정신

---

113) 김상준, 앞의 논문, 일곱째 면 참조. 김선수 교수에 의하면 사이코패스의 책임능력을 긍정하는 것이 독일의 슈나이더를 중심으로 하는 하이델베르크 학파의 견해이며, 금일의 지배적 견해라고 한다. 이 점에 대해서는 김선수, 정신병질 범죄자의 처우에 관한 연구, 경남법학 제2집, 1986, 218면 참조. 그러나 캐나다의 경우 사이코패시는 책임무능력 인정(insanity acquittal)이 가능한 '정신질환(disease of the mind)'으로 일반적으로 받아들여지고 있으며, 영국의 정신보건법(Mental Health Act of 1983)도 사이코패시를 법적 정신장애 범주(legal category of mental disorder)에 포함시키고 있다. 이 점에 대해서는 Grant T. Harris, Tracy A. Skilling, & Marine E. Rice, 앞의 논문, 237면 참조.

114) 이러한 입장의 대표자인 슈나이더는 "정신박약자는 본래 통찰력이 결여된 자이지만, 사이코패스는 이에 반해 통찰한 바에 따르는 능력에 관한 문제라는 점이다. 바보에게는 그 이상 영리하기를 바랄 수는 없으나 위험한 경향을 가진 인간에게는 그가 그러한 경향을 억제하고 그 경향을 행동에로 옮기지 않을 것을 요구할 수 있을까. 어쨌든 그것은 요구되고 있으며 또 그것이 모든 기초다"라고 주장하였다. 김선수, 앞의 논문, 218면 참조.

115) '정신분열증'은 일본식 번역어로서 '분열'을 뜻하는 결합사인 'Schizo'와 '정신장애'를 의미하는 'Phrenia' 두 단어의 조합이라는 점에서 착안한 것이지만 정신과 전문의들은 정신이 분열되었다기보다는 사고가 통합되지 못한 상태라고 본다. 정신분열증은 도파민 과다분비에서 비롯되므로 '도파민 항진증'이라고도 불

병으로 보아 책임무능력을 인정하는 반면, 신경증이나 사이코패시는 그러한 물질적 기초가 없으므로 완전한 책임능력을 인정해야 한다는 견해도 있다.116)

또 다른 견해로는 공리주의(Utilitarianism) 논변이 있다. 주지하다시피, 공리주의란 "최대다수의 최대행복"을 옹호하는 윤리 이론이다. 이에 따르면 사이코패스의 형사책임능력이 부정되어서는 안 되고, 오히려 그 책임이 가중되어야 한다고 본다. 이 입장에서는 많은 연구결과에 따르면 현재까지 정신병질은 수감 혹은 치료 후에도 변하지 않으며, 즉 치료나 교화가 불가능한 것으로 알려져 있음을 강조한다.117) 이와 같은 경험적인 증거가 지지해 주는 한, 형사정책적으로 볼 때, 치료와 교화가 불가능한 사이코패스의 위협으로부터 공동체의 안전과 보호를 위해서는 사이코패스의 형사책임능력을 부정해서는 안 되며, 오히려 사이코패시는 형을 가중하는 사유로 양형 시 고려되어야 한다고 주장한다. 그것이 곧 최대다수의 최대행복을 구현하는 합리적 방법이라는 것이다.118)

(2) 부정론

직관적 호소력이 강한 긍정론에 대하여 부정론의 논거는 이론적으로 정교화되어 매우 정치한 논변의 형태로 제시되어 있다. 이 중 몇

린다.

116) 하이델베르크학파의 입장에 대한 설명으로는 김선수, 앞의 논문, 218면 참조.
117) Grant T. Harris, Tracy A. Skilling, & Marine E. Rice, 앞의 논문, 239면; Robert Schopp etal, Expert Testimony and Professional Judgement Psychological Expertise and Commitment as a Sexual Predator After Hendricks, 5 *Psychology, Public Poicy & Law*, 1999, 137면 참조.
118) Christina Lee, The Judicial Response to Psychopathic Criminal: Utilitarianism over Retribution, *31 Law and Psychology Review*, 2007, 134~136면 참조.

가지 주요 논변을 소개하면 다음과 같다.

먼저 사이코패스의 형사책임능력을 부정하는 견해의 중심에는 칸트적 논변(The Kantian Argument)이 자리잡고 있다. 칸트적 논변이라고 지칭하는 이유는, 동 논변에 의하면 형법은 합리적 행위자(rational agent)를 전제하고 있고, 합리적 사고(rational thought)는 필연적으로 일정한 도덕적 고려(moral consideration)를 필요로 한다는 선험적(a priori) 판단에 기초해 있기 때문이다.[119]

Herbert Fingarette은 우선 '사물변별능력(epistemic ability)'과 '의사결정능력(self control ability)'만을 중시하는 기존의 책임능력판단 기준은 불완전하다는 점을 다음의 사례를 통해 지적한다. Hadfield는 자신이 재림예수(the next Christ)라고 믿었고, 자신의 죽음을 통해 세상의 구원이 성취되기를 희망했다. 결국 그는 총을 구입했고, 자신이 현장에서 체포되거나 죽게 될 것을 알면서 훤히 보이는 장소에서 George Ⅲ 왕을 쐈다. 이 사례에서 Hadfield는 자신의 행위의 의미와 결과를 분명히 알면서 계획적으로 범행을 저질렀기 때문에, 심각한 망상에서 비롯된 신념(radically delusional beliefs)에 빠져 있었음에도 불구하고 의하면 그는 유죄판결을 받게 될 수밖에 없는데, 이는 명백히 책임능력에 관한 우리의 직관에 반한다는 것이다.[120] 따라서 Fingarette 교수는 기존의 불완전한 책임능력판단기준이 보완되려면, '합리성(rationality)'이 고려되어야 한다고 주장한다. 그에 따르면 합리성은 지적인 능력(intellectual competence)으로만 채워지지 않으며, 감정이나 공감능력은 물론 어떠한 근본적인 가치와 태도 및 최소한도의 사회적·육체적인 성숙(social and physical skill) 등을 필요로 한다. 그러므로 형사책임능

---

119) Charles Fischette, 앞의 논문, 1449~1450면 참조.
120) Hebert Fingarette, *The Meaning of Criminal Insanity*, 1972, 138~139면 참조.

력의 판단기준은 기존의 사물변별능력과 의사결정능력을 넘어 보다
확장될 필요가 있다는 것이다.

Fingarette에 의하면 형법은 공동체의 도덕적 양심의 표현(expression
of community moral conscience)이다. 따라서 형법상 적어도 명백히 도
덕적인 문제에 반응할 수 없는(incapable of responding) 행위자는 합리
성이 결여된 비합리적인(irrational) 행위자이고 그러므로 형사처벌에 적
합한 대상이 될 수 없다. 한마디로 형법이 일정한 행위를 금지하는 이
유와 형법의 기능을 이해할 수 없는 행위자는 그 비합리성(irrationality)
으로 인해 형사책임능력을 인정할 수 없다고 한다.121) Steven J. Morse
도 역시 합리성을 강조하면서, 합리성은 올바른 행동을 지도하는 제도
로서의 법에 있어서 근본적인 역할을 한다고 본다. 왜냐하면 형법이
그 효력을 발휘하기 위해서는 합리적인 행위자를 전제해야만 하기 때
문이다. 즉, 형법의 범죄 억제 효과는 행위자가 합리적 사고능력을 통
해 형벌의 의미를 이해하고 형벌을 피하기 위해 자신의 행위를 통제할
수 있을 때에만 유지될 수 있다는 것이다. 따라서 행위자에게 합리성
의 장애나 결핍이 있을 때에는 그에게 형사책임이 감면되어야 한다고
주장한다.122)

신칸트학파(neo-Kantian) 또는 롤즈학파(Rawlsian school)로 불리우
는 입장에서도 합리성은 타인을 고려하는 일정 수준의 도덕성(certain
amount of other-regarding morality)을 요구한다고 본다. 예컨대 Thomas
Nagel은 누구에게나 도덕적인 행위의 근거(reason for action)는 상호간
에(interpersonal) 보편적으로(universal) 인정될 수 있을 만큼 객관적

---

121) Hebert Fingarette, 앞의 책, 189~192면 참조.
122) Steven J. Morse, Excusing and the New Excuse Defense: A Legal and
     Conceptual Review, *23 Crime & Justice*, 1999, 391~397면.

(objective)이어야 한다고 주장한다. 즉, 행위자가 도덕적이기 위해서는 그 행위의 근거가 타인을 고려하는 보편성 기준(universality condition)을 충족시켜야 한다는 것이다.[123] 롤즈도 합리적 선택에 있어서 중요한 것은 바로 도덕적 원리(moral principle)라고 주장하였다.[124] 요컨대 네이글이나 롤즈에게 있어서 합리성은 곧 타인의 도덕적 주장에 도덕적으로 구속될 수 있는 능력을 포함하고 있다.[125]

이상 살펴보았듯이 칸트적 논변에 의하면 합리성이란 개념은 공감능력과 타인에 대한 도덕적 책무를 포함한다. 그런데 사이코패스는 바로 그러한 합리적 사고능력을 결하고 있으며, 그렇기 때문에 타인과의 관계적인 사고를 깊이 있게 할 수 없다. 그러므로 사이코패스는 비합리적인 존재이며, 형사책임의 근본적 전제조건이 결여되어 있다고 볼 수 있을 것이다. 이로부터 "사이코패스는 관리되어야 할 대상이지 처벌되어야 할 대상이 아니다(A psychopath may be managed but not punished)."라는 명제가 도출된다.[126]

다음으로 다른 논증방식을 취하지만 결과적으로는 칸트적 논변과 동일한 결론에 도달하고 있는 흄적 논변(The Humean Argument)이라는 것이 있다. 흄적 논변은 칸트적 논변이 선험적 판단에 기초하고 있는 데 비해, 공감능력에 대한 인간의 생물학적 잠재능력의 성격과 사회의 책임비난 메커니즘에 대한 후험적인(a posteriori) 과학적 주장(scientific claim)에서 출발한다는 차이점이 있다.[127]

---

123) Thomas Nagel, *The Possibility of Altruism*, 1970, 100면, 107면, 144면 참조.
124) John Rawls, *Theory of Justice*, Harvard Univ. Press, 2001(1971년 초판발행), 136~137면과 151면, 251면 참조.
125) Charles Fischette, 앞의 논문, 1458면.
126) Charles Fischette, 앞의 논문, 1459면.
127) 흄적 논변에 의하면 정서적 능력(emotive capacities)은 어떤 의미에서는 대부분

흄적 논변으로서는 생물학적 동기결핍(biological motivational defi-
ciency) 논변이 대표적이다. 이는 인간의 인지작용(cognition)과 동기유
발(motivation)에 있어서 감정(emotion)의 역할을 강조한다. 믿을만한
과학적 연구결과에 따르면 인간의 감정을 조절하는 두뇌부위에 손상
을 입은 자는 지적인 추론은 여전히 가능하지만, 의사결정능력은 손상
을 입게 된다고 한다. 이 점과 관련해 Antonio R. Damasio 교수는 "감
정은 의사결정과정에 유용한 선택지들(array of options)을 제한하고 가
려내는 기능을 한다."고 가정하고, 감정은 "행동을 지도하는 의도적
상태(action-directing intentional states)"라고 규정한다. Damasio에 의하
면 감정적인 두뇌상태(emotional brain states)는 외부세계에서 행위자와
관련된 자극들(stimuli) 분배하고, 식별하며, 탐지한다고 한다. 요컨대
감정은 복잡한 현실세계를 살아가는 데 필요한 인지적이고 동기유발적
인 장치(cognitive and motivational equipment)를 제공한다는 것이다.[128]

이러한 생물학적 동기결핍 논변은 실천적인 차원에서는 형사책임
능력의 중요한 요소로서 "도덕적 감수성(moral responsiveness)"을 제
시한다. 도덕적 감수성이란, 사고나, 감정, 지각, 그리고 행위 등에 의
해 도덕적 규범에 감응할 수 있는, 상호간 구분되지만 내적으로 연결
되어 있는 능력들을 말하며, 바로 이 능력으로 인해 도덕적 책임을 판
단할 수 있고, 그로써 형법적 책임까지 판단할 수 있다고 한다. 그리고
공감(empathetic emotion)이란 바로 이러한 능력들, 즉 도덕적 감수성
이 실천적으로 구현된 것이다. 사이코패스에게는 그러한 공감능력이

인간의 육체인 두뇌 안에 기초하고 있다. 그리고 이러한 능력은 형사책임의 공
정한 분배에 근본적인 역할을 한다. 정서적 능력이 없다면 형사적 제재를 받을
만한 주체가 될 수 없다고 한다.

128) Damasio 교수의 견해에 대한 소개로는 Charles Fischette, 앞의 논문, 1460~1461
면 참조.

생물학적으로 결여되어 있다. 따라서 사이코패스는 다른 범법자와는 달리 형법의 규제적이고 도덕적인 힘을 이해하지 못하며, 도덕적인 동기란 그에게는 동기유발에 있어서 완전히 무력한 것이다. 요컨대 사이코패스는 법을 준수해야 할 그 어떠한 도덕적 동기도 없는 존재라고 볼 수 있다고 한다.[129]

또 다른 생물학적 동기결핍 논변으로, 합리적 판단은 행위자의 성격(character)에 기초하고 있다는 논변이 있다. Peter Arenella 교수에 의하면 도덕적 판단은 행위자의 실천 이성보다는 그가 이미 갖추고 있는 성향과 욕구의 영향을 더 많이 받는다고 한다. 왜냐하면 도덕감정은 행위자가 이미 경험한 도덕적 행위, 교육, 숙고 등의 산물이기 때문이다. 따라서 행위자의 성격은 형사책임의 분배에 있어서 고려되어야 하며, 그렇기 때문에 형사책임의 궁극적인 토대는 도덕적으로 금지된 행위를 피할 수 없게 만드는 성격에 있다고 한다. Peter Arenella에 의하면 도덕적인 동기유발이 가능하기 위해서는 도덕적인 성격이 필요하다. 그러나 사이코패스는 도덕감정 자체가 결여되어 있고, 자신의 의지와 관계없이 형성된 반사회적인 성격을 뒤바꿀 능력도 없다. 따라서 사이코패스는 '도덕적으로 행동할 수 있는 자(moral agent)'가 전혀 아니라고 본다.[130]

요컨대 흄적 논변에서 생물학적 동기결핍 논변은 책임비난을 위한 규범적 조건, 즉 도덕적 명령의 동기유발적 효력을 이해할 수 있는 능력에 중점을 두고, 사이코 패스는 바로 그러한 능력이 생물학적으로

---

129) Charles Fischette, 앞의 논문, 1462~1463면.
130) Peter Arenella, Character, Choice, and Moral Agency: The Relevance of Character to our Moral Culpability Judgement, Social *Philosophy & Policy*, Spring, 1990, 71면과 81면 참조.

결여되어 있다는 주장인 것이다.[131]

2. 형사처벌의 딜레마

사이코패스에 대한 형사적 대응이 어려운 이유는 사이코패스의 형
사책임능력을 긍정하든, 아니면 이를 부정하거나 제한하든 형사정책
적으로 해결하기 힘든 문제가 발생하기 때문이다.

우선 책임능력을 제한하고자 할 때, 다음과 같은 문제가 발생한다.
즉, 중범죄자 상당수가 사이코패스이고 사이코패스의 재범률이 다른
범죄자에 비해 매우 높은 현실을 고려할 때,[132] 책임능력의 제한이 가
져오게 될 또 다른 범죄기회의 증대와 그로 인해 잠재적 범죄피해자인
시민 모두가 치르게 될 사회적 비용이 과연 적절히 통제될 수 있겠느
냐는 것이다. 이는 사이코패스의 책임능력제한에 있어 지적될 수 있는
중요한 현실적 장애물의 하나로서 대다수 시민들 일반의 법감정과도
일치하기 때문에 상당히 강한 호소력을 지닌다. 그렇기 때문에 사이코
패스의 형사책임능력을 제한하고자 이론구성하는 이론가들이나 그러
한 법리구성을 시도하는 실무법관 모두에게 이는 중대한 도전의 하나
일 것이다.

---

131) 이외에도 Peter Strawson의 "해석적 도덕관행(The Interpretivist Moral Practive)"
논변 등이 있으나 논의 편의상 생략하기로 한다. 보다 상세한 내용은 제4장을
참조할 것. Peter Strawson, Freedom and Resentment, in: Gary Watson (ed.),
Free Will, 2003 참조.

132) 이 점에 대한 풍부한 경험적 연구자료와 논의로는 Robert D. Hare, David J.
Cooke, & Stephen D. Hart, 앞의 논문, 560~565면 참조. 이는 비록 외국의 통계
수치를 토대로 한 것이지만 우리나라의 경우도 크게 다르지는 않을 것으로 보
인다.

반면에 사이코패스에게 완전한 책임능력을 인정하여 형벌을 부과
한다 하더라도 역시 같은 문제가 발생한다. 왜냐하면 고도의 재범위험
군에 속하는 이들이 가출소 또는 출소 후에 범하게 되는 계속되는 범
죄로 인해 범죄피해자들이 겪게 될 사회적 비용은 줄어들지 않기 때문
이다. 이와 관련해 김상준 판사[133]는 다음과 같이 말한다. "민○○[134]
의 10년에 걸쳐 반복되고 심화되는 범행에 대하여 거의 판에 박힌 듯
한 찍어내기식 형벌의 부과와 대책 없는 격리 위주의 교정처우 이외에
우리가 해 줄 수 있는 솔루션은 무엇이었는가? 이것은 우리 revolving
door식의 형사사법제도의 실패로 인한 사회적 비용을 국민 모두가 공
동으로 지는 것 아니고는 무엇이겠는가."[135] 일례이긴 하지만 실무법
관의 관점에서 보더라도 사이코패스에 대한 형벌과 격리 위주의 교정
처우는 "형사사법제도의 실패"로 이어질 수밖에 없다는 것이다. 이러
한 관점에 비추어 보면 "사이코패스의 완전한 책임능력"을 인정하는
입장에서도, 그 반대 입장과 마찬가지로 또 다른 재범에 의해 초래될

---

133) 집필당시 부장판사, 대법원 송무국장.
134) 민○○(만 37세)는 만 19세 때 폭력으로 벌금을 받는 범죄를 저지르기 시작하
여, 20대 시절의 거의 절반을 교도소에서 복역하였고, 30대에 들어서서는 범죄
의 행태가 더욱 나빠져 강도죄로 2년간 복역하였고, 출소 후 얼마 되지 않은
2002년 2월에는 절도범행을 저지른 것을 비롯해 강도예비로 검거되어 징역 2년
을 선고받고, 당시 시행되고 있던 구 사회보호법에 따라 재범의 위험성이 있다
는 사유로 보호감호를 선고받았으나, 2004년 당시 사회보호법의 폐단을 우려하
여 보호감호제도를 폐지해야 한다는 사회 각계의 목소리가 비등한 가운데 법무
부의 적극적인 가출소 방침에 따라 2004년 8월 청송 보호감호소에서 석방되었
다. 출소 후에도 민○○의 범죄행각은 계속되어 강도강간 및 강도살인, 사체유
기 등의 범죄를 저질러 2005년 무기징역을 선고받았으며, 선고 직후 교도관의
감시가 소홀한 틈을 타서 탈주극을 벌여 또 한번 사회적 파장을 일으키기도 하
였다.
135) 김상준, 앞의 논문, 둘째 면 참조.

수 있는 사회적 비용의 문제를 해결해야 할 부담을 안게 된다는 딜레
마가 발생하는 것이다.

　　이하에서는 현행법 하에서 이러한 딜레마를 해결하기 위한 가장 바
람직한 방안은 무엇인지를, 사이코패시의 치료가능성을 중심으로 제
시해 보고자 한다.

IV. 치료중심 형사정책의 필요성

1. 사이코패시의 치료가능성

　　비교적 최근에 이르기까지, 대다수 견해에 의하면 사이코패스에게
는 "효과적인 치료방법이 발견되지 않았다(No effective treatment has
been found)"거나 "어떠한 치료도 효과가 없다(Nothing works)"고 결론
을 내리는 경우가 많았다고 한다.[136] 더욱이 비록 초기의 상당수 문헌
들은 사이코패스에 대한 정신요법(psychotherapy)의 긍정적 효과를 지
적했지만(Rodgers 1947; Schmideberg 1949; Lipton 1950; Rosow 1955;
Showtack 1956; Corsini 1958; Thorne 1959), 이후 여러 연구자들은 그
근거에 대한 비판적인 검증을 수행한 결과, 치료가 효과적이라는 증거
를 찾지 못했다(Hare 1970; Cleckley 1982; McCord 1982; Woody,
McLellan, Lubersky, & O'Brien 1985).[137]

　　이렇듯 대부분의 임상의학자들이나 연구자들은 사이코패스의 치료
가능성에 대해 비판적이지만, 그러나 헤어에 의하면 사이코패스가 절

---

136) Robert D. Hare, 앞의 책, 194면.
137) Grant T. Harris, Tracy A. Skilling, & Marine E. Rice, 앞의 논문, 233면 참조.

대로 치료가 불가능하다거나(completely untreatable), 그들의 행동이 개선될 수 없다는 결정적 증거도 없다고 한다.[138] 특히 기존에 치료의 효과가 있었다거나, 반대로 치료가 효과가 없었다는 연구결과들은 그 어느 것이나 과학적인 방법론적인 기준을 충족시킨 경우가 거의 없었음을 지적한다. 즉, 대부분의 연구결과들은 매우 열악한 진단 및 방법론적 절차와 부적절한 프로그램 평가에 의존하고 있었다는 것이다. 사이코패시 진단 절차가 터무니없이 부적절하고 매우 모호하게 기술되어 있어서 해당 연구수행 과정이 과연 사이코패시를 다룰 수 있는지조차 확인할 수 없다고 한다. 이 점은 매우 중요한데, 왜냐하면 이는 결론을 뒷받침해 주는 근거가 부적절하다(not very sound)는 점을 의미하기 때문이다.[139] 예를 들어, 치료관련 문헌들은 사이코패시에 대한 각기 다양한 정의를 채택하는바, 상당수 연구문헌에서는 사이코패시 진단을 위해서 반사회적 성격장애(antisocial personality disorder; APD)의 진단 도구인 미국정신의학협회의 정신장애 진단 및 통계편람[140](Diagnostic

---

138) Robert D. Hare, David J. Cooke, & Stephen D. Hart, 앞의 논문, 566면 참조.
139) Robert D. Hare, 앞의 책, 202면.
140) 19세기부터 이상행동(abnormal behaviour)에 대한 과학적인 진단 및 체계적인 분류를 위한 다양한 노력이 경주되어 1882년에는 영국 왕립의학심리학회 산하 통계위원회에서, 1889년에는 파리에서 열린 정신과학협회에서 나름의 분류체계를 만들어 채택했으나 널리 받아들여지지 못했다. 1948년에는 세계보건기구(WHO)에서 이상행동을 포함한 모든 질병들에 대한 포괄적 분류목록인 질병, 상해 및 사망 원인에 대한 국제적 통계분류를 만들어 WHO회의에서 만장일치로 통과시켰지만 그 중에서 정신장애에 관한 절(節)은 널리 받아들여지지 않았다. 1969년에 WHO에서는 새로운 분류체계를 발표했고, 이것은 그 이전 판에 비해 널리 받아들여졌다. 한편 미국정신의학협회에서는 WHO의 분류체계와는 다른 독자적인 진단 및 통계편람(DSM)을 1952년 출간해 DSM-II(1968), DSM-III(1980) 등으로 개정해 오다가 1994년 DSM-IV를 출간하였고, 2006년 6월에는 오늘날 정신보건 전문가들이 널리 사용하는 공식적 진단체계인 DSM-IV의 개정판(Text Revision: TR), 즉 DSM-IV-TR을 출간하게 된다. DSM의 역사에

and Statistical Manual of Mental Disorders 4th ed.; DSM-IV)을 사용하
는데, DSM-IV의 반사회적 성격장애 진단범주보다 PCL-R의 사이코패
시의 진단범주가 더 엄밀하기 때문에, DSM-IV에 의해 사이코패시로
진단받은 자들 상당수는 실제로는 사이코패시가 아닌 경우가 많다는
것이다.[141]

메타분석(meta-analysis)적 방법을 통해 이러한 진단 및 방법론상의
문제점들을 지적한 최근의 일련의 연구 성과들은 사이코패시의 치료
가능성에 대해 매우 긍정적인 결론을 내리고 있다.[142]

우선 Wong은 사이코패시의 치료를 다룬 75개의 연구문헌들을 검토
한 후 진단 및 방법론상의 문제점이 있는 71개의 연구를 제외한 4개의
연구결과에 주목하였다. 그 결과 실험 참여자를 사이코패스 집단, 비사
이코패스 집단, 이들의 혼합집단 등으로 구분한 Ogloff 등의 연구결과
에 있어서는 비록 사이코패스 집단의 경우 치료개선에 별다른 반응을
보이지 않았지만, 혼합집단의 경우에는 사이코스가 치료가능하다는 사
실을 지적했다. 또한 Harris, Rice, Cormier 등이 사이코패스와 정신병자

대한 설명으로는 Gerald C. Davison, John M. Neale, & Ann M. Kring, 앞의
책, 4~6면 참조. DSM-IV의 분류 및 진단체계에 대한 상세한 소개로는 정규원,
형법상 책임능력에 관한 연구: 판단기준을 중심으로, 서울대 석사학위논문,
1997, 103면 이하 참조.

141) 이 점에 대해서는 Jan Looman, Jeffrey Abracen, Ralph Serin, & Peter Marquis,
앞의 논문, 550면 참조. 예컨대 반사회적 성격장애로 판정받은 사람들 중 20%
정도만이 사이코패시의 진단범주를 충족시켰으며(Rutherford, Cacciola, &
Alterman, 1999), 유죄판결을 받은 중죄인 중 75%가 반사회적 성격장애의 기준
을 충족시킨 반면, 15~20% 정도만이 사이코패시의 기준을 충족시킨다는 연구
보고(Hart & Hare, 1989)가 있다. 이에 대해서는 Gerald C. Davison, John M.
Neale, & Ann M. Kring, 앞의 책, 266면 참조.

142) William L. Marshall, Yolanda M. Fernandez, Liam E. Marshall, & Geris A.
Serren (eds.), *Sexuall Offender Treatment*, 2006, 160~161면 참조.

들을 대상으로 실험한 집중치료공동체프로그램(intensive therapeutic community program)의 경우 비록 사이코패스가 치료에 반응을 보이지 않는다고 결론지었지만, 이 실험에 있어서는 이 프로그램이 오히려 사이코패시적 특성들을 강화하는 방법을 포함하고 있었다는 사실을 밝혀냈다.[143]

한편 Salekin은 Wong에 의해 제외된 상당수의 문헌들까지 포함시켜 42개의 연구문헌을 검토하였던바,[144] 사이코패시의 성공률은 전체 평균 62%에 달했으며, 이 중 집단정신요법(group psychotherapy)과 개인정신요법을 병행한 치료의 경우 성공률은 81%에, 집중개인정신요법 (intensive individual psychotherapy)은 91%에 달했다. 또한 인지행동적 치료(cognitive-behavioral approach)에서는 평균 62%, 인지행동적 치료와 통찰치료(insight approach)를 병행한 경우는 평균 86%의 성공률을 보였다.[145] 그러나 치료공동체프로그램에 의한 치료는 가장 비효과적인 방법으로서 단지 25%의 성공률을 보였다고 한다.[146] 이러한 통계

143) S. Wong, Psychopathic offenders, in: S. Hodgins & R. Muller-Isberner (eds.), *Violence, Crime and Mentally Disordered Offenders: Concepts and methods for effective treatment and prevention*, 2000, 87~112면 참조.
144) 단, 이 중에서 헤어의 PCL-R의 기준을 충족시킨 문헌은 단지 4%에 불과하다는 점에 유의해야 할 것이다.
145) 인지 행동적 치료의 효과를 입증하는 연구결과로 Raymond M. Wood et al., Psychological Assessment, Treatment, and Outcome with Sex Offenders. Behavioral Sciences and the Law, 2000 참조.
146) 치료공동체(Therapeutic Community)에 의한 사이코패스의 치료를 긍정하는 연구로는 James R. P. Ogloff & Stephen Wong, Treating Criminal Psychopaths in a Therapeutic Community Program, *Behavioral Sciences and the Law*, 1990 참조. 이 연구는 80명의 환자를 P(Psychopath) 집단, M(Mixed) 집단, 그리고 NP(non Psychopath) 집단 등 세 집단으로 나누어 치료를 한 결과, M 집단의 대부분이 사이코패스 성향을 보인 환자였음에도 불구하고 치료에 긍정적인 반응을 나타냈던바, 이로부터 치료공동체 요법이 사이코패스의 치료에 효과가 있

로부터 Salekin은 정교하게 구성된(highly structured) 집중치료프로그램은 사이코패스의 치료에 효과적일 수 있다고 결론지었다.[147]

그러나 무엇보다 사이코패시의 치료가능성에 대해 가장 고무적인 연구문헌으로서 1999년의 Seto와 Barbaree의 지역치료센터성범죄자치료프로그램(Regional Treatment Center Sex Offender Treatment Program; RTCSOTP)에 의한 치료결과가 있다.[148] 이 프로그램은 사이코패시 치료를 위한 진단 및 방법론상의 현대적 기준을 충족시키는[149] 프로그램으로서 PCL-R의 진단기준이 적용되었고, 집단요법은 물론 개인요법이 모두 제공되며, 인지행동적 관점은 물론 사회적 학습(social learning) 등의 관점에서의 다양한 치료법이 제공되는 7개월간의 거주치료(residential treatment)방식이다. 성범죄자를 대상으로 한 이 실험에서 참여자들의 50% 이상이 재범률이 낮아진다는 사실이 입증되었으며, 또한 PCL-R 점수가 높은 사이코패스들도 그 하위집단별로 치료에 대한 반응이 다르다는 점이 밝혀졌다.[150] 이밖에도 치료에 의해 사이

다고 결론지었다. 이 연구에서 PCL-R 점수 27점 이상은 P 집단18점부터 26점까지 M 집단, 17점 이하는 NP 집단으로 분류되었다.

147) R.T. Salekin, Psychopathy and therapeutic pessimism: Clinical lore or clinical reality?, 22 Clinical Psychology Review, 2002, 79~112면 참조. 이 밖에 치료 가능성을 부정하는 기존의 연구방법이 내재적 오류가 있었음을 적확히 지적해 주는 연구로는 Rice(1992), Hitchicock(1995), Barbaree, Seto, & Langton(2001) 등이 있다. 이에 대한 개괄적 소개로는 Karen D'Silva et al., Does Treatment really make psychopaths worse? A review of the evidence. Journal of Personality Disorders, 2004 참조.

148) M.C. Seto & H.E. Barbaree, Psychopathy, treatment behavior, and sex offender recidivism, 14 Journal of Interpersonal Violence, 1999, 1235~1248 참조.

149) 이러한 평가로는 Jan Looman, Jeffrey Abracen, Ralph Serin, & Peter Marquis, 앞의 논문, 553면.

150) RTCSOTP의 치료방법에 대한 구체적이고 상세한 설명과 평가 및 관련 논의에 대해서는 Jan Looman, Jeffrey Abracen, Ralph Serin, & Peter Marquis, 앞의 논

코패스의 폭력성향이 감소되었음을 직접적으로 입증해 주는 연구결과
도 있다.151)

2. 치료중심 형사정책의 수립필요성

전술한 바와 같이 사이코패스의 형사책임능력을 긍정할 것이냐 부
정할 것이냐의 문제는 이론적으로도 논란거리이지만, 형사정책적 관
점에서도 해결하기 힘든 문제와 맞물려 있다. 다만 그렇다 하더라도
범죄억제의 관점에서 볼 때, 적어도 수감생활을 하는 동안은 사회 일
반에 대한 범죄기회가 제거될 수 있다는 점에서 긍정론의 입장이 보다
바람직하다고 볼 여지도 있을 것이다. 그러나 현행 치료감호법에 의하
면 심신장애가 있는 자는 최대 15년까지 치료감호에 처할 수가 있다
(동법 제2조 제1항과 제16조 제2항). 舊사회보호법을 폐지하면서 재범
의 위험성이 있는 심신장애자 또는 약물중독자 등으로부터 사회를 보
호하기 위해 제정된 치료감호법은 대체주의(代替主義)를 따르고 있는
바, 형벌과 보안처분의 병과적 선고를 허용하면서 특별예방이 일반예
방에 우선한다고 봄으로써 집행에 있어서는 보안처분이 형벌을 대체
한다. 그러므로 치료감호가 형벌에 우선적으로 집행되고, 치료감호기
간이 형기에 산입된다(동법 제18조).152) 다만 치료감호가 종료되지 않

문, 555~565면 참조.
151) Jennifer L. Skeem et al., Psychopathy, Treatment Involvement, and Subsequent
   Violence among Civil psychiatric patients, *Law and Human Behavior*, 2002. 이
   연구에 의하면 10주 동안 치료 프로그램을 7회 이상 수행한 사이코패스 환자들보
   다 그렇지 않은 환자들은 세 배 이상 공격적인 성향을 보이는 것으로 나타났다.
152) 치료감호법의 법제도적 의의에 대해서는 신동운, 형법총론, 법문사, 2008,
   822~823면; 정영일, 형법총론, 박영사, 2007, 536~537면 참조.

았을 경우에 치료감호는 최장 15년까지 가능하다.[153] 그렇다면 사이코
패스의 책임능력을 제한하여 책임무능력이나 한정책임능력을 인정하
더라도 치료감호시설에 수용함으로써 사회 일반에 대한 범죄기회는
충분히 제거될 수 있다. 더욱이 사이코패스의 치료가능성에 대한 매우
긍정적인 연구성과들이 제시되고 있는 상황에 비추어 보면, 사이코패
스의 치료가 가능하도록 현행 치료감호시설을 개선하는 입법적 조치
를 취하거나, 아니면 현행 치료감호법이 허용하고 있는 "치료감호시설
외에서의 위탁치료(동법 제23조 1항과 2항)"를 통해 정신병질이 치료
될 수 있도록 처우한다면, 사이코패스의 책임능력 제한은 오히려 현행
법 하에서 매우 합리적인 형사정책적 해결책이 될 수 있다고 본다.[154]

V. 맺음말

사이코패스 범죄는 미셸 푸코(Michel Foucault)가 1970년대 중반 무
렵 콜레주 드 프랑스에서 강연한 내용을 엮은 책, "비정상인들(LES
ANORMAUX)"에서도 다양한 사례들 통해 논급된 바 있다.[155] 어느덧
사이코패스는 임상의학자들과 사법 및 수사기관을 거쳐 철학적 수준

---

153) 치료감호의 종료 또는 가종료 여부는 매 6월마다 치료감호심의위원회에서 심
    사·결정한다(동법 제22조와 제37조).
154) 물론 이 경우에도 "치료프로그램 및 방법"에 대한 충분한 연구와 개발이 전제되
    어야 함은 물론이다. 다만 위탁치료 시 사이코패스의 범죄기회통제가 문제될 수
    있는데 위탁치료 기간 동안에는 보호관찰이 개시되므로 (동법 제32조) 법제도
    상 큰 미비점은 없다고 본다.
155) Michel Foucault, LES ANORMAUX, 2001(박정자 역, 원전은 1999년 프랑스
    초판발행), 49면 이하 참조. 단, 동 문헌에서 푸코는 사이코패스란 용어를 직접
    적으로 사용하고 있지는 않다. 일종의 '광인'으로 표현하고 있다.

의 지적 담론의 장에까지 오르내리게 되었다. "극악무도한 악인" 또는 "도덕적 무능력자" 등 이들을 바라보는 관점만큼 상이한 방식의 사법적 대응이 강구될 수 있을 것이다. 다만 이들에 대한 일반의 법감정이 어떠하든, 이들을 둘러싼 철학적 담론이 어떻게 전개되어 왔든, 무엇보다 이들이 겪고 있는 정신병질에 대한 원인이 명확하게 규명되어야 사이코패스에 대한 올바른 관점이 자리 잡을 수 있다고 본다. 본고는 이러한 문제의식 하에 사이코패시의 원인에 대한 제 가설을 검토해 보았던바, 그 결과 (신경)생물학적 원인론이 가장 타당하다는 점을 확인해 보았고, 아울러 사이코패스에 대한 치료가 가능하다는 점을 밝혔으며, 이를 토대로 바람직한 사법적 대응의 방향, 즉 치료중심적 형사정책을 제안하였다.

제 4 장
사이코패스의 형사책임능력

I. 문제의 제기: 책임능력판단의 공정성

일반적으로 사이코패스(psychopath) 범죄자의 형법적 취급이 어려운 이유는 우선 사이코패스 범죄를 유발하는 밀접한 요인으로 작용하는 사이코패시(psycopathy)가 과연 형법 제10조의 심신장애에 해당되는지가 불확정적이고, 다음으로 설령 그것이 심신장애 사유로 인정된다 하더라도 이들은 사물변별능력에는 거의 장애가 없고,[1] 의사결정능력 유무만 문제시되고 있기 때문이다.[2] 이하 본고에서는 사이코패시가 심신장애 사유에 해당하며, "도덕적 판단능력"이 결여된 사이코패스는 의사결정능력, 즉 행위통제능력이 정상인에 비해 제한되어 있으므로 책임무능력이나 한정책임능력을 인정해야 한다는 점을 입론하고자 한다.[3]

책임능력에 관하여 형법 제10조 제1항과 제2항은 책임무능력 또는

---

1) 혹자는 사이코패스가 폭력범죄를 잘 저지르는 것이 정상인에 비해 지능이 낮아서일 것이라고 추측할 수도 있다. 경험적으로 볼 때 일반인의 경우 높은 지능은 범죄의 억제요인으로 작용하기도 하기 때문이다. 그러나 한 연구결과에 의하면 비사이코패스의 경우 지능이 높을수록 범죄를 늦게 시작하는 경향이 있는 반면, 사이코패스는 지능이 높을수록 폭력범죄를 저지르는 성향이 강하게 나타났다. 또한 이 연구에 의하면 비사이코패스와 사이코패스 범죄자들 간에 일반적인 지능의 차이는 나타나지 않는다. Peter Johansson & Margaret Kerr, Psychopathy and Intelligence: A Second Look, Journal of Personality disorders, August 2005, 357-367면. 제4장은 형사법연구 제20권 제4호(2008)에 게재된 "사이코패스의 형사책임능력"을 수정·보완한 것이다.
2) 이 점에 대한 적확한 지적으로는 노용우, 책임능력판단에 있어서 심신장애의 의미, 형사법연구 제15권, 2001, 69면.
3) 본고에서는 '사물변별능력'과 '시비변별능력', 그리고 '의사결정능력'과 '행위통제능력'을 각각 혼용하기로 한다.

한정책임능력이 인정되기 위해서는 생물학적 요소로서 '심신장애'가
존재해야 하고, 이로 인하여 심리적·규범적 요소인 사물변별능력과
의사결정능력이 결여되어 있거나 미약해야 한다고 규정하고 있다.[4)]
요컨대 행위의 옳고 그름을 판단할 수 있는 '사물변별능력'과 그러한
판단에 따라 옳게 행동할 수 있는 '의사결정능력'을 모두 갖추고 있어
야만 책임능력이 인정되며, 만일 어느 하나라도 결여되거나 미약하면
책임무능력자 또는 한정책임능력자가 된다.[5)]

　학계와 실무의 지배적 견해에 따르면 사이코패스는 정신병자와 달
리 책임능력이 인정된다.[6)] 왜냐하면 현재까지 정신병질은 생물학적

---

4) 김성돈, 「형법총론」, 2006, 395면 이하; 김일수·서보학, 「형법총론」, 2003, 404면
　이하; 배종대, 「형법총론」, 1999, 353면 이하; 손동권, 「형법총론」, 2005, 267면
　이하; 신동운, 「형법총론」, 2008, 356면 이하; 오영근, 「형법총론」, 2005, 501면
　이하; 이영란, 「형법학－총론강의」, 2008, 322면 이하; 이재상, 「형법총론」,
　2006, 299면 이하; 정영일, 「형법총론」, 2007, 260면 이하; 정웅석, 「형법강의」,
　2007, 317면 이하.
5) 그러나 동 조항에서의 '심신장애'라든지 '사물을 변별할 능력', 그리고 '의사를
　결정할 능력' 등의 개념에 대해서는 구체적인 정의가 없기 때문에 책임능력에
　대한 객관적이고 명확한 판단기준은 조문 자체에서는 연역적으로 도출해 낼 수
　없고, 이는 해석론에 일임되어 있다. 이러한 지적으로는 노용우, 앞의 논문, 56면
　이하와 한정환, 심신장애와 책임능력, 형사법연구 제15권, 2001, 74~75면 참조.
6) 대법원은 사이코패스 등과 같은 이상성격자 내지 성격장애자에 관하여, "범행 당
　시 정상적인 사물변별능력이나 행위통제능력이 있었다면 심신장애로 볼 수 없는
　것이고 특단의 사정이 없는 한 위와 같은 성격적 결함을 가진 자에 대하여 자신
　의 충동을 억제하고 법을 준수하도록 요구하는 것이 기대할 수 없는 행위를 요구
　하는 것이라고는 할 수 없으므로 원칙적으로는 성격적 결함은 형의 감면사유인
　심신장애에 해당하지 않는다고 봄이 상당하고, 다만 그러한 성격적 결함이 매우
　심각하여 원래의 의미의 정신병을 가진 사람과 동등하다고 평가할 수 있다든지,
　또는 다른 심신장애사유와 결합된 경우에는 심신장애를 인정할 여지가 있을 것
　이다."라고 판시하고 있다. 동 판시내용은 대법원 1995.2.24. 선고 94도3163 판결
　과 대법원 2007.2.8. 선고 2006도7900 판결의 중복되는 요지를 조합한 것으로,
　사이코패스에게는 온전한 시비변별능력과 의사결정능력이 인정되기 때문에 원

심신장애사유로 널리 받아들여지지 못하고 있고, 사이코패스는 정신
병자와 달리[7] 시비변별능력과 의사결정능력을 지니고 있기 때문에 원
칙적으로 형사책임능력이 인정될 수 있다는 것이다.[8]

일정한 경우, 즉 살인, 강도, 강간 등 사회윤리적인 비난의 요소가
깃들어 있는 자연범(自然犯; mala in se)[9]의 경우, 행위자는 옳고 그름

칙적으로 형사책임능력이 인정될 수밖에 없다는 것이다. 물론 대법원은 '중증의
성격장애자'에 대하여 판단을 내리고 있는 것이며, '엄밀한 의미'의 '사이코패스'
에 대한 판단인지 여부는 확실하지 않다. 다만 같은 논리라면 '중증의 사이코패
스'에 대해서도 동지의 판결을 내렸을 것으로 보고 이와 같은 결론을 제시하는
것이다.

7) 사이코패스와 정신병자의 차이점에 대한 지적으로는 Robert D. Hare, *Without
Conscience: The Disturbing World of Psychopaths among Us*, 1995, 22면 참조.

8) 그러나 사이코패스에게 온전한 사물변별능력이 있다는 지적은 타당하겠지만 의
사결정능력도 완전하다는 판단에는 동의할 수 없다. 왜냐하면 도덕적 판단능력
이 없는 행위자에게는 분명 정상인에 비해서 도덕적 동기에 기초한 행위통제능
력은 부족하다고 볼 수밖에 없기 때문이다. 판례는 － 만일 '엄밀한 의미의' 사
이코패스에 대한 판단을 내리고 있는 것이라면 － 이 점을 간과하고 있다고 본
다. 헤어도 역시 이 점을 간과한 채 사이코패스의 책임능력을 긍정하고 있다. 헤
어는 대부분의 판결에서 사이코패스는 형사책임의 가중요소(aggravating factor)로
고려된다고 보며, 이러한 입장을 지지한다고 밝히고 있다. 그 이유는 우선 만일
사이코패스가 항변(defense)으로 인정된다면, 치료가 여의치 않은 현 상황에서 민
사구금(civil commitment)이 영구적으로 장기화 될 우려가 있고, 보다 더 중대한
문제는 사이코패스들이 이를 이용해 정신질환의 증상을 겪고 있는 것처럼 가장할
수 있다(malinger)는 것이다. 이에 대해서는 Robert D. Hare, "Psychopaths and
Their Nature: Implications for the Mental Health and Criminal Justice Systems",
in: Theodore Millon, Erik Simonsen, Morten Birket-Smith, & Roger D.
Davis(eds.), *Psychopathy: Antisocial, Criminal and Violent Behavior, 1998*, 205
면 참조. 그러나 이는 책임능력 긍정을 위한 법정책적 논거일 뿐이며, 그 스스로
도 지적하고 있듯이 이것은 궁극적으로 사법시스템이 해결해야 할 문제이다
(However, the issue is really one for the judicial system to settle).

9) 'mala in se'란 라틴어구 'malum in se'의 복수형으로서 '그 자체로 나쁘거나 악
한(wrong or evil in itself)'이란 뜻이다. 'mala in se'는 일정한 정책목표의 달성을
위해 금지되었기 때문에 범죄로 여겨지는 'mala prohibita'에 대하여, 인간이라면

에 대한 판단에 따라 행위를 실행함에 있어 도덕적 판단에 따르기도 한다. 그런데 현행형법상 행위자가 도덕 판단을 기초로 시비를 변별하든, 관습적으로 옳고 그름을 구분하든, 그에게는 사물변별능력이 인정된다. 마찬가지로 행위자가 양심에 따른 도덕적 동기에서 범죄충동을 억제하든, 단순히 처벌에 대한 위협으로 준법적 행위를 하든, 책임능력도그마틱은 무관심하며 그에게 특별한 심신장애사유가 없는 한, 의사결정능력이 인정된다.[10)

일반적으로 사이코패스는 "도덕적 판단능력"이 결여되어 있는 것으로 알려져 있다.[11) 그럼에도 불구하고 사이코패스는 이 점에 대한 고려 없이 정상인과 마찬가지로 책임능력이 완전하다고 이해되고 있다. 과연 학계와 실무의 이러한 태도는 정당한 것일까? 물론 정상인도 언제나 도덕적 판단에 따라 도덕적 동기에서 준법적 행위를 하는 것은 아니다. 다만 "도덕적 판단"에 따라 법을 준수할 수 있음에도 불구하고 오로지 자기이익의 관점에서 법규를 따르는 정상인과 처음부터 도

보편적으로 나쁘게 생각하기 때문에 범죄로 여겨지는 행위를 가리킨다. 'mala prohibita'는 직접적으로 도덕적 규범을 위반하는 것은 아닌 데 반해 'mala in se'는 그 자체로 강력한 사회윤리적 비난을 가져온다는 차이가 있다. 범죄유형상 'mala in se'는 흔히 '자연범(형법범)'으로 'mala prohibita'는 '법정범(행정범)'으로 번역된다.

10) 현행 책임능력도그마틱의 이러한 태도는 아마도 도덕적으로든 관습적으로든 불법을 통찰할 수 있고, 불법을 행할 경우 처벌받게 된다는 점만 인식할 수 있다면 책임능력을 인정하는 데 충분하다고 전제하고 있기 때문일 것이다. 그러나 후술하겠지만 사이코패스의 경우는 신경생물학적으로 행동억제시스템(Behavioral Inhibition System: BIS)에 장애가 있어 처벌에 대한 두려움조차도 범죄충동을 억제시키는 위하력을 발휘할 수 없는바, 기존의 책임능력도그마틱 운용에 있어 새로운 접근이 필요하다고 본다.

11) 사이코패스 범죄의 특성을 형사정책상 통제이론(Control Theory)과의 비교를 통해 폭넓게 다루고 있는 문헌으로는 안성조, "사이코패스의 범죄충동과 통제이론", 「경찰법연구」, 제6권 제1호, 2008, 196면 이하 참조.

덕적 판단능력이 부재한 사이코패스를 동일하게 취급하는 것은 공정하지 않다. 왜냐하면 도덕적 판단능력이 없는 자에게는 그만큼 준법적행위를 할 수 있는 행위통제능력이 부족할 수밖에 없기 때문이다. 그러므로 책임능력조문과 책임능력도그마틱을 적용함에 있어 "다른" 것은 "다르게" 취급할 필요가 있다고 본다.

이하 본고에서는 사이코패스의 형법적 취급에 있어서 이른바 "공정성(fairness)" 문제를 제기하면서, 궁극적으로는 사이코패스에게 책임무능력 또는 한정책임능력을 인정해야 함을 논증하고자 한다. 나아가 이러한 법리구성이 형사정책적으로도 바람직한 결과를 가져올 수있다는 점도 제시해 보고자 한다.

II. 사이코패스의 개념과 발병 원인

1. 사이코패스의 개념과 특징

사이코패스란 일반적으로 타인의 고통에 대한 공감능력이 결여되어 죄책감이나 후회를 못 느끼며, 대인관계에 있어 냉담, 거만, 교활한특성을 보이고, 충동적 또는 계획적으로 범죄를 저지르는 성향을 지녀, 잠재적으로 범죄 위험성을 지닌 자들을 말한다. 그 특유의 '이상인격' 내지 그가 지닌 '기질적 특성'으로 인하여 자신의 행위가 위법하고 부정하다는 것을 알면서도 이를 억제하여 준법적 행동으로 나아갈수 있는 '자기통제력'을 상실한 '고도의 재범 위험군'[12]에 속하는 자

---

12) 이러한 표현으로 김상준, "사이코패스에 대한 사법적 대응", 한림대학교응용심리연구소·한국사회 및 성격심리학회·법무부교정국 공동주최 국제심포지엄, 범죄

라는 것이다.[13)]

사이코패시적 성격특성을 지닌 사람들은 시대와 지역을 초월해 보편적으로 존재해 온 것으로 보인다.[14)] 서구의 사이코패시 연구의 역사는 멀리 19세기까지 소급해 올라가며,[15)] 특히 19세기의 Prichard와 Maudsley는 사이코패시를 "도덕적으로 미친 상태(moral insanity)"로 기술하였다.[16)] 유구한 연구 역사에도 불구하고 일부 정신과의사들은

와 사이코패시 - 이해와 대책, 2005, 둘째 면 참조. 동 논문에는 별도의 페이지 표시가 없기 때문에 1면을 첫째 면으로 하여 차례로 페이지 표시를 하기로 한다.

13) 사이코패스가 이와 같은 성격 및 행동특성을 보이는 것은 그가 지닌 '정신병질(精神病質; Psychopathy)' 때문이다. 즉, 정신병질자를 사이코패스(Psychopath)라고 한다. 정신병질이란 용어는 독일어 'Psychopathie'의 일본식 번역어로서 昭和 13년(1938년) 林道倫 박사가 "정신의학용어통일시안에 관한 각서(覺書)"에서 처음 사용한 것이며, 독일의 정신의학상 통설에 의하면 "이상성격적 행동(abnormes charakteriches Verhalten)"으로 이해된다고 한다. 이상의 개념설명에 대해서는 김선수, "정신병질 범죄자의 처우에 관한 연구", 「경남법학」 제2집, 1986, 201면. 사이코패시는 어원적으로는 희랍어 'psyche(soul)'과 'pathos(suffering)'가 결합된 합성어의 번역에서 유래된 것으로 본래 "심리적 결함(psychological defect)"을 지칭하는 개념으로 사용되었다. Lisa Ells, Juvenile Psychopathy: "The Hollow Promise of Prediction", Columbia Law Review, January, 2005, 178면과 각주 128번 참조. 헤어는 이 용어를 'psyche(mind)'와 'pathos(disease)'로 번역하면서, 'mental illness'를 의미한다고 본다. 이에 대해서는 Robert D. Hare, 앞의 책, 22면 참조.

14) Martha Stout, 김윤창 역, 「당신 옆의 소시오패스(the sociopath next door)」, 2008, 211면.

15) 이 점에 대한 상세한 소개는 김선수, 앞의 논문, 201면 이하 참조.

16) Lisa Ells, 앞의 논문, 178면 참조. 사이코패스란 개념이 등장한 계기는 다음과 같다. 약 2세기 전 프랑스 정신과 의사 피넬(Pinel)은 기존의 진단범주에 들어맞지 않는 사례를 발견하게 되었다. 그 환자는 어떠한 죄책감이나 개인적 자제력(personal restraint)도 보이지 않았다. 그의 상태는 "정신착란 없는 광기(manie sans delire; madness without delirium)"로 분류되었다. 이것이 사이코패스를 이해하기 위한 초기의 시도였다. 후에 이것은 미친 듯 보이지만 이성적 능력은 있는 "도덕적 광기(moral insanity)"로 불리게 된다. http://www.trutv.com/library/crime/criminal_mind/psychology/psychopath/1.html의 두 번째 페이지 참조. 보다 상세

사이코패시란 개념을 인정하기를 거부해 왔으나[17] 동 개념은 임상적 상황에서도 필요하다는 사실이 일반적으로 받아들여지고 있을 뿐만 아니라 최근의 경험적 연구는 사이코패스들에게 공통적인 성격 특성들이 존재함을 확증해 주고 있다(confirm an identifiable cluster or constellation of traits that closeley relate to the concept of psychopathy).[18]

헤어에 따르면[19] 감정과 대인관계의 측면에 있어서(제1요소) 사이코패스는 자기중심적이며 과장이 심하고, 후회나 죄의식이 결여되어 있으며, 타인의 고통 및 감정에 대한 공감능력이 부족하다. 또한 거짓말과 속임수에 능하며 감정이 부족[20]하기 때문에 느낌의 폭과 깊이에 한계가 있다. 또한 사회적 일탈의 측면에서(제2요소) 행동의 옳고 그름, 결과의 타당성 여부에 대한 숙려(熟廬)가 없이 충동적으로 범죄를

한 내용에 대해서는 본장 II-2의 사이코패스의 개념변천사 참조.

17) 이 점은 우리 학계나 실무도 마찬가지라고 보이며, 사이코패시라는 개념을 인정하는 데 보다 적극적인 태도를 취할 필요가 있다고 생각된다.

18) Charles Fischette, "Psycopathy and Responsibility", *Virginial Law Review*, September. 2004, 1429면과 각주 21번 참조. 특히 더 참조할 만한 문헌으로는 Gerald F. Gaus, "Value and Justification", *The Foundation of Liberal Theory*, 1990, 293면. Charles Fischette은 정신병질(psychopathy)은 재범을 예측할 만한 '진정한 성격특성(real trait)'으로 보인다고 강조한다. 앞의 논문, 1429면.

19) 헤어가 지적하는 주요 특성들은 그가 개발한 사이코패스 진단도구인 PCL-R의 20가지 평가목록들 중 일부이다. 20가지 목록은 크게 두 가지의 요소로 분류되며, 그 하나는 감정적·대인관계적(affective/interpersonal) 요소이고(Factor1), 다른 하나는 충동적이고 반사회적이며 불안정한 생활방식, 즉 사회적 일탈(social deviance)의 요소이다(Factor2). 보다 상세한 내용은 제3장의 각주 108)번 참조.

20) 일반적으로 사이코패스는 감정이 결여되어 있지만, 당장의 신체적인 고통과 쾌락, 또는 단기간의 좌절과 성공에서 비롯되는 이른바 '원초적인' 정서반응은 느낄 수 있다고 한다. 그러나 이러한 감정적 반응들은 대부분 오래 지속되지 않으며, 다른 감정들처럼 대뇌변연계에서 발생하기는 하지만, 여타의 '고등' 감정들과는 달리 대뇌피질의 기능을 통해 조절되지 않기 때문에 신경학적으로 '원초적'이라 일컬어진다고 한다. Martha Stout/김윤창 역, 앞의 책, 200면 참조.

저지른다. 뿐만 아니라 모욕이나 경멸에 대해 자신의 행동을 제어하지 못하고 쉽게 감정이 폭발하여 공격적인 태도를 취한다. 일체의 책임감과 의무감이 없다.[21] 사이코패스가 아닌 사람도 이러한 증상을 보일 수 있다. 그러나 충동적이거나 냉정하거나 감정이 결여되어 있거나, 반사회적이라고 해서 그가 반드시 사이코패스로 판정되지는 않는다. 왜냐하면 사이코패시는 연관된 여러 증상들이 모여 나타나는 일종의 증후군(a syndrome-a cluster of related symptoms)이기 때문이다.[22]

2. 사이코패스 개념의 변천사

사이코패시는 정신의학계에서 인정된 최초의 인격장애이다. 그 개념적 기원은 아리스토텔레스의 제자이자 고대 그리스의 철학자였던 Theophrastus가 그의 저서 '성격론'에서 성격유형을 나누며 논한 '파렴치한 인간(The Unscrupulous Man)'이라는 표현으로까지 거슬러 올라갈 수 있다고 한다.

1) 19세기 초반의 사이코패시 개념의 태동과 발달

그러나 현대적 의미의 사이코패시의 개념은 18세기 말 무렵 의사들과 철학자들이 "자유의지는 존재하는가?" 또는 도덕의무 위반자들(moral transgressors)도 자기 행위의 결과를 "이해할 수 있는가?"라는 문제에 대한 오래 된 논쟁에 몰두하기 시작하면서 이들에 의해 반사회적 인격의 임상적 특성이 주목받게 된 지성사적 배경 하에 탄생하였다.

---

21) Robert D. Hare, 앞의 책, 33면 이하 참조.
22) Robert D. Hare, 앞의 책, 34면.

프랑스의 정신과 의사인 Phillipe Pinel(1801)은 "이성적 판단능력이 부족하지 않은 광기"를 처음으로 인식한 사람이었다. 그는 자신의 환자들 중에 이성적 판단능력은 있으나 충동적이고 자신을 학대하는 행동에 빠져 있는 자들이 있다는 것을 발견하였다. 그는 이러한 사례를 "정신착란 없는 광기(manie sans delire)"라고[23] 기술하였다. 피넬에 의해 이러한 유형의 정신병리학적 증상이 널리 알려지기 전까지, 정신(mind)은 곧 이성(reason)을 뜻하는 것으로 여겨졌고, 따라서 모든 '정신장애(mental disorders)'는 곧 '이성의 장애(disorders of the mind)'를 의미했었다. 즉, 이성적 또는 지성적 능력의 장애만이 광기(insanity)로 인정될 수 있었던 것이다. 그러나 피넬로 인하여 정신착란(confusion of mind) 없이도 사람이 미칠 수 있다는 믿음이 생겨나게 되었다.[24]

미국의 저명한 의사인 Benjamin Rush 역시 19세기 초에 사고는 정상이나(lucidity of thought) 사회적 일탈행동을 일삼는 자들에 대한, 피넬이 발견한 것과 유사한 혼란스러운 사례를 기술했다. 그는 이러한 자들을 "타고난, 불가사의한 도덕적 결함을 지닌 자"로 표현했으며 "그들은 도덕적 능력을 담당하는 신체 부위들에 본래적인 조직상의 결함을 가지고 있을 것"이라고 추측했다.[25]

---

23) 영어로는 "insanity without delirium"으로 번역되며, '정신착란'으로 번역한 'delirium'은 정신의학용어로는 '섬망(譫妄)'이라고 불린다.
24) 이 점에 대해서는 Theodore Millon, Erik Simonsen, & Morten Birket-Smith, "Historical Conceptions of psychopathy in the United States and Europe", in: Theodore Millon, Erik Simonsen, Morten Birket-Smith, & Roger D. Davis(eds.), *Psychopathy: Antisocial, Criminal and Violent Behavior*, 1998, 4면. 공저자들은 Pinel의 견해에 대해 영어 번역본인 A treatise on insanity(D. Davis, Trans.), 1962를 참조하고 있다. 피넬의 불어본 원서는 1801년에 출간되었다. 이하 사이코패스의 개념변천사는 위 공저자들의 논문을 참조하였으나, 논문에 인용된 원서를 찾을 수 있는 경우는 직접 찾아 참조하였다.
25) Theodore Millon, Erik Simonsen, & Morten Birket-Smith, 앞의 논문, 같은 면.

1820년대에 덴마크의 의사이자 열성적인 골상학자(phrenologist)였던 Otto는 코펜하겐 교도소의 의사로 임명되어 수백 명의 죄수들을 상대로 골상학 검사를 실시할 수 있었다. 골상학을 적용해 그는 놀랍게도, 현대적 의미의 사이코패스 개념을 제시하였다. 그는 '비밀스러움(secretiveness)'을 의미하는 'dølgeattrå'라는 정신기관(mental organ)의 개념을 소개하였다. 골상학 이론에 의하면 정신기관은 4단계로[26] 나뉘는데 'dølgeattrå'는 그 중 하나로 동물과 인간에 공통된 기관으로서 성충동이나 공격성, 자기 방어 및 후손에 대한 애정 등과 관련이 있다. 오토는 'dølgeattrå'의 기능을 인격 장애와의 관련 하에 충동 조절이라는 측면에서 정의했다. 그에 따르면 'dølgeattrå'는 다른 정신기관들의 외부적 표현들, 즉 우리로 하여금 행동하게끔 자극하는 모든 생각이나 감정, 성향 등의 행동적 표현들(behavioral expressions)을, 지성(the intellect)이 그러한 표현의 표출이 적당하다고 판단할 때까지, 억제하고 조절하는 기능을 한다. 그런데 'dølgeattrå'가 너무 강하거나 잘못 통제되거나, 나쁜 방향으로 작용을 할 때에는 큰 폐해를 가져온다. 그 결과 속임수, 음모, 교활한 책략, 남모르는 계략이나 저의 등을 지혜로운 것으로 여기는 경향을 갖게 만든다. 이로 인해 거짓말과 위선, 간교한 속임수 등이 목적 달성과 계획 실현에 최선의 수단인 것처럼 여기는 성격이 형성된다는 것이다. 요컨대, 오토의 견해에 따르면, 정신기관의 활동은 타고난 성향의 근원이 되며, 발달과정을 통해 조절된다는 것이다. 대부분의 사람들에게 있어 정신기관들의 관계는 평형을 이루며, 이 때, 환경은 행동에 지대한 영향과 변화를 준다. 그렇게 때문에 타고난 범죄 성향은 어느 하나의 정신기관 때문에 발생하는 것이 아니

---

26) 바로 'dølgeattrå'와 감정(emotion), 지적 기관(intellectual organs), 그리고 고등 기관(higher organs)의 네 단계로 구분된다고 한다.

고, 여러 기관들의 상호작용에 장애가 생길 때 발생하며, 또한 개인의 특이한 체질(constitution) 및 발달(development)과 관련되어 있다고 오토는 주장하였다.27)

영국의 정신과 의사(alienist)인 J. C. Prichard는 "도덕적 광기(moral insanity)"란 용어를 1835년에 처음 공식적으로 사용하고 이를 영어권 국가에 널리 유포시킨 장본인이다. 그는 Pinel의 "정신착란 없는 광기" 라는 개념을 수용했으나, 피넬이 그러한 장애자들에게 도덕적으로 중립적인 태도를 취했던 것과는 달리, 그는 그들의 행위가 사회적으로 책망받기에 충분한, '비난받을 만한 성격적 결함'이라고 주창하였다. 프리차드는 "도덕적 광기"라는 명칭 하에, 기존의 광범위하고 다양한 정신적, 정서적 조건들을 포함시킴으로써 그 본래적 의미의 증후군의 범위를 확대시켰다. 그에 따르면 이러한 유형의 환자들은 정의나 선, 그리고 책임에 대한 자연적이고 본래적인 의미로부터 떠오르는 '자연스런 감정들(natural feelings)'에 따라 자신의 행동을 지도할 수 있는 능력에 결함이 있다고 한다. 이러한 질병을 앓고 있는 환자들은 행동의 선택지를 이해할 수 있는 지적 능력이 있음에도 불구하고, 그들로 하여금 반사회적 행동을 하게끔 만드는 "저항할 수 없는 감정 (overpowering affection)"에 의해 동요되었다고 한다.28) 이처럼 '이성적 능력(reasoning)'의 결함에서 기인한 광기와 '자연적 감정들(natural affections)'의 결함에서 기인한 광기의 구분법은 영국의 법학자들과 정신과 의사들 사이에서 오랫동안 주요한 논쟁거리가 되었다.29)

그 후로도 '도덕적 광기(moral insanity)'란 개념은 영국과 유럽대륙

27) Theodore Millon, Erik Simonsen, & Morten Birket-Smith, 앞의 논문, 4-5면.
28) Theodore Millon, Erik Simonsen, & Morten Birket-Smith, 앞의 논문, 5면.
29) Theodore Millon, Erik Simonsen, & Morten Birket-Smith, 앞의 논문, 5-6면.

에서 70년이 넘게 논란과 관심의 대상이 되었는데, 이 개념은 피넬이 특정한 정신 장애자를 "정신착란 없는 광인"으로 명명하여, 도덕적 요소와는 무관한, 순수한 임상적 관찰에 기초하여 도덕중립적(neutral) 개념으로 이해하고자 했던 것과는 달리 "도덕적 비난(moral censure)과 사회적 타락(social depravity)"이라는 요소로 구성되어 있다는 점에서 차이가 있다. 이 시기의 저명한 정신과 의사인 Daniel Hack Tuke는 '도덕적 광기'란 개념 대신 피넬이 그러한 증상에 대해 사용했던 본래적인 도덕중립적 성격을 다시 인식하여 "통제력에 장애를 가져오는 광기(inhibitory insanity)"란 표현을 제안하기도 하였다.[30]

역시 이 시기의 또 다른 영국의 정신과 의사인 Henry Maudsley "Responsibility in mental disease, London(1874)"에서 Daniel Hack Tuke과는 대조적으로 프리차드의 '도덕적 광기'를 지지하면서도 그와 달리 "자연적 도덕 감정들(natural moral feelings)"의 배후에 있는 '특정한 두뇌중추(cerebral center)'의 존재를 주장하기도 하였다.[31] 이처럼 도덕적으로 타락한 사람들에게는 두뇌의 결함이 있다는 주장에 더하여, '생래적 범죄자' 개념을 창시한 Lombroso는 몇몇 '인류학적 징후(stigmata)'들, 즉 범죄자들에게 나타나는 생물학적·신체적 특징들 - 범죄형(criminal types)[32] - 이 있다는 주장을 추가하기도 하였다.[33]

2) 19세기 후반과 20세기 초엽의 사이코패시 연구

19세기 말엽, 독일의 정신의학자들은 '도덕적 광기'처럼 가치평가

---

30) Theodore Millon, Erik Simonsen, & Morten Birket-Smith, 앞의 논문, 6면.
31) Henry Maudsley, Responsibility in mental disease, New York: D. Appleton and company, 1898, 10-11면 참조. 초판을 구할 수 없어 1898년 판을 참조함.
32) 잘 알려져 있듯이 '넓고 돌출한 턱', '긴 귀', '넘어간 이마' 등이 있다.
33) Theodore Millon, Erik Simonsen, & Morten Birket-Smith, 앞의 논문, 7면.

가 개입된(value-laden) 이론으로부터 벗어나 관찰중심의 연구로 관심
을 돌렸다.

J. L. Koch(1891)는 '도덕적 광기'라는 개념을 '정신병질적 열성
(psychopathic inferiority)'이라는 개념으로 대체할 것을 제안하였다. 이
개념은 모든 종류의 정신적 비정상성을 포함하는 것으로서, 평생 개인
에게 영향을 미치며 가장 좋은 여건에서도 그로 하여금 정상적인 정신
적 능력을 충분히 발휘하지 못하게 만드는 것이다. 최근까지 모든 인
격장애의 일반적 명칭이 되어버린 'psychopathic'이라는 용어는, 이러
한 결함에는 신체적 토대가 존재한다는 신념을 보여주기 위해 Koch가
채택한 것이다. 그는 정신병질자들이 생리학적 정상성을 벗어난 신체
조직상의 상태 및 변화의 영향을 받으며, 두뇌조직의 선천적 또는 후
천적 열성으로부터 발생한다고 주장하였다.[34] 코흐의 "체질적 열성
(constitutional inferiority)"이란 개념은 미국의 정신의학자인 Adolf
Meyer에 의해 수용되었고 마이어는 '정신병질적 열성'이란 개념을 '정
신병질적인 경우'와 '정신신경증적 장애(psychoneurotic disorder)'로 세
분하였다. 마이어는 신경증의 원인은 주로 심인적(psychogenic)인 데서
기인한다고 믿었던바, 이는 선천적인 신체적 결함 또는 '체질적 열성'
의 영향은 덜 받는다는 점에서 순전히 '정신병질적인 경우'와 '신경증
적 장애'는 구분되어야 한다고 보았던 것이다. 마이어의 이와 같은 구
분법은 오랜 동안 미국의 질병분류체계(nosology)에서 명확하게 유지
되었다.[35]

20세기 전후에 Emil Kraepelin 역시 매우 중요한 일련의 저작을 통
해 정신병질적 증후군에 대한 관심 초점의 변화를 보여주었다. 그는

---

34) Theodore Millon, Erik Simonsen, & Morten Birket-Smith, 앞의 논문, 8면.
35) Theodore Millon, Erik Simonsen, & Morten Birket-Smith, 앞의 논문, 8면.

"정신의학 독본(Psychiatrie: Ein Lehrbuch)" 제2판(1887)에서 '도덕적 광기'를 "즉각적인 이기적 욕구의 무모한 충족을 억제할 수 있는 능력의 선천적 결함"과 동일시하였다. 제5판(1896)에서는 그러한 '체질적 장애(constitutional disorders)'를 '평생의 병적 인격(morbid personalities)'이라고 주장하면서 그러한 상태를 처음으로 '정신병질적 상태(psychopathic states)'라고 언급하였다. 1899년의 제6판에서는 '정신병질적 상태'를 강박사고(obsession), 성적 도착(sexual perversion), 그리고 충동적 광기(impulsive insanity) 등의 증후군과 결합된 여러 형태의 '변성(degeneration)' 중의 한 유형이라고 보았다. 그는 '변성'이란 주제에 초점을 맞추면서 제7판(1903, 1904)에서는 그 증후군을 '정신병질적 인격'이라고 칭하며, 이는 "변성(變性)이라고 볼 만한 충분한 근거가 있는, 인격발달상의 기묘한 병적 형태(those peculiar morbid forms of personality development which we have grounds for regarding as degenerative)"36)를 뜻한다고 하였다. 또한 그는 자신의 저작 제8판에서(1915) 정신병질자를 "감정 또는 의지에 결함이 있는 자(deficient in either affect or volition)"로 기술했다.37)

3) 제1차 세계대전부터 1940년대까지의 개념사

K. Birnbaum(1909)은 크라펠린의 후기 저작기에 저술을 하며 대부분의 정신병질적 증후군 사례에는 '사회병질적(sociopathic)'이란 명칭이 가장 적합할 것이라고 제안하였다. 그에 따르면 모든 변성적 정신병질 유형의 범죄자들이 도덕적 결함이 있거나 체질적으로 범죄성향

---

36) "those peculiar morbid forms of personality development which we have grounds for regarding as degenerative"
37) Theodore Millon, Erik Simonsen, & Morten Birket-Smith, 앞의 논문, 9-10면.

이 있는 것은 아니다. 나아가 반사회적 행위가 타고난 성격상의 부도덕한 특질에서 기인하는 경우는 거의 없고, 오히려 사회적 강제가 작용하여(operation of societal forces) 사회적으로 용납할 수 있는 행동과 적응(behavior and adaptation)의 방식을 불가능하게 만들기 때문에 반사회적 행동을 하게 되는 것이라고 주장하였다.[38] 그의 '사회적 조건 테제(social condition thesis)'는 정신의학계에서 눈에 띄는 대안으로 주목받지 못하다가, 1920년대 후반에 이르러 미국의 Hearly와 Bronner(1926), Partridge(1930) 등에 의해 주요한 연구대상으로 주목받게 된다. 그 중간 시기에는 국제적으로 정신병질이 영국의 정신장애 법안(Mental Deficiency Act of 1913)에 규정된 방식으로 이해되었는데, 이 법안은 80년 전 프리차드가 고안한 '도덕적 광기'란 개념의 영향을 받고 있었다. 즉, 정신병질은 "처벌이 억지력을 (거의) 갖지 못하는 사악하거나 범죄적인 성향을 나타내는 체질적 결함"이라고 여겨졌던 것이다.[39]

제1차 세계대전 이후의 독일의 중요한 정신의학자로는 Kurt Schneider가 있었다. 그는 "정신병질적 인격(Die Psychopathischen Personlichkeiten)이란 책을 1923년의 제1판부터 1950년의 제9판까지 저술하였고, 많은 범죄자들은 유소년기에 비행을 저지르며, 교정이 불가능하다고(incorrigible) 주장했다. 슈나이더에 따르면 이러한 유형의 정신병질자들은 대부분의 사회에서 발견되며, 이들 중 많은 수가 권력이나 경제력에 있어서 뛰어나게 성공하는 경우가 있다고 한다. 나아가 슈나이더는 정신병질이 법정에서 심신장애의 항변으로 받아들여지는 것은 부적절하다고 보았는데, 그 이유는 만일 그렇게 되면 형벌을 피해 보호감호처분을 받기 위한 방편으로 악용될 우려가 있기 때문이라고 하였다.[40]

---

38) Theodore Millon, Erik Simonsen, & Morten Birket-Smith, 앞의 논문, 11-12면.
39) Theodore Millon, Erik Simonsen, & Morten Birket-Smith, 앞의 논문, 12면.

한편 덴마크에서는 August Wimmer가 1929년 정신장애의 유전과 인종개량(racial improvement)에 관한 책에서 기존의 변성이론(degeneration theory)를 비판하며 정신병질이 멘델의 유전법칙에 따라 유전되는 것으로 설명했다. 즉, 롬브로조의 이론에서처럼 사이코패스는 '타고난 범죄자'라는 것이다. 그는 당시 덴마크의 많은 정신의학자들처럼 혼인금지, 강제낙태, 단종(sterilization)을 통한 '인종개량'을 옹호하였는데, 일정한 유형의 정신병자들과 사이코패스들의 '단종' 필요성에 대해, 심도 있는 '열린 논의'를 해 볼 가치가 있다고 주장하기도 하였다.[41]

1920년대부터는 정신분석이론(theories of psychoanalysis)이 뿌리내리기 시작함으로써 사이코패스의 '성격(character)'에 대한 정신분석학적 연구가 산발적인 형태로 태동하게 된다. 그 시초는 1916년 프로이트의 저작인 "정신분석에 의한 몇 가지 성격유형(Some Character-Types Met With in Psycho-Analytic Work)"에서 찾을 수 있다. 프로이트는 여기서 한 개인의 성격에서 비롯되는 "기묘한 행동들(peculiar acts)"에 주목하며, 그러한 행동들은 단지 그것이 금지되어 있기 때문에 행해지며, 행위자는 그 행동을 해야만 비로소, 그를 억압하는 죄책감, 즉 정신적 고통으로부터 구제될 수 있다고 주장하였다.[42]

일탈적 행위에 대한 최초의 정신분석적 연구는 Aichorn(1925)에 의해 수행되었다. 그는 과도한 탐닉, 과대평가, 지나친 엄격함, 그리고

---

40) Kurt Schneider, Die psychopathischen Personlichkeit, Wien: Franz Deuticke, 1950, 131-132면 참조. 이 점에서 사이코패스의 형사책임능력에 대한 슈나이더의 입장은 헤어의 견해와 거의 유사하다. 헤어의 입장으로는 본장 I의 각주 8) 참조. 공저자인 서상문 교수도 검사재임 기간 중의 경험에 비추어 이러한 점에 대한 깊은 우려감을 표한 바 있다. 슈나이더의 책은 초판을 입수할 수 없어 1950년판을 참조하였다.
41) Theodore Millon, Erik Simonsen, & Morten Birket-Smith, 앞의 논문, 13면.
42) Theodore Millon, Erik Simonsen, & Morten Birket-Smith, 앞의 논문, 14면.

약탈 등은 어린 아이로 하여금 사회적 가치를 거부하게 만드는 토대가 될 수 있다고 한다. 그는 이러한 것들을 초자아(superego)의 결함으로 보면서, 이러한 아이들은 부모의 가르침을 내면화하지 못하고 충동적인 행동을 통해 즉각적인 욕구충족을 추구하는 경향이 있다고 주장하였다.43) Abraham(1925)도 자기애적(narcissistic) 성격특성과 반사회적 성격특성을 초래하는 조건들에 대한 Aichorn의 주장에 동조하면서, 일종의 심리적 영양결핍(psychological undernourishment)이라 할 수 있는 애정결핍(absence of love)은 반사회적 성격특성을 결정하는 전제조건이 된다고 보았다. 애정결핍은 특정인물에 대해서뿐만 아니라 사회전체를 향한 과도한 증오와 분노를 불러일으킨다는 것이다.44)

Reich(1925)는 '충동적 성격' 또는 '본능에 얽매인 성격'이라는 용어를 처음으로 사용하며, 이러한 성격을 지닌 자들의 초자아는 충동의 표출이 자아(ego)의 확고한 통제 하에 이루어지도록 하지 못함으로써, 그 결과 본능적 유혹에 직면했을 때, 이드(id)의 유혹을 충분히 억제하지 못하게 되어 결국 충동이 마음대로 표출될 수 있게 만든다고 보았다. 비슷한 시기 미국의 정신분석학자인 Coriat은 1927년에 '체질적 정신병질'을 유년기에 형성되는 반사회적 성격으로 기술했고, Patridge(1927)는 사이코패스의 욕구를 구강기의 욕구가 덜 충족된 데(unfulfilled oral needs)서 비롯된 것으로 보았다.45)

철저하게 정신분석학적 관점에서 사이코패스와 범죄행위에 대한 평가가 최초로 수행된 것은 Franz Alexander에 의해서였다. 그는 "전체

---

43) A. Aichorn, Wayward Youth, New York: Viking, 1935, 38-39면 참조. 초판 (1925)을 입수할 수 없어 1933년 판을 참조하였다.
44) Theodore Millon, Erik Simonsen, & Morten Birket-Smith, 앞의 논문, 15면.
45) Theodore Millon, Erik Simonsen, & Morten Birket-Smith, 앞의 논문, 15면.

인격의 정신분석(Psychoanalysis of the Total Personality)"과(1923), "신경증적 성격(The Neurotic Character)"에서(1930) 네 단계의 병리적 측면을 제안하였다. 신경증, 신경증적 성격, 정신병, 진정한 범죄성(true criminality)의 네 단계가 바로 그것이다. 각 단계는 바로 이드(id)의 무의식적 충동을 억제하는 자아(ego)의 능력단계를 반영하는바, 신경증적 단계는 가장 강한 능력을 보이는 반면, 범죄성의 단계는 가장 최하위의 능력을 보이는 단계라는 것이다. 그리고 알렉산더는 '신경증적 성격'이 바로 사이코패스 성격의 토대라고 보았는데, 간단히 말해 사이코패스는 무의식적 동기에 의해 신경증적으로 발생한 충동 때문에 비행을 저지르고 결국은 범법자가 된다는 것이다. 이를 좀 더 이론적으로 설명하려는 시도로서, 그는 1935년 "범죄의 근원(The Roots of Crime)에서 반사회적 행위는 정신내부적 과정(intrapsycic process)과 사회적 힘(social force), 그리고 체질적 성향(constitutional dispositions)들 간의 얽히고설킨 상호작용(inextricable interplay)을 반영하는 것이라고 보았다.46)

Bartemeier(1930), Wittels(1937), Karpman(1941), Fenichel(1945), Friedander(1945), Greenacre(1945), Allen(1950), 그리고 Levy(1951) 등도 알렉산더와 유사하게 반사회적 행동의 발달메커니즘에 대한 원인을 정신내부적 과정과 함께 유소년기 부모와의 관계에서도 찾았다.47)

Wittels(1937)은 '신경증적 사이코패스'와 '단순(simple) 사이코패스'를 구분했던바, 전자는 남근기(phallic stage, 3-6살)에 고착되어(fixated)

---

46) Franz Alexander, Psychoanalysis of the total personality, New York: Nervous and Mental Disease Publications, 1930, 11-15면. 초판(1923)을 입수할 수 없어 1930년 판을 참조함.; Theodore Millon, Erik Simonsen, & Morten Birket-Smith, 앞의 논문, 17면.

47) Theodore Millon, Erik Simonsen, & Morten Birket-Smith, 앞의 논문, 18면.

자신의 양성애적 충동을 두려워하는 반면, 후자는 자신의 양성애를 탐닉한다고 보았다.[48] Karpman(1941) 역시 정신병질을 '특발성(idiopathic) 정신병질'과 '증후성(symptomatic) 정신병질'로 구분하여 전자는 체질적으로 죄책감이 없고(constitutionally guiltless), 타인의 감정에 무감각하며, 탐욕스럽고 공격적인 성향을 보이고, 어떠한 심인성 병력(psychogenic history)도 그러한 행동성향을 설명해 주지 못한다는 점에서 '진정한(true) 사이코패스'인 반면, 후자는 일련의 신경증(neurotics parading)으로 구성돼 있고 그들의 행동은 미해결된 무의식적 장애(unconscious difficulties)에서 비롯된다는 점에서 그것은 알렉산더가 말한 '신경증적 성격'에 유사한 것일 뿐 '진정한 사이코패스'는 아니라고 주장하였다.[49]

저명한 정신분석가인 Fenichel(1945)은 초자아와 이드에 대한 Reich의 설명방식을 따라 '반사회적 충동'과 '신경증적 충동'을 명확히 구분하였고, 또 다른 정신분석가인 Friedlander(1945)는 청소년 사이코패스의 성격구조는 충분히 성숙된 초자아의 규제를 받지 못하고 '쾌락원리(pleasure principle)'의 지배를 받는다는 점을 강조하였다.[50] 사이코패스에 대한 또 다른 정신분석적 설명의 시도로서 Eissler(1949)는 그들의 행동을, 유소년기에 중대하게 손상된 '전능함의 감정(feelings of omnipotence)'을 회복하기 위해 의도된 것으로 보았다. 즉 유소년기에

---

48) Theodore Millon, Erik Simonsen, & Morten Birket-Smith, 앞의 논문, 18면.
49) Wittel과 Karpman의 견해에 대해서는 Theodore Millon, Erik Simonsen, & Morten Birket-Smith, 앞의 논문, 18면 참조. 한편 카프만은 다른 논문에서 '특발성(idiopathic)'과 'primary', 'essential'이라는 표현을 동일시하였고, '증후성(symptomatic)'이란 표현을 'secondary'라는 표현과 병기하기도 하였다. 이 점에 대서는 Ben Karpman, The Myth of the Psychopathic Personality, 104 American Journal of Psychiatry, 1948 참조.
50) Theodore Millon, Erik Simonsen, & Morten Birket-Smith, 앞의 논문, 18면.

부정의와 박탈감을 겪은 아이는 커다란 배신감을 느끼게 되고, 결국 의심 많고, 자아도취적이며, 자기과장적인데다가, 물질추구적이고 위험과 자극을 탐닉하는 성격을 갖게 된다는 것이다.[51)]

정신분석가들이 활동하던 이 시기에 정신분석이 아닌 방법으로, 반사회적 인격에 대해 예리하고 완전한 임상적 성격유형화를 시도한 장본인으로는 H. Cleckley가 있다. 그는 "정상인의 가면(The Mask of Sanity, 1941)"에서 사이코패시 분야의 통일되지 않고 혼란스러운 용어사용의 문제를 해결하기 위해 사이코패시라는 개념체계 하에 점점 더 다양한 정신장애를 포함시키려는 경향을 논박하고자 하였다. 대신 그는 사이코패시의 주된 특성을 부각시키기 위해 '문의성 치매(Semantic Dementia)'[52)]라는 명칭을 사용할 것을 제안하였다. 이는 어떤 말을 해놓고 다른 행동을 하는 경향을 말한다. 그의 주요한 업적으로는 사이코패스의 주된 특징으로서 죄책감의 결여, 충동성, 얕은 감정의 폭, 경

---

51) Theodore Millon, Erik Simonsen, & Morten Birket-Smith, 앞의 논문, 18면. 이 공저자들은 사이코패시에 대한 프로이트적 분석을 중심으로 개념변천사를 다루고 있으나, 융(C.G. Jung)의 분석심리학적 방법에 기초한 정신병질 연구는 빠져 있다. 분석심리학적으로 정신병질의 원인을 다룬 논문으로는 John Edward Talley, A Jungian Point, in: William H. Reid (ed.), *The Psychopath: A Comprehensive Study of Antisocial Disorder and Behaviors*, 1978 참조. 정신병질의 원인에 대한 분석심리학적 원인론에 대해서는 본서 제3장의 Ⅱ를 참조.

52) '문의성 치매'란 '의미치매'라고도 하며, 전두측두엽성치매(Frontotemporal lobar degeneration)의 아형 중 한 형태이다. 전두측두엽성치매란 전두엽이나 측두엽을 침범하는 구소적 뇌엽위축을 보이는 퇴행성 치매를 말한다. 이는 침범부위에 따라 세 가지 임상형태로 나타나며, 행동과 인격변화를 가져오는 전두엽치매, 음성학적, 문법적 오류가 특징적인 실어증, 그리고 마지막으로 '문의성 지식'의 손상으로 진행성 유창성 실어증 형태를 보이는 의미치매(Semantic dementia:SD)가 있다. 이에 대해서는 김돈수·김영대·유승화·김용덕·최영철(건양대학교 의과대학 신경과학교실, 연세대학교 의과대학 신경과학교실), 전두측두엽성 치매의 측두엽 변이형: 의미치매, 대한신경과학회지, 20(1), 2002, 82면 참조.

험으로부터 배울 수 있는 능력의 결여 등을 제시한 것과, 사이코패스가 비단 감옥에서만 발견되는 것이 아니라, 사회적으로 매우 존경받는 자리나 직업군, 예컨대 성공한 사업가, 과학자, 의사, 정신의학자들에게서도 발견된다고 주장한 것이 있다.[53]

4) 20세기 중반의 사이코패시 개념

1951년, 지난 세기의 사이코패시 개념변화에 대해 Cameron과 Margaret은 다음과 같이 평가했다. "오늘날 사회적 일탈행위에 대한 가장 인기 있는 명칭은 저 낡은 개념범주인 '체질적 정신병질적 열성'이라는 것이다. 사람들은 더 이상의 새로운 개념을 언급하려 들지 않는다. 더욱이 행동병리학자들(behavior pathologists)은 정신병질적 행동에 대해 기술하려고 하지 비난하려고 드는 경향이 있다(accusations rather than description). 19세기 정신의학의 이와 같은 가치평가적 태도는 현재 우리의 개념분류에도 영향을 주고 있다. 사이코패스는 범죄와, 착취, 그리고 교화가 불가능하다는 이유로 비난받고 있다."[54] 요컨대 정신병질이 가치중립적이어야 할 정신의학적 진단명이 아니라 법·도덕적 비난의 성격이 강한 명칭으로 사용되는 것에 대한 지적인 것이다. 이는 오늘날에도 한 번 되새겨 보아야 할 만한 지적이라고 볼 수 있을 것이다.

20세기 중반의 주목할 만한 발전으로는 정신과 의사 Georg K. Stürup의 사이코패스의 치료를 위한 진취적 노력을 들 수 있다. 그는 덴마크 Herstedvester 수용소의 장으로 임명되어 30여 년간 그 직을 유

---

53) Hervey Cleckley, The Mask of Sanity, Saint Louis: C.V. Mosby, 1950, 198-199 면 참조. 초판(1941)을 입수할 수 없어 1950년 판을 참조하였다.
54) Theodore Millon, Erik Simonsen, & Morten Birket-Smith, 앞의 논문, 19면.

지하였으며, 그 수용소 내에서 사이코패스 등 인격장애인을 상대로 사회복귀를 위한 치료를 시도하였다. 그 치료의 목적은 수용자로 하여금 자존감과 책임감을 강화시키려는 것이었고, 그는 1968년 "치료불가능한 자들의 치료(Treating the 'untreatable')"라는 책에서 치료에 참가한 자들은 누구나 그들의 노력에 의해 '중요한 것(something)'을 얻었다고 결론지었다.[55]

반사회적 인격이라는 정신의학적 개념에 입각해 사회적/대인관계적(social/interpersonal) 모델을 정립한 사람은 Leary(1957)이다. 그는 "저항을 통한 조절(adjustment through rebellion)"이라는 개념을 통해 여러 인격장애에 나타나는 공통된 동기를 설명하였다. 예를 들어 그가 "불신적인(distrustful)"이라고 분류한 하위범주는 현재 반사회적 인격장애들의 전형적인 목표와 행동이라고 여기는 것과 거의 같다. Leary에 의하면 과거에 거절과 모욕을 겪은 자는 저항적 방어(rebellious protection)를 통해 평온과 보상을 얻게 된다. 이러한 방어기제의 핵심은 관습적인 것에 대한 적대적 거부이다. 즉, 이들은 관습적인 것을 거절함으로써 순종하지 않았다는 자유(rebellious freedom)와 복수했다는 쾌감(retaliatory pleasure)을 얻게 된다는 것이다.[56]

비슷한 시기 Eysenck(1957)은 사이코패스가 "타고난 외향적 기질의 성향(inherited temperamental disposition to extraversion)"을 지녔음을 입증해 주는 증거를 제시하며, '타고난 체질적 성향'이라는 가정에 의존하였고, 반면에 Bandura와 Walters(1959)는 학습이론(learning theory)을 토대로 부모와 자녀간의 역할에 주목하여 '대상성 학습과 강화

---

55) Theodore Millon, Erik Simonsen, & Morten Birket-Smith, 앞의 논문, 19면.
56) Timothy Francis Leary, Interpersonal diagnosis of personality, New York: Ronal Press, 1957, 270면 참조.

(vicarious learning and reinforce)'에 의해 공격적인 사회병질적 행동을 해석하려 하였다. 예컨대 적대적인(hostile) 부모는 그 자녀가 타인과의 반사회적 관계를 형성할 수 있는 지침으로 사용할 수 있는 모델이 될 수 있다는 것이다. 역시 비슷한 시기의 Robins(1966)는 성인에게 나타나는 사이코패시와 반사회적 행동과 청소년기 전력(juvenile antecedents) 간의 관계를 해명하기 위한 경험적 연구를 수행하기도 하였다.[57]

5) 20세기 후반: Bursten에서 Hare까지의 개념

1970년대의 정신분석가인 B. Bursten은 전형적인 사회병질자의 특징은 타인에게 무엇을 강제하고(put something over) 경멸함으로써 (contemptuous of others) 자존감을 북돋우려는 욕구라고 보았다. 그의 시도에서 돋보이는 점은 '반사회적'이라는 꼬리표를 대체해 가치중립적 명칭을 사용하려는 것인데, 그는 그러한 사람들을 '조작에 능한 인격체(manipulative personalities)'라고 칭했고, 사회의 모든 영역, 어디에서나 발견된다고 주장하였다.[58]

1973년 Erich Fromm은 개인적, 문화적 관점에서 가학증의 역할 (role of sadism)에 주목하였다. 가학증에는 성도착(sexual perversion)같은 성적 가학증도 있고, 인간이든 동물이든 힘없는 존재에게 물리적 고통을 가하는 비성적인 가학증도 있다. 그는 남에게 굴욕감을 주고 타인의 감정을 다치게 만드는 정신적 가학증이 육체적 고통을 가하는 물리적 가학증보다 더 만연해 있다고 보면서, 그러나 정신적 고통은 물리적 고통만큼, 어쩌면 그보다 더 강할 수 있다고 주장하였다. 또한

---

57) Eysenck, Bandura와 Walters, Robins의 견해에 대해서는 Theodore Millon, Erik Simonsen, & Morten Birket-Smith, 앞의 논문, 20-21면 참조.
58) Theodore Millon, Erik Simonsen, & Morten Birket-Smith, 앞의 논문, 21면.

그는 모든 가학증에 공통되는 핵심은 살아있는 존재를 절대적, 무제한
적으로 지배하려는 욕구이며 대부분의 가학증은 악의적(malevolent)이
라고 보았다. 그는 개인의 인격은 체질적으로 주어진 경향과 같은 개
인적 요인은 물론 종교와 도덕철학적 전통, 그리고 사는 도시의 크기
와 같은 문화적 요인의 영향도 받는다고 하면서, 가학증의 발달과 중
상도 역사적이고 사회적인 영향 하에 있는데, 예컨대 어떤 사회집단은
가학증적 잔혹함을 강화시키는 경향이 있다고 주장하였다.59)

비슷한 시기의 Otto Kernberg(1970)은 반사회적 인격을 그 반사회
적 측면에서 가장 심한 증상부터 가장 경한 증상에 이르기까지 네 가
지의 위계구조를 제안하였다. 그에 따르면 모든 반사회적 인격자들은
자기애적(narcissistic) 인격과, 도덕성의 인식에 있어 비정상적인 병리현
상(unusual pathology)을 보인다고 한다. 한 마디로 초자아의 기능에 문
제가 있다는 것이다. 특히 그는 악의적인 자기애(malignant narcissism)
라는 증후군에 주목했는데, 이러한 인격은 '자기애적 정신장애', '반사
회적 행동', '타인 및 자신에 대한 자아동질적(ego-syntonic) 공격성 또
는 가학증', 그리고 '강한 편집증적 성향'으로 특징지을 수 있다고 주
장하였다.60)

역시 비슷한 시기의 Millon(1969)은 '발달적 학습(developmental
learning)61)'과 '심리역동(psychological dynamics)'에 기초해 반사회적
행동을 설명하려 시도하였다. 그는 이러한 인격을 지닌 자들의 특징으
로 기질적으로 적대성을 띠고, 자존심이 강하고 자기 과시적이며

---

59) Erich Fromm, The anatomy of human destructiveness, New York: Holt, Rinehart
& Winston, 1973, 283, 289면과 296-297면, 그리고 333면 참조.
60) Theodore Millon, Erik Simonsen, & Morten Birket-Smith, 앞의 논문, 24면.
61) 발달적 학습이란 인지적 발달의 정상적 과정의 일부로 나타나는 학습을(as a
normal part of cognitive development) 말한다.

(self-assertive), 감정의 결핍(unsentimentality)을 나타낸다는 점을 들었다. 또한 분노를 자주 표출하며, 타인에게 굴욕을 주고 남을 지배함으로써 만족감을 느끼는데다 위험을 감수하려는 조급성이 있어서 징벌의 위협에 직면해서도 두려움이 없다는 점 등을 들었다. 밀런의 작업은 DSM-III가 채택한 '반사회적 인격'62)이라는 명칭에 주된 기초가 되었다는 점에서 그 의의가 있다고 한다.63)

1986년 Hare는 '정신병질적 인격'이라는 Cleckley의 개념체계를 도입하여 사이코패시 진단목록인 PCL(Psychopathy Checklist)와 그 개정판인 PCL-R(Revision)을 개발했다. 이 작업에서 두 개의 상호 관련된 요소들이 등장했는데, 첫 번째 요소는 이기성, 자기중심성, 후회나 공감의 결여와 같은 자기애적 인격의 측면과 유사한 요소들을 나타내고, 두 번째 요소는 유소년기 비행, 충동성, 잦은 범행 등과 같은 반사회적 생활방식과 연관되어 있다. 헤어의 작업은 사이코패스적 생활방식의 두 가지 주된 특성과 관련해서 Kernberg와 Millon의 견해를 지지해 주는 듯 보인다. 우선 Millon의 견해를 대변해 주는 점으로는, 자기애적 인격장애자의 자기중심적 측면에서는 '수동적 방식으로', 그리고 반사회적 인격장애자의 자기중심적 측면에서는 '능동적 방식으로' 타인에 대한 배려(concerns)가 결여되어 있다는 점을 들 수 있다. 또한 헤어의 작업은 반사회적 인격장애자와 자기애적 인격장애자 모두 본질적이고 주요한 특징을 공유한다는 Kernberg의 입장을 잘 반영해 주고 있다.64)

이전에도 많은 연구자들에 의해 반사회적 성격장애의 생체적

---

62) DSM-III에 대해서는 본서 제3장 IV-1의 '미국정신의학협회 진단 및 통계편람'의 탄생 배경을 참조할 것.
63) Theodore Millon, Erik Simonsen, & Morten Birket-Smith, 앞의 논문, 23면.
64) 헤어의 작업에 대한 이러한 평가로는 Theodore Millon, Erik Simonsen, & Morten Birket-Smith, 앞의 논문, 26면 참조.

(biogenic) 원인이 탐구되어 왔으며, 20세기 후반에 이르러 생물학적 이론가들이 그러한 성격장애의 잠재적 기질(substrate)을 연구해 오고 있다. Siever 등은(1985) 반사회적 성격장애의 원인으로 '피질각성저하 (lowered cortical arousal)'와 '다양한 자극에 대한 탈억제적 운동반응 (disinhibited motoric responses to a variety of stimuli)'을 제시하였고, Cloninger(1987)은 신경생물학적 요인으로서 그들의 기본적 반응특성 (basic response characteristics)이 높은 엽기성향(novelty seeking)과 낮은 위험회피성향, 그리고 낮은 보상의존성(reward dependence) 등으로 구성되며, 이러한 반응특성의 조합은 곧 충동성과 공격성, 적대적이고 기회주의적인 행동과 결합된다고 주장하였다.

20세기 후반 주목할 만한 또 다른 연구로는 미국 보건당국과 덴마크 정부 간의 협동연구가 있다.[65] 그 중 주목할 만한 연구로 Schulsinger (1972)는 사이코패시를 겪고 있는 입양(adoption)에 의한 양자들과 사이코패스가 아닌 양자들을 비교하였는데, 사이코패스인 양자들의 친부모들(biological relatives)이, 그들의 양부모들(adoptive relatives)보다 2배나 많이 사이코패시를 겪는다고 보고하였다. Mednick 등도 여러 연구를 통해(1977, 1996) 범죄의 유전적 요인 및 사이코패시와 범죄의 상관성을 연구하였다. 역시 양자 표본들의 범죄성에 대한 연구를 바탕으로 그들은 유전적 요인과 환경적 요인이 모두 중요하다고 결론지었다. 왜냐하면 양부모와 친부모의 범죄경력은 둘 다 자녀들에게 영향을 미치는 것으로 나타났기 때문이다. 다만 연구결과 친부모의 범죄력이 보다 중요한 영향력을 지니는 것으로 보고되었다.[66]

---

65) 이하 20세기 후반의 사이코패시 연구동향에 대해서는 Theodore Millon, Erik Simonsen, & Morten Birket-Smith, 앞의 논문, 27-28면 참조.
66) 이러한 결론은 헤어가 사이코패시의 원인에 대해 취하고 있는 견해와도 유사하

3. 정신병질(Psychopathy)의 발병원인

사이코패시의 원인론에 대해서는 제3장에서 상세히 다루었기 때문에 여기서는 간단히 주요한 내용만 다시 확인해 보기로 한다.

사이코패시의 원인에 대해서는 "선천적인 본성에서 비롯된다"는 학설과 "후천적으로 길러진다"는 학설이 있지만, 이 두 가지 요인이 복합적으로 작용하여 발생한다는 것이 오늘날 일반적인 견해로 보인다.[67] 최근 유력하게 제시되고 있는 몇 가지 견해를 간단히 논급하자면 다음과 같다.[68]

먼저 가정·환경적 원인론에 의하면 유년기에 부모로부터 요구를 거부당했을 때 겪게 되는 신경 기능의 훼손[69]과 이를 더욱 악화시키는 주변 환경, 그로 인한 정서적 박탈이 바로 사이코패시의 원인이 된다고 한다.[70] 관련된 이론으로는 '애착장애 이론'이 있다. 이는 간단히

다. 헤어의 견해에 대해서는 본서 제3장의 I 참조.

67) 이러한 입장의 대표적 최신문헌으로 Martha Stout/김윤창 역, 앞의 책, 192면 이하 참조. Martha Stout은 임상 심리학자이며(a clinical psychologist), 하버드 의과대학 정신의학과 심리학 강사로 활동 중이다. 역시 동일한 입장으로는 Robert D. Hare, 앞의 책, 165면 이하와 Charles Fischette, 앞의 논문, 1433면, 그리고 Adrian Raine & Yaling Yang, "The Neuroanatomical Bases of Psychopathy(사이코패시의 신경해부학적 기초)", 법무부·여성가족부·국가청소년위원회·한국심리학회 공동주최, 「성범죄자에 대한 치료사법적 대안모색」, 2007, 90면 참조.

68) 사이코패시의 원인론에 대한 보다 상세한 논의로는 안성조, 사이코패시의 원인론, 그 형사정책적 함의, 정온 이영란교수화갑기념논문집, 한국형사법학의 오늘, 2008, 946~964면 참조.

69) 예컨대 부모로부터 방임되거나 학대받은 유아는 보통 지능이 떨어지고, 우울증, 행동장애, 산만함, 폭력성향, 자기통제의 어려움 등을 겪게 될 위험이 높다. 이점에 대해서는 Robert D. Hare, 앞의 책, 170면 참조.

70) William McCord & Joan McCord, The Psychopath: An Essay on the Criminal Mind vii, 1964, 91면.

말해 영아기에 부모 또는 양육자와 애착이나 유대관계 등의 심리적 결속이 이루어지지 못하면 사이코패시가 유발될 수 있다는 것이다.[71]

사이코패시의 원인을 거시적인 사회구조 및 문화적 영향력에서 찾는 견해로서 Martha Stout은 사이코패시에 미치는 환경적 영향은 자녀 양육의 여러 요인들보다는 폭넓은 문화적 특성들에서 더 확실하게 찾을 수 있다고 한다.[72] 예컨대 Joel Paris는 강력하고 권위적인 부권(父權)과 긴밀한 가족적 유대가 결합된 문화는 사이코패시 유병률을 저하시키고, 그 반대의 문화적 특성은 이를 증진시킨다고 보고, 제2차 세계대전 이후 서구에서 사이코패시 유병률이 증가한 원인을 전통적 가족제도의 붕괴에서 비롯된 것이라고 분석한다.[73]

한편 선천적 원인론의 하나로서 사회생물학에서는 사이코패시란 정신의학적 장애가 아니라 유전에 기초한 특수한 번식전략의 하나라고 본다.[74] 또한 다양한 방식의 연구결과들에 의하면 뇌의 전두엽 기

---

71) 많은 경험적 증거에 의하면 애착장애를 겪는 아이들은 충동적이고 냉정하며 폭력적이라고 한다. 사이코패시의 특성과 애착장애의 증상의 유사성에 착안해 애착장애가 곧 사이코패시의 원인이라고 보는 것이다. 이 점에 대해서는 Martha Stout, 김윤창 역, 앞의 책, 205~208면.

72) Martha Stout/김윤창 역, 앞의 책, 210면. 이러한 입장에서는 사이코패시의 유병률(prevalence)이 영어권 국가들은 3.2%로 유사한 데 반해, 중국과 일본 등 동아시아 문화권은 0.14%로 매우 낮아 문화·지역적으로 현저한 차이가 있다는 사실에 주목한다. 이 점에 대해서는 Charles Fischette, 앞의 논문, 1435면 참조.

73) Joel Paris, "A Biopsychological Model of Psychopathy", 1 Psychopathy, 1998, 281면 참조.

74) 사회생물학자들에 의하면 삶에 있어 우리의 주요한 임무 가운데 하나는 번식을 통해 유전자를 다음 세대로 전달하는 것이다. 사이코패스는 이를 위해 적은 수의 자녀를 낳아 자녀들이 성공적으로 살아남을 수 있도록 주의 깊게 양육하기보다는 어떻게든 많은 수의 자녀를 두어 그들을 방치하거나 포기하더라도 그 중 일부가 살아남을 수 있도록 하는 극단적인 방식의 특수한 전략을 고수하는 사람들이라고 한다. 이러한 입장으로는 J. MacMllan & L.K. Kofoed, "Sociobiology and

능장애도 정신병질의 발병에 영향을 주는 것으로 알려져 있다.[75]

이밖에도 사이코패스의 뇌구조가, 그 원인이 밝혀지지는 않았지만, 비정상적으로 느리게 성장하기 때문이라는 생물학적 가설이 있다.[76] 일부 연구자들은 사이코패시가 발달지체(developmental delay)와 유사하다고 주장하기도 한다.[77]

이상 논급한 원인론들은 어느 것도 결정론적으로 사이코패시의 발병을 완전하게 설명해 주지는 못한다는 근본적인 한계를 지니고 있다.[78] 따라서 전술한 바와 같이 사이코패시는 선천적인 생물학적 요인과 후천적인 사회·환경적 요인이 상호작용해 나타난 결과로 보는 것이 타당할 것이다.[79] 다만, 사이코패시는 가정환경이나 사회문화적 환

---

antisocial behaviour", *172 Journal of Mental and Nervous Diseases*, 1984, 701-706면; H.C. Harpending & J.Sobus, "Sociopathy as and adaptation", 8 *Etiology and Sociobiology*, 1987, 63~72면 참조.

75) 많은 임상연구에 의하면 전두엽 기능장애를 지닌 사람은 극도의 반사회적 행동을 하고, 목표 설정이 부족하며, 자아인식이 제한된다고 한다. 이들의 유사성에는 장기적인 계획성의 부족, 욕구를 참아내는 인내력 결핍, 피상적 감정처리, 과민반응, 공격성, 사회적으로 부적절한 행동, 충동성 등이 포함된다. 특히 Lykken은 전두엽 기능장애 환자는 일반적으로 사이코패시와 매우 유사한 이상성격을 지닌다는 것은 의심의 여지가 없다고 주장한다. David T. Lykken, *The Antisocial Personalities*, 1995, 178면. 한편 전두엽 장애가 있는 쥐와 사이코패스를 비교해 이러한 결론에 도달하고 있는 견해로 E.E. Gorenstein & J.P. Newman, Disinhibitory Psychopathology: "A New Perspective and a Model for Research", *87 Psychological Review*, 1980, 301면 참조. 헤어도 이 견해를 지지하는 것으로 보인다. Robert D. Hare, David J. Cooke, & Stephen D. Hart, "Psychopathy and Sadistic Personality Disorder", in: Theodore Millon, Paul H. Blaney & Roger D. Davis, *Oxford Textbook of Psychopathology*, Oxford Univ. Press, 1999, 568면 참조.

76) Robert D. Hare, *Psychopathy: Theory and Research*, 1970 참조.

77) R. Kegan, "The child behind the mask", in: W.H. Reid, D. Dorr, J.I. Walker, & J.W. Bonner Ⅲ (eds.), *Unmasking the psychopath*, 1986 참조.

78) 이 점에 상세한 논증으로는 Robert D. Hare, David J. Cooke & Stephen D. Hart, 앞의 논문, 567~572면과 안성조, 앞의 논문(각주 68), 964~966면 참조.

경 등의 후천적 요인보다는 유전적·생물학적 요인이 직접적으로 작용
해 발병된다고 보는 것이 현재의 지배적 견해로 보인다.[80) 실제로 경
험적 연구결과를 보더라도 반사회적 인격장애[81)의 발병에 있어서 유
전이 중대한 역할을 한다는 사실은 확실한 증거가 있을 뿐만 아니
라,[82) 다수의 유전율 연구는 사이코패시가 어느 정도 유전의 영향을
받는다고 보고하고 있고, 거의 50%가량 유전적으로 결정된다는 연구
결과도 있다.[83) 특히 정신병질은 생물학적으로 볼 때, 뇌의 전두엽, 그
중에서도 전전두엽(prefrontal lobe) 기능의 이상으로 인해 발생하는 것
이라는 연구결과는 이미 널리 알려져 있는 사실이다.[84) 이상의 연구결

---

79) Robert D. Hare, 앞의 책, 166면과 173면 참조.
80) 이에 대해 정면으로 반박하는 견해는 찾아볼 수 없다.
81) 사이코패시와 미국정신의학협회의 정신장애 진단 및 통계편람에서 사용하는 '반
    사회적 인격장애(antisocial personality disorder:APD)'가 동일한 개념은 아니다.
    많은 사이코패스가 반사회적 인격장애를 겪기는 하지만 모든 반사회적 인격장애
    자가 사이코패스인 것은 아니기 때문이다. 이에 대한 상세한 개념구분으로는
    Robert D. Hare, 앞의 책, 23~25면 참조. 정신장애 진단 및 통계편람에 대해서는
    제3장의 각주 140) 참조.
82) Petter McGuffin & Anita Thapar, "Genetics and Antisocial Personality Disorder",
    1 Psychopathy, 1998, 215면 참조.
83) 이러한 유전율 연구에 대한 상세한 소개로는 Martha Stout/김윤창 역, 앞의 책,
    193~196면. 사이코패시가 80% 이상 유전적으로 결정된다는 연구도 있다.
    Barbara Oakley/이종삼 역, 나쁜 유전자(Evil Genes), 2008, 72면 참조. 사이코패
    스의 유전적 관련성에 대한 보다 주의 깊은 연구논문으로는 William H. Reid,
    Genetic Gorrelates of Antisocial Syndromes, in: William H. Reid (ed.), The
    Psychopath: A Comprehensive Study of Antisocial Disorders and Behaviors,
    1978, 244~255면 참조.
84) 이를 전뇌가설(frontal brain hypothesis)이라 하며, 이를 지지해 주는 Adrian
    Raine & Yaling Yang, 앞의 논문, 87면. 관련하여 참고할 문헌으로 Adrian Raine
    & Todd Lencz & Susan Bihrle & Lori LaCAsses & Patrick Colletti, "Reduced
    Prefrontal Gray Matter Volume and Reduced Automatic Activity in Antisocial
    Personality Disorder(반사회적 인격장애에서 전전두엽 회백질 부피의 감소와 자

과들은 사이코패시의 생물학적 원인론을 지지해 준다.[85]

요컨대 사이코패시의 직접적 발병원인은 선천적인 생물학적인 요인에 있으며,[86] 환경적 요소는 부차적이고 제한적인 역할만을 한다고 보는 것이 타당할 것이다.[87]

III. 사이코패스의 형사책임능력

1. 책임능력의 판단의 두 요소

책임은 본질은 비난가능성이다.[88] 즉 행위자가 법규범 준수여부를 자유롭게 선택할 수 있는 능력과 공정한 기회를 갖고 있음에도 불구하고 법규범을 위반한 데 대한 비난가능성이 책임인 것이다.[89] 그렇다면

율신경계 활동의 감소)", 법무부·여성가족부·국가청소년위원회·한국심리학회 공동주최, 「성범죄자에 대한 치료사법적 대안모색」, 2007, 100면 이하.

85) Adrian Raine & Yaling Yang, 앞의 논문, 88면 참조.

86) 광범위한 자료를 통해 사이코패시의 발병원인이 유전적·생물학적 요인에 있음을 입론하고 있는 최신 문헌으로는 Barbara Oakley/이종삼 역, 앞의 책, 62면 참조.

87) 그러나 환경적 요인이 생물학적 요인만큼 중요한 역할을 한 사례가 있음에 유의할 필요가 있을 것이다. 예를 들어 큰 철못이 머리를 관통한 스페인의 한 남자는 전두엽이 손상되었지만, 그를 지지하는 가족들과 따뜻한 환경으로 인해 60년이 넘도록 반사회적 행동이나 범죄행동을 저지른 적이 없다는 연구보고가 있다. 이 사례에 대한 소개로는 Adrian Raine & Yaling Yang, 앞의 논문, 90면 참조.

88) Hans-Heinrich Jescheck & Thomas Weigend, *Lehrbuch des Strafrechts*, Allgemeiner Teil, 1996, 404면.

89) Joshua Dressler, "Reflections on Excusing Wrongdoers: Moral Theory, New Excuses and the Model Penal Code", *19 Rutgers Law Journal*, 1988, 701면; Peter Arenella, "Character, Choice, and Moral Agency: The Relevance of Character to our Moral Culpability Judgement", *Social Philosophy and Policy*, Spring 1990, 59~60면.

책임능력은 "책임비난이 가능한 행위자의 능력"이라고 정의될 수 있을 것이다.[90]

형사책임능력은 생물학적 요소와 심리적 요소로 구성된다. 우리 형법상 생물학적 요소는 심신장애를 뜻한다. 그런데 심신장애가 구체적으로 어떤 증상을 지칭하는 것인지는 명확하지 않다.[91] 다만 판례는 심신장애사유로 정신병, 정신박약, 심한 의식장애 기타 중대한 정신이상 상태, 그리고 성격적 결함을 인정하고 있다.[92] 현재 사이코패시가 심신장애사유가 될 수 있는지에 대해 명확한 입장은 찾아볼 수 없다. 다만 성격장애에 대한 판례의 입장에 비추어 볼 때, 중증의 사이코패시는 심신장애로 인정될 여지가 있을 뿐이다. 그러나 중증의 사이코패시가 아니라 하더라도 사이코패시는 심신장애사유로 인정되어야 한다고 본다. 그 이유는 사이코패시가 생물학적 원인에서 발병하며, 이로 인해 의사결정능력에 심각한 장애를 겪게 되기 때문이다. 이하에서는 사이코패시가 심신장애사유에 해당한다는 전제 하에[93] 사이코패스의 의사결정능력을 중심으로 책임능력판단의 심리적 요소를 갖추고

---

90) 이러한 설명으로는 한정환, 앞의 논문, 76면 참조. 보다 구체적으로 책임능력을 규범을 이해하고 그에 따라 행위를 조종할 수 있는 '유책행위능력'인 동시에 형벌을 통해 그 목적을 달성하기 적당한 능력, 즉 형벌에 의해 사회에 적응할 수 있는 '형벌적응능력'이라고 보는 입장으로는 정규원, 형법상 책임능력에 관한 연구: 판단기준을 중심으로, 서울대 석사학위논문, 1997, 44-48면 참조.

91) 김형준, 충동조절장애자의 책임능력, 중앙법학 제9집 제2호, 2007, 233면 참조. 한정환, 앞의 논문, 74면.

92) 대법원 1992.8.18, 92도1425.

93) 캐나다의 경우 사이코패시는 책임무능력 인정(insanity acquittal)이 가능한 '정신질환(disease of the mind)'으로 일반적으로 받아들여지고 있으며, 영국의 정신보건법(Mental Health Act of 1983)도 사이코패시를 법적 정신장애 범주(legal category of mental disorder)에 포함시키고 있다. 이 점에 대해서는 Grant T. Harris, Tracy A. Skilling & Marine E. Rice, "The Construct of Psychopathy", *28 Crime & Justice*, 2001, 237면 참조.

있는지를 검토해 보고자 한다.

2. 사이코패스의 책임능력 긍정론

본고의 제3장에서 이미 우리는 사이코패스의 책임능력 긍정론과 부정론을 살펴본 바 있다. 본 장에서는 이를 보다 상세히 소개해 보고 긍정론과 부정론을 비판적으로 검토하기로 한다.

1) 정신병과의 구분론

오늘날 사이코패스의 형사책임능력에 대해서는 이를 긍정하는 것이 지배적 견해이다.[94] 긍정론에서는 사이코패스는 단지 평균인의 기준에서 다소 치우친 이상인격자이기 때문에 사이코패스에게는 평균적인 사람들과 마찬가지로 성격의 이상성을 억제하고 교정할 의무가 있다고 본다. 대표적으로 슈나이더는 "정신박약자는 본래 통찰력이 결여된 자이지만, 사이코패스는 이에 반해 통찰한 바에 따르는 능력에 관한 문제라는 점이다. 바보에게는 그 이상 영리하기를 바랄 수는 없으나 위험한 경향을 가진 인간에게는 그가 그러한 경향을 억제하고 그 경향을 행동으로 옮기지 않을 것을 요구할 수 있을까. 어쨌든 그것은 요구되고 있으며 또 그것이 모든 기초다"라고 주장하였던바, 사이코패스에게는 사물변별능력이 있고, 따라서 올바른 행동을 하도록 요구할 수 있다는 것이다. 아울러 슈나이더 등의 하이델베르크 학파에서는 정

---

94) 김상준, 앞의 논문, 일곱째 면 참조. 김선수 교수에 의하면 사이코패스의 책임능력을 긍정하는 것이 독일의 슈나이더를 중심으로 하는 하이델베르크 학파의 견해이며, 지배적 견해라고 한다. 이 점에 대해서는 김선수, 앞의 논문, 218면 참조.

신병은 물질적 기초를 가진 질병이라는 전제를 고수하고 있었으므로 예컨대 뇌 속의 신경전달물질인 도파민 이상분비로 인한 정신분열병 등은 정신병으로 보아 책임무능력을 인정하는 반면, 신경증이나 사이코패스는 그러한 물질적 기초가 없으므로 완전한 책임능력을 인정해야 한다는 입장을 취하고 있다.[95]

2) 공리주의(Utilitarianism) 논변

공리주의란 "최대다수의 최대행복"을 옹호하는 윤리 이론이다. 공리주의 논변에 따르면 사이코패스의 책임능력이 부정되어서는 안 되고, 오히려 책임이 가중되어야 한다고 본다. 많은 연구자들에 따르면 사이코패스는 수감 혹은 치료 후에도 변하지 않으며, 즉 치료나 교화가 불가능한 것으로 알려져 있다.[96] 이러한 경험적인 증거가 뒷받침되는 한, 형사정책적으로 볼 때, 치료와 교화가 불가능한 사이코패스의 위협으로부터 공동체의 안전과 보호를 위해서는 사이코패스의 책임능력을 부정해서는 안 되며, 오히려 사이코패시는 형을 가중하는 사유로 양형 시 고려되어야 한다고 주장한다. 그것이 곧 최대다수의 최대행복을 구현하는 합리적 방법이라는 것이다.[97]

---

95) 슈나이더의 견해와 하이델베르크학파의 입장에 대한 설명으로는 김선수, 앞의 논문, 218면 참조. 반면 E. Kretchmer를 중심으로 하는 Tübingen 학파에서는 사이코패시가 정신병과 질적으로 다르다고 보는 하이델베르크 학파와는 달리 정신병은 사이코패시는 정신병과 정상의 경계에 있으며 이는 양적 차이에 불과하다고 본다고 한다. 이 점에 대해서는 노용우, 앞의 논문, 69면 참조.

96) Grant T. Harris, Tracy A. Skilling & Marine E. Rice, 앞의 논문, 239면; Robert Schopp etal., "Expert Testimony and Professional Judgement Psychological Expertise and Commitment as a Sexual Predator After Hendricks", 5 *Psychology, Public Poicy & Law*, 1999, 137면 참조.

97) Christina Lee, "The Judicial Response to Psychopathic Criminal: Utilitarianism

3) 법문화(legal culture) 논변

Stephen J. Morse에 의하면 '정신의 비정상성(mental abnormality)'이나 '인격장애(personality disorder)'를 책임능력 제한조건으로서 그러한 이상성과 장애로 인해 범죄 성벽(propensity)이 초래된다는 '인과적 연결고리 기준(causal link standard)'이나 '통제불능한 충동(uncontrollable urges)'이란 기준은 모두 객관적 표지가 될 수 없고 모두 거부되어야 한다고 주장하면서, 그보다는 '합리적 능력의 결여(lack of rational capacity)'라는 기준이 채택되어야 한다고 논증한다. Morse에 따르면 인과적 연결고리 기준은 '너무 포괄적(over-inclusive)'이어서 올바른 기준이 될 수 없다고 한다. 비정상성과 이상인격이 '인과적'으로 작용하여 행위자의 합리적 판단능력을 저해시킬 수는 있겠지만, 이는 정상인의 피로와 스트레스가 '인과적으로' 합리적 판단능력을 저해시켜 범죄가능성을 높이더라도 그것만으로는 책임능력을 제한할 수 없는 것과 마찬가지로 행위자의 책임능력을 제한하기 위한 충분조건이 될 수 없다고 한다. 또한 가난이 일부 특정한 범죄를 일으키는 위험요소(risk factor)가 된다는 양자 간의 긴밀한 관련성은 널리 알려져 있지만, 그렇다고 해서 가난함 그 자체가 가난한 범죄자를 책임무능력자로 만들어 준다고 보는 것은 부당하듯이 비정상성과 인격 장애가 범죄성벽에 '인과성'이 있다는 이유만으로는 책임무능력 사유가 된다고 보기는 힘들다는 것이다. 한마디로 모든 범죄충동과 범행에는 원인이 있고, 비정상과 이상인격은 그러한 원인의 하나일 뿐이라는 것이다.[98]

---

over Retribution", *31 Law and Psychology Review*, 2007, 134~136면 참조.

98) Stephen J. Morse, Uncontrollable Urges and Irrational People, *88 Virginia Law Review*, September. 2002, 1037~1045면. 모스는 장황하게 논증하고 있지만 어찌 보면 이는 당연한 결론이다. 간단히 말해 정신병자라고 모두 범죄를 저지르는 것

또한 Morse는 "저항할 수 없고, 통제불능한 충동(irresistible, uncontrol-lable urges)"은 설령 그것이 존재한다고 하더라도 매우 주관적이고 과학적 측정과 객관적 입증이 불가능한 개념표지이므로 형사책임능력 유무의 판단에는 무용한 기준이라고 논증한다.[99]

모스는 위 두 가지 판단기준을 대체하여 '합리적 능력의 결여'라는 판단기준을 도입할 것을 제안한다. 모스에 의하면 오로지 '합리성의 결여'만이 형사미성년자, 정신장애, 정신병, 극도의 흥분과 피로감 등의 책임능력 제한사유를 설명해 줄 수 있다. 합리성의 결여는 책임능력 제한조건으로서 널리, 일상적으로 받아들여지고 있는바, 합리성의 일상적이고 상식적인 의미는 올바른 인식능력과 도구적 추론능력(reason instrumentally), 행위평가능력, 비교형량능력(weigh appropriate considerations)과 아울러 적절한 정서적 반응능력(appropriate emotional responses)까지도 포함한다. 비록 현재까지도 합리성에 대한 법적, 도덕적, 철학적, 행동과학적으로 합의된 정의가 존재하지는 않지만 그렇다고 이 상식적이고 일상적인 개념을 법적 책임능력판단 기준으로 포기할 필요는 없다고 한다. 왜냐하면 그러한 명확한 정의 없이도 우리는 어린이나 정신병자의 책임능력을 판단하는 데 아무런 어려움을 느끼지 못하기 때문이다. 요컨대 책임능력 제한조건은 합리성의 결여이지 결코 인과적 연결고리 기준이나 통제불능한 충동 등의 '통제력 문제(control problem)'이 아니라고 한다.[100]

모스는 일반적으로 사이코패스에게는 공감능력, 죄책감, 그리고 후

은 아니듯이, 사이코패스라고 모두 범죄자는 아니기 때문이다. 즉, 사이코패스라고 모두 책임무능력자라고 볼 수 없다는 점에서 그의 주장은 온당하다. 단, 사이코패시가 생물학적 심신장애사유도 될 수 없다는 취지는 아니라고 본다.

99) 본서의 서론과, Stephen J. Morse, 앞의 논문, 1054~1063면 참조.

100) Stephen J. Morse, 앞의 논문, 1064~1068면.

회심이 결여돼 있음을 인정한다. 사이코패스는 사물변별능력이 있고 도덕과 법규범을 알고 있으며, 도구적 합리성은 있다고 본다. 아울러 그들은 도덕성을 인식은 하지만 그에 의해 행동을 지도받지는 않으며 그들은 오로지 처벌에 대한 두려움(fear of sanction)에 의해서만 행동이 통제된다고 한다. 모스에 따르면 사이코패스에게 결여된 공감능력, 죄책감, 후회심 등의 정서적 능력은 타인에게 해악을 끼치지 않도록 하는 최상의 동기유발 근거(best reasons and motivation)가 된다고 한다. 그리고 대부분의 시민들에게 있어서 양심과 공감능력은, 형사처벌에 대한 두려움보다도 위법한 행위를 억제하도록 만드는 최고의 강력한 예방법(prophylaxes)이 된다고 본다. 그런대 만일 행위자에게 이러한 능력이 결여되어 있다면, 모스의 이론구성에 의하면, 그 행위자는 합리성이 결여된 것이고 따라서 책임능력을 제한해야 할 것이다. 그러나 모스는 사이코패시를 면책조건(excusing condition)에서 제외하고 있는 미국의 모범형법전(Model Penal Code)의 규정에 비추어 볼 때, 양심과 공감능력의 결여는, 설령 그로 인해 행위자가 위법행위를 하게 되었다 하더라도 책임능력의 제한조건이 되지 못한다고 본다. 즉, 미국의 법문화(in our legal culture)에서 사이코패시는 책임능력을 제한할 수 있는 유망한 규범적 근거가 아니라는 것이다(psychopathy is not a promising normative ground for non-responsibility).

4) 공감능력 결여와 도덕적 판단능력의 무관성 논변

사이코패스의 책임능력을 부정하거나 최소한 제한해야 한다는 논변은 주로 그들에게는 도덕적 판단능력에 요구되는 공감능력이 결여되어 있다는 점을 지적한다.[101] 공감능력이 부족해 진정한 도덕적 이해력(true moral understanding)이 결여된 자들은 나쁜 행위가 무엇인지를 진실로 이해하지 못하고, 단지 형식적 수준에서만 불법과 부도덕을 인지할 수 있다는 것이다. 이 논변에 의하면 바로 사이코패스가 그러한 자들이며, 도덕적 책임과 법적 책임이 동일한 것은 아니지만 도덕적 무능력은 분명 법적 책임능력의 판단에도 일정한 영향을 줄 수 있다고 본다(이른바 "공감능력 논변"). 이에 대해 Maibom은 다음과 같은 반론을 제시하였다.

우선 다양한 임상실험결과를 토대로 사이코패스는 공감능력이 부족한 것이지(deficient) 결여된 것은 아니라는(not absent) 점을 지적한다. 즉, 사이코패스도 타인의 고통에 대해, 정상인만큼은 아니더라도 일정한 부정적 반응을 보일 수 있다는 것이다.[102] 물론 어떠한 사이코패스는 공감능력이 완전히 결여되어 있으며 따라서 법적 책임능력도 없다는 주장이 있을 수 있다. 그러나 타인의 고통에 대한 일차적 사이코패스와 이차적 사이코패스[103]의 공포/스트레스 반응 실험은 공감능력의 결여가 도덕적 판단능력과는 무관하다는 점을 입증해 준다고 한다. 이차적 사이코패스는 일차적 사이코패스보다 더 폭력적인 것으로 알려져 있다. 그런데 위 실험에 의하면 일차적 사이코패스가 아닌 이차적 사이코패스가 공포와 스트레스에 대해 약해지지 않은(unimpaired) 반응을 보였다.[104] 즉, 더 폭력적인 사이코패스가 타인의 고통에 더 온

---

101) 제3장의 사이코패스의 형사책임능력 부분과 본장의 사이코패스의 책임능력 부정론 부분 참조.

102) Maibom은 심지어 테드번디 조차 미약하나마 공감능력이 있었다고 한다. Heidi L. Maibom, The Mad, the Bad, and the Psychopath, *Neuroetics*, 2008, 172면 참조.

103) 일차적 사이코패스(primary psychopath)와 이차적 사이코패스(secondary psychopath) 의 개념에 대해서는 본고 제3장의 각주 23) 참조.

104) 위 실험에 대해 Maibom은 C. Patrick, Getting to the heart of psychopathy, in:

전한(intact) 반응을 보인다는 것이다. 이 실험결과는 타인의 고통에 대한 공감적 반응(empathic responses)의 결여가 사이코패스를 부도덕하게(폭력적으로) 만든다는 "공감능력 논변"을 논박한다고 마이봄은 주장한다. 다시 말해 공감능력이 결여된 것은 일차적 사이코패스인데, 더 부도덕하고 폭력적인 성향을 띠는 것은 이차적 사이코패스이기 때문이라는 것이다.105)

다음으로 그는 "공감능력 논변"에 의하면 공감능력은 행위의 도덕적 성격을 이해하는데 있어서 본질적인 역할을 해야 하나 실제로 많은 경우 그렇지 못하다는 점을 지적한다. 예를 들어 우리는 "타인을 해쳐서는 안 된다"는 도덕적 명제를 이해함에 있어서 '공감능력'이 아닌 '더 높은 권위'에 호소하는 정당화를 따르는 경우가 있다는 것이다. 예컨대 남을 해치는 것은 단지 신이 금지하기 때문에 나쁘다고 믿을 수도 있으며, 힌두 개념인 다르마(dharma)처럼 실정법보다 상위의 종교적 법규에 의해서 타인에 대한 폭력의 금지가 정당화될 수도 있다는 것이다.

끝으로 일정한 경우 규범을 따르는 행위는 공감능력에 기초한 판단보다는 왜 그것이 가치 있는 행위인지에 대한 이미 존재하고 있는 사고나 관념에 의거하는 경우도 있다고 한다. 예컨대, 여성할례(female genital mutilation) 규범이 있는 나라에서는 소녀들이 할례를 받지 않으면 안 된다고 생각할 것이다. 그런 문화권에서 그 소녀의 모친은 만일 할례를 시키지 않으면 아이에게 해악을 가한다고 믿어서 할례를 시킬

H. Herve & J. Yullie (eds.), The Psychopath: theory, research, and practice, 2007, 207-252면; C. Patrick, B. Cuthbert, & P. Lang, Emotion in the criminal psychopath: fear image processing, *103 Journal of Abnormal Psychology*, 1994, 523-534면을 참조하고 있다.

105) Heidi L. Maibom, 앞의 논문, 173면 참조.

것이다. 그리고 그 문화권에서 그 아이의 장래를 생각하면 모친의 행동은 옳은 것이라고 볼 수 있다. 물론 이 경우 모친이 할례를 받지 않으면 안 된다는 소녀의 생각에 공감하여 할례를 시킬 수도 있다. 그러나 이 경우 그녀의 공감은 그 사회에서 가치 있다고 여겨지는 "정숙함과 순결"이라는 "이미 존재하는 명확한 관념"에 의거하고 있다는 것이다. 다시 말해, 이러한 경우에서 있어서 공감능력은 무엇이 가치 있는 것인가를 정당화 하지 못하고, 오히려 무엇인 가치 있는 것인가에 대해 이미 존재하고 있는 관념에 의존하고 있다는 것이다.106)

요컨대 마이봄에 따르면 공감능력은 행위의 도덕적 성격을 이해하는데 있어서 본질적인 기능을 하지 못한다고 한다.

3. 사이코패스의 책임능력 부정론

직관적 호소력이 강한 긍정론과는 달리 사이코패스의 책임능력 부정론은 정치한 철학적·심리학적 논변의 형태로 제시되어 있다.

1) 칸트적 논변(The Kantian Argument)

부정론의 중심에는 칸트적 논변이 자리잡고 있다.107) 칸트적 논변

---

106) Heidi L. Maibom, 앞의 논문, 174-175면 참조. Meibom은 결론적으로 말해 사이코패스는 어느 정도의 공감능력과 도덕적 판단능력을 지니고 있으며 그의 일탈행동은 "미쳤기 때문이 아니라 악하기 때문에" 나타나는 것이고 따라서 그들은 도덕적으로도 법적으로도 책임이 있다고 본다. 한 마디로 사이코패스는 '미친 자(the mad)' 아니며, '악한 자(the bad)'라는 것이다. 이 점에 대한 길고 다양한 인상적인 논증으로는 앞의 논문, 176-182면 참조.

107) 이를 칸트적 논변이라고 지칭하는 이유는, 동 논변에 의하면 형법은 합리적 행위자(rational agent)를 전제하고 있고, 합리적 사고(rational thought)는 논리필연

은 다음과 같이 크게 세 가지 방식으로 전개된다.

Herbert Fingarette은 우선 M'Naughten Test 등에서 정립된 기존의 책임능력 판단기준이 불충분하다는 점을 일정한 사례를 통해 지적한다.[108] 따라서 Fingarette은 기존의 불충분한 판단기준이 보완되려면, '합리성(rationality)'이 고려되어야 한다고 본다. 예컨대 형사미성년자에게 책임능력을 인정하지 않는 이유는 바로 합리성이 결여되었기 때문인데, 합리성은 지적인 능력만을 의미하지 않는다. 지성(intellect)은 반드시 느낌과 감정, 공감능력은 물론 근본적인 가치와 태도, 기분과 욕구의 패턴, 그리고 최소한도의 사회적·육체적인 성숙(social and physical skill) 등과 연관되어 있다는 것이다.

Fingarette에 따르면 형법은 어떤 근본적인 의미에는 공동체의 도덕

───────────────

적으로 일정한 도덕적 고려(moral consideration)를 필요로 한다는 선험적(a priori) 판단에 기초해 있기 때문이다. Charles Fischette, 앞의 논문, 1449~1450면 참조.

108) Hadfield는 자신이 재림예수(the next Christ)라고 믿었고, 자신의 죽음을 통해 세상의 구원이 성취되기를 희망했다. 결국 그는 총을 구입했고, 자신이 현장에서 체포되거나 죽게 될 것을 알면서 훤히 보이는 장소에서 George Ⅲ 왕을 쐈다. 이 사례에서 Hadfield는 자신의 행위의 의미와 결과를 분명히 알면서 계획적으로 범행을 저질렀기 때문에, 심각한 망상에서 비롯된 신념에 빠져 있었음에도 불구하고 '시비변별능력(epistemic ability)'과 '행위통제능력(self control ability)'만을 중시하는 기존의 책임능력판단 기준에 의하면 그는 유죄판결을 받게 될 수밖에 없는데, 이는 명백히 우리의 직관에 반한다는 것이다. Hebert Fingarette, The Meaning of Criminal Insanity, 1972, 138~139면 참조. 우리나라에서 이와 비슷하게, 다른 뚜렷한 살해동기 없이 피해자를 사탄이라고 생각하고 피해자를 죽여야만 천당에 갈 수 있다고 믿어 살해하기에 이른 경우라면, 피고인은 정신분열에 의한 망상에 지배되어 사물의 시비를 변별할 판단능력이 결여된 심신상실상태 있었다고 볼 여지가 있다고 본 판례로는, 대법원 1990.8.14.선고 90도1328 판결. 판결 요지는 피고인에게 범행경위에 대한 기억과 사실에 대한 인식능력이 있다는 점만으로는 심신미약상태에 있었다고 판단할 수 없다는 것이다.

적 양심의 표현이다. 따라서 형법상 명백히 도덕적인 문제에 반응할 수 없는 행위자는 합리성이 결여된 비합리적인 행위자이고 형사처벌에 적합한 대상이 될 수 없다. 한마디로 형법이 일정한 행위를 금지하는 이유와 형법의 기능을 이해할 수 없는 행위자는 그 비합리성으로 인해 책임능력을 인정할 수 없다는 것이다.109) Fingarette과 마찬가지로 Morse도 합리성은 올바른 행동을 지도하는 제도로서의 법에 있어서 근본적인 역할을 한다고 본다. 왜냐하면 만일 형법이 그 효력을 발휘하기 위해서는 합리적인 행위자를 전제해야만 하기 때문이다. 즉, 형법의 범죄 억제 효과는 행위자가 합리적 사고능력을 통해 형벌의 의미를 이해하고 형벌을 피하기 위해 자신의 행위를 통제할 수 있을 때에만 유지될 수 있다는 것이다. 따라서 행위자에게 합리성의 장애나 결핍이 있을 때에는 그에게 형사책임이 감면되어야 한다고 주장한다.110)

신칸트학파 또는 롤즈학파로 불리는 입장에서도 합리성은 타인을 고려하는 일정 수준의 도덕성을 요구한다고 본다. Nagel은 도덕적인 행위의 근거는 상호간 보편적으로 인정될 수 있을 만큼 객관적이어야 한다고 주장한다. 즉, 행위자가 도덕적이기 위해서는 그 행위의 근거가 타인을 고려하는 보편성 기준(universality condition)을 충족시켜야 한다는 것이다.111) 롤즈도 그의 저서 정의론에서 합리적 선택에 있어서 중요한 것은 바로 도덕적 원리라고 주장하였다.112) 네이글이나 롤

---

109) Hebert Fingarette, 앞의 책, 189~192면 참조.
110) Steven J. Morse, "Excusing and the New Excuse Defense: A Legal and Conceptual Review", *23 Crime & Justice*, 1999, 391~397면.
111) Thomas Nagel, *The Possibility of Altruism*, 1970, 100면, 107면, 144면 참조.
112) John Rawls, *Theory of Justice*, Harvard Univ. Press, 2001(1971년 초판발행) 참조.

즈에게 합리성은 타인의 도덕적 주장에 도덕적으로 구속될 수 있는 능력을 포함하고 있는 것이다.

이상 살펴보았듯이 칸트적 논변에 의하면 합리성이란 개념은 공감능력과 타인에 대한 도덕적 책무를 포함한다. 그런데 사이코패스는 바로 그러한 합리적 사고능력을 결하고 있으며, 그렇기 때문에 타인과의 관계적인 사고를 깊이 있게 할 수 없다. 그러므로 사이코패스는 비합리적인 존재이며, 형사책임의 근본적 전제조건이 결여되어 있다고 볼 수 있을 것이다. 이로부터 "사이코패스는 관리되어야 할 대상이지 처벌되어야 할 대상이 아니다(A psychopath may be managed but not punished)."라는 명제가 도출된다.[113]

2) 흄적 논변(The Humean Argument)

칸트적 논변과 동일한 결론을 취하고 있지만, 흄적 논변은 칸트적 논변과는 달리 순수한 합리성의 요청에서 출발하지 않고, 인간의 심리학적 사실로부터 출발한다.[114]

흄적 논변에 의하면 정서적 능력은 어떤 의미에서는 대부분 인간의 육체인 두뇌 안에 기초하고 있다. 이 능력은 형사책임의 공정한 분배에 근본적인 역할을 한다. 즉, 정서적 능력이 없다면 형사적 제재를 받을 만한 주체가 될 수 없다는 것이다. 흄적 논변은 다음과 같이 크게 두 가지로 전개된다.

---

113) Charles Fischette, 앞의 논문, 1459면.
114) 흄적 논변은 또한 칸트적 논변이 선험적 판단에 기초하고 있는 데 비해, 공감능력에 대한 인간의 생물학적 잠재능력의 성격과 사회의 책임비난 메커니즘에 대한 후험적인(a posteriori) 과학적 주장에서 출발한다는 차이점이 있다. 두 논증 방식의 차이점에 대해서는 Charles Fischette, 앞의 논문, 1450면 참조.

우선 생물학적 동기결핍(biological motivational deficiency) 논변은 경험적인 심리학적 연구에 근거해서 인간의 인지작용(cognition)과 동기유발(motivation)에 있어서 감정이 떠맡는 기능에 주목한다. 신빙성 있는 과학적인 연구결과에 따르면 인간의 감정을 조절하는 두뇌부위에 손상을 입은 자는 지적인 추론은 여전히 가능하지만, 의사결정능력은 손상을 입게 된다고 한다. 이 입장에서는 감정은 "행동을 지도하는 의도적 상태(action-directing intentional states)"라고 본다. 이에 따르면 감정적인 두뇌상태(emotional brain states)의 기능은 외부세계에서 행위자와 관련된 자극들(stimuli)을 분배하고, 식별하며, 탐지하는 것이라고 한다. 한마디로 감정은 복잡한 현실세계를 살아가는 데 필요한 인지적이고 동기유발적인 장치(cognitive and motivational equipment)를 제공한다는 것이다.115)

생물학적 동기결핍 논변은 실천적인 차원에서는 형사책임능력의 중요한 요소로서 "도덕적 감수성(moral responsiveness)"을 제시한다. 도덕적 감수성은, 사고나, 감정, 지각, 그리고 행위 등에 의해 도덕적 규범에 감응할 수 있는, 상호 구분되지만 내적으로 연결되어 있는 능력들을 말하며, 바로 이 능력으로 인해 도덕적 책임을 판단할 수 있고, 형법적 책임까지 판단할 수 있다고 한다. 그리고 '공감'이란 바로 도덕적 감수성이 실천적으로 구현된 것이다. 사이코패스에게는 그러한 공감능력이 생물학적으로 결여되어 있다. 따라서 사이코패스는 형법의 규제적이고 도덕적인 힘을 이해하지 못하며, 도덕적 동기란 그에게 동

---

115) 이 점과 관련해 Antonio R. Damasio는 "감정은 의사결정과정에 유용한 선택지들(array of options)을 제한하고 가려내는 기능을 한다."는 가설을 세웠다. Damasio 교수의 견해에 대한 소개로는 Charles Fischette, 앞의 논문, 1460~1461면 참조.

기유발에 있어서 완전히 무력한 것이다. 요컨대 사이코패스는 법을 준수해야 할 그 어떠한 도덕적 동기도 없다.116)

또 다른 생물학적 동기결핍 논변으로서 Peter Arenella에 의하면 도덕적 판단은 행위자의 실천 이성보다는 그가 이미 갖추고 있는 성향과 욕구의 영향을 더 많이 받는다고 한다. 왜냐하면 도덕감정은 행위자가 과거에 경험한 도덕적 행위, 교육, 숙고 등의 산물이기 때문이다. 따라서 행위자의 성격은 형사책임의 분배에 있어서 고려되어야 하고 책임능력의 궁극적인 토대는 도덕적으로 금지된 행위를 피할 수 없게 만드는 성격에 놓여 있다고 한다. 이 견해에 따르면 도덕적 동기유발이 가능하기 위해서는 도덕적 성격이 필요하다. 그러므로 행위의 도덕적 의미를 이해하고 평가할 수 있도록 자기 성격을 형성하지 못한 자는 비난받아야 한다. 사이코패스는 도덕감정 자체가 결여되어 있기 때문에 자신의 의지와 관계없이 형성된 반사회적인 성격을 뒤바꿀 능력이 없다. 따라서 사이코패스는 "도덕적으로 행동할 수 있는 자(moral agent)"가 전혀 아니라고 한다.117)

흄적 논변의 두 번째 방식으로는 "해석적 도덕관행(The Interpretivist Moral Practice)" 논변이 있다.118) 이에 따르면 칭찬과 비난에 대한 우

---

116) Charles Fischette, 앞의 논문, 1462-1463면. 윤리학적 관점에서 보더라도, 도덕의 규범성에 관한 정통적 견해에 따르면 진실한(sincere) 도덕 판단은 그 판단 행위자에게 필연적으로 동기를 유발한다고 보는바(이를 판단내재주의라 한다), 그러나 사이코패스에게는 바로 그러한 진실한 도덕 판단이 결여되어 있기 때문에 전혀 동기가 유발되지 않을 수도 있다는 것이다. 이 점에 대해서는 박상혁, 도덕의 규범성(I) − 도덕 판단의 동기 유발력 −, 철학적 분석 제6호, 2002, 125~132면 참조.

117) Peter Arenella, "Character, Choice, and Moral Agency: The Relevance of Character to our Moral Culpability Judgement", *Soical Philosophy & Policy*, Spring, 1990, 71면과 81면 참조.

118) 생물학적 동기결핍 논변은 행위자가 도덕적인 비난을 받을 수 있는 능력은 어떠

리의 태도가 도덕적 책임판단을 구성한다고 한다. Peter Strawson에 따르면 형사책임능력에 있어서는 무엇보다도 자신의 행동에 대한 타인의 "반응적 태도(reactive attitudes)"가 중요하다고 한다. 도덕적 칭찬과 비난의 관행은, 우리와 일정한 관계를 공유하고 있는 타인들이 행동적으로 보여주는 우리를 향한 태도에 대한 평가로 구성된다고 한다. 그러므로 도덕적 판단은 실제 도덕적 관행의 의미에서 보자면, 자신이 타인의 행동에 대해 도덕적으로 반응할 수 있는 주체가 될 수 있고, 아울러 자신에 대한 타인의 행동을 그가 일정한 도덕적 반응을 하는 것으로 이해할 수 있는 적절성(appropriateness)에 전적으로 달려 있으며, 이러한 조건을 충족시키지 못하는 행위자는 도덕적 판단영역의 밖에 있다고 한다.[119] 이러한 관점에서 볼 때, 사이코패스는 반응적 태도의 '적절한' 주체도 객체도 될 수 없는데, 왜냐하면 사이코패스의 행동은 법에 대한 "불경(不敬)을 표현하는" 것으로 해석될 수 없고, 그렇기 때문에 우리는 그들에 대해 도덕적으로 부정적인 '반응'을 할 수 없기 때문이다.[120]

요컨대 흄적 논변에서 생물학적 동기결핍 논변은 책임비난을 위한 규범적 조건, 즉 도덕적 명령의 동기유발적 효력을 이해할 수 있는 능력에 중점을 두고, 사이코 패스는 바로 그러한 능력이 생물학적으로 결여되어 있다는 주장인 데 비해 해석주의자의 도덕적 관행 논변은 책

한 조건들로 구성되어야 하는가라는 도덕적 주장에 기초한 논변으로서 그 자체 "규범적(normative)" 성격을 띠고 있다. 이에 반해 도덕적 관행 논변은 그러한 책임비난의 조건들을 '규범적'으로 규정짓기 보다는 사실적인 '도덕적 비난 관행' 속에서 찾고자 하며, 바로 그러한 도덕적 관행은 무엇인가라는 점에 주목하기 때문에 그 논의 성격상 "해석적(interpretive)"이다.

119) Charles Fischette, 앞의 논문, 1468면.
120) Peter Strawson, "Freedom and Resentment", *Gary Watson(ed.), Free Will*, 2003, 76~79면과 86면.

임비난이 이루어지는 도덕적 관행을 관찰한 뒤, 일정한 행동에 대해 도덕적으로 반응할 수 있는 태도와 그러한 태도의 기능을 이해할 수 있는 능력에 초점을 맞추고, 사이코패스는 도덕적 비난관행의 외부에 놓여 있다고 주장하는 이론이라고 볼 수 있을 것이다.

4. 견해의 검토

1) 긍정론의 검토

긍정론의 논거 중에서 사이코패시는 정신병과는 다르다는 지적은 타당하다. 분명 사이코패스에게도 어느 정도의 시비변별능력과 의사결정능력이 존재하기 때문이다. 그러나 사이코패스에게도 평균인과 동일한 준법적 행동을 기대하고 요구할 수 있다는 주장은 타당하지 않다. 사이코패스에게는 도덕적 공감능력이 생물학적으로 결여되어 있기 때문에, 그는 언제든지 법의 도덕적 요구를 무시하고 충동적으로 범죄를 저지를 수 있는바, 이러한 사이코패스에게 정상인과 동일한 수준의 행위통제능력을 기대하고 요구할 수는 없기 때문이다.

다음으로 물질적 기초를 가진 질병만이 형사책임능력의 감면을 가져올 수 있고, 따라서 물질적 기초가 없는 정신병질은 책임능력을 인정해야 한다는 주장은, 사이코패스의 발병원인에 대해 살펴본 바와 같이 사이코패스에게도 분명 물질적 기초, 즉 유전적·생물학적 소인이 존재한다고 볼 수 있기 때문에 그 발병원인이 충분히 밝혀지지 않았던 과거에는 타당했을 수 있었더라도 현재에는 분명 재고되어야 할 것이다.[121]

---

121) 역시 같은 지적으로는 김선수, 앞의 논문, 219면; 福島章, 精神鑑定, 1986, 273

다음은 공리주의적 논변에 대해 살펴보건대, 이 역시 사이코패스의 치료가능성을 부정하는 견해가[122] 대다수였던 때에는 타당할 수 있겠지만 최근 들어 사이코패스의 치료가능성에 대한 논의가 활발하게 전개되어 낙관적 견해도 많고,[123] 특히 기존에 치료가 불가능했다는 대다수의 실험결과는 치료 참여자가 부적절했거나 부적합한 진단범주 등을 적용하는 등 치료방식 자체에 결함이 많았기 때문이고, 올바른 치료방식을 따르면 상당한 수준의 치료효과를 보인다는 연구결과가 제시된 점에 비추어 볼 때[124] 분명 재고될 필요가 있을 것이다.[125] 이러한 진단 및 방법론상의 문제점들을 해결한 최근의 일련의 연구 성과들은 사이코패시의 치료가능성에 대해 긍정적인 결론을 내리고 있다.[126] 특

면 참조.

122) 사이코패스의 치료에 대한 부정적 견해의 소개로는 Robert D. Hare, 앞의 책, 194면; Grant T. Harris, Tracy A. Skilling & Marine E. Rice, 앞의 논문, 233면 참조.

123) 대표적으로 Robert. D. Hare, 앞의 책, 192면 이하; Adrian Raine & Yaling Yang, 앞의 논문, 91면 참조. 특히 Adrian Raine과 Yaling Yang은 앞의 논문에서 "정신병질을 줄이기 위한 뇌 구조수술이 가능할 것"이라고 보고 있다.

124) 이러한 연구결과로는 Jan Looman, Jeffrey Abracen, Ralph Serin & Peter Marquis, Psychopathy, "Treatment Change, and Recidivism in High-Risk, High-Need Sexual Offenders", *20 Journal of Interpersonal Violence*, 2005, 550면 이하 참조. 국내문헌 중 사이코패시의 치료가능성에 대한 최신 논의의 소개로는 안성조, 앞의 논문(각주 68), 977~980면 참조.

125) 헤어에 의하면 사이코패스가 절대로 치료가 불가능하다거나(completely untreatable), 그들의 행동이 개선될 수 없다는 결정적 증거도 없다고 한다. Robert D. Hare, David J. Cooke & Stephen D. Hart, 앞의 논문, 566면 참조. 특히 그는 기존에 치료의 효과가 있었다거나, 반대로 치료가 효과가 없었다는 연구결과들은 그 어느 것이나 과학적인 방법론적인 기준을 충족시킨 경우가 거의 없었음을 지적한다. 즉, 대부분의 연구결과들은 매우 열악한 진단 및 방법론적 절차와 부적절한 프로그램 평가에 의존하고 있었다는 것이다.

126) 예를 들어 Wong은 사이코패시의 치료를 다룬 75개의 연구문헌들을 검토한 후 진단 및 방법론상의 문제점이 있는 71개의 연구를 제외한 4개의 연구결과에 주

히 사이코패시의 치료가능성에 대해 가장 고무적인 연구로 1999년의 Seto와 Barbaree의 지역치료센터성범죄자치료프로그램(RTCSOTP)에 의한 치료결과에 주목할 필요가 있다.127) 이는 치료를 위한 진단 및 방법론상의 현대적 기준을 충족시키는128) 프로그램으로서 PCL-R의 진단기준이 적용되었고, 집단요법은 물론 개인요법이 모두 제공되며, 인지행동적 관점은 물론 사회적 학습 등의 관점에서의 다양한 치료법이 제공되는 7개월간의 거주치료 방식이다. 성범죄자를 대상으로 한 이 실험에서 참여자들의 50% 이상 재범률이 낮아진다는 사실이 입증

목하였다. 그 결과 실험 참여자를 사이코패스 집단, 비사이코패스 집단, 이들의 혼합집단 등으로 구분한 Ogloff 등의 연구결과에 있어서는 비록 사이코패스 집단의 경우 치료개선에 별다른 반응을 보이지 않았지만, 혼합집단의 경우에는 사이코패스가 치료가능하다는 사실을 지적했다. 또한 Harris, Rice, Cormier 등이 사이코패스와 정신병자들을 대상으로 실험한 집중치료공동체프로그램의 경우 비록 사이코패스가 치료에 반응을 보이지 않는다고 결론지었지만, 이 실험에 있어서는 이 프로그램이 오히려 사이코패시적 특성들을 강화하는 방법을 포함하고 있었다는 사실을 밝(eds.), *Violence, Crime and Mentally Disordered Offenders: Concepts and methods for effective treatment and prevention*, 2000, 87-112면 참조. Salekin은 Wong에 의해 제외된 상당수의 문헌들까지 포함시켜 42개의 연구문헌을 검토하였던바, 사이코패시의 성공률은 전체 평균 62%에 달했으며, 이 중 집단정신요법과 개인정신요법을 병행한 치료의 경우 성공률은 81%에, 집중개인정신요법은 91%에 달했다. 또한 인지행동적 치료에서는 평균 62%, 인지행동적 치료와 통찰치료를 병행한 경우는 평균 86%의 성공률을 보였다. 그러나 치료공동체프로그램에 의한 치료는 가장 비효과적인 방법으로서 단지 25%의 성공률을 보였다고 한다. 이러한 통계로부터 Salekin은 정교하게 구성된 집중치료프로그램은 사이코패스의 치료에 효과적일 수 있다고 결론지었다. R.T. Salekin, Psychopathy and therapeutic pessimism: Clinical lore or clinical reality?, *22 Clinical Psychology Review*, 2002, 79~112면 참조.

127) M.C. Seto & H.E. Barbaree, Psychopathy, treatment behavior, and sex offender recidivism, *14 Journal of Interpersonal Violence*, 1999, 1235~1248 참조.

128) 이러한 평가로는 Jan Looman, Jeffrey Abracen, Ralph Serin & Peter Marquis, 앞의 논문, 553면.

되었으며, 또한 PCL-R 점수가 높은 사이코패스들도 그 하위집단별로 치료에 대한 반응이 다르다는 점이 밝혀졌다.[129]

아울러 공리주의자들의 주장처럼 형의 가중을 통해 자유형을 연장하지 않더라도, 현행 치료감호법에 의하면 책임능력이 제한될 경우 치료감호에 의한 사이코패스의 격리가 제도적으로 가능하기 때문에 긍정론의 논거는 재검토되어야 할 것이다.

이번에는 법문화 논변을 검토해 보기로 한다.

모스는 양심과 공감능력이 없는 이상 사이코패스에게 합리성이 결여되어 책임능력을 제한해야 하는 것이 이론적으로 옳다는 점을 인정하면서도 법문화를 고려할 때 그러한 책임능력제한은 인정될 가능성이 없다고 보는 듯하다. 그런데 과연 모스가 말하는 '법문화'란 무엇인가? 그가 명시적으로 밝히고 있지는 않지만, '모범형법전'을 근거로 내세우는 것으로 미루어 모범형법전에 반영된 법문화일 것으로 추정된다. 잘 알려져 있다시피 모범형법전은 미국 내 각 주의 판례, 즉 '법문화'를 반영해 미국법률협회에서 성안한 것이다. 미국법률협회에 의해 가장 이상적인 것으로 간주되는 형법규정을 담고 있다. 다만, 이 형법전은 어디까지나 모범(Model)일뿐 실제로 효력을 갖는 것은 아니며, 비공식적으로 적지 않은 영향력만이 인정될 뿐이다. 이런 이유로 사이코패시를 면책조건에서 제외하는 모범형법전의 규정을 모든 주의 법원이 무조건적으로 받아들이지는 않는다.[130] 모스가 이러한 '법문화'를 근거로 사이코패스의 책임능력을 제한할 전망이 희박하다고 보는

---

129) RTCSOTP의 치료방법에 대한 구체적이고 상세한 설명과 평가 및 관련 논의에 대해서는 Jan Looman, Jeffrey Abracen, Ralph Serin & Peter Marquis, 앞의 논문, 555~565면 참조.

130) 이 점에 대한 지적으로는 박용철, 정신질환자 중 사이코패스에 대한 형사법적 대처방안, 형사정책 제19권 제2호, 2007, 318면 참조.

것은 분명 타당한 측면도 있다. 그러나 법문화는 과거로부터 현재까지의 법원의 관행과 법리를 지지해 주는 근거일 뿐, 앞으로 법원의 태도변화와 판례경향까지 결정짓는 근거는 될 수 없다. 스스로 지지하는 '합리성 결여' 논변을 포기할 만큼 논리필연성이 있다고는 보기 어렵다. 그러므로 '합리적 능력의 결여'를 근거로 사이코패스의 형사책임능력을 제한하려는 자신의 이론구성이 타당하다면, 사이코패시도 면책조건이 되어야 한다고 전망하는 것이 올바른 태도다. 그렇지 않다면 자신의 입론이 결국 자기 반박적인 이론구성으로 전락하고 말 것이다.

끝으로 "공감능력의 결여와 도덕적 판단능력의 무관성" 논변을 검토해 보기로 한다.

마이봄은 우선 사이코패스에게 공감능력이 완전히 결여된 것은 아니고 단지 부족한 것이라고 주장한다. 그러나 설령 그 주장이 옳다 하더라도 부정론의 "공감능력 논변"이 무용한 것은 아니다. 공감능력의 결여와 마찬가지로 공감능력의 부족은 분명 정상인에 비해 미약한 도덕적 판단능력을 가져올 것이라고 볼 여지가 충분히 있기 때문이다. 즉, 다소 미약한 도덕적 판단능력으로 인해 정상인에 비해 그만큼 준법적 행위를 할 수 있는 행위통제능력이 부족하다면, 사이코패스의 책임능력을 제한해야 한다는 "공감능력 논변"[131]은 여전히 유효하다는 것이다.

다음으로 그는 일차적 사이코패스와 이차적 사이코패스에 대한 공포/스트레스 반응 실험을 토대로 공감능력이 더 온전한 이차적 사이코패스가 더 부도덕적(폭력적)이라는 점에 비추어 공감능력의 결여와 도덕적 판단능력은 무관하다는 결론을 도출해 낸다. 그러나 이러한 결론

---

131) 이러한 취지의 "공감능력 논변" 본고가 취하고 있는 입장이며 본 장의 "I. 문제의 제기"부분을 을 참조할 것.

은 상당히 성급한 것으로 보인다. 왜냐하면 그는 이 실험에 대한 평가에서 폭력성을 부도덕함과 동일시하고 있는데 사이코패스의 공감능력부재가 반드시 폭력범죄를 가져오는 것은 아니기 때문이다.[132] 또한이차적 사이코패스가 공감능력은 비교적 온전하다 할지라도 분노나적개심 같은 부정적이고 반사회적인 감정이 충만한 경향이 있어서 그런 결과가 나타날 수도 있다는 점도 간과할 수는 없을 것이다.[133] 그리고 일차적 사이코패스가 이차적 사이코패스에 비해 비교적 덜 폭력적이고 충동을 억제하며 정서적으로 안정을 보이는 것은 오히려 그렇게 행동을 하는 것이 자신의 목적달성, 즉 또 다른 범죄를 위해서 더부합되기 때문이라고 해석할 여지도 있다.[134]

끝으로 마이봄은 공감능력보다는 '종교적 권위'나 '이미 존재하고 있는 가치관'에 의해 규범을 따르는 경우도 있고 그러한 경우에는 공감능력이 행위의 도덕적 성격을 이해하는데 있어서 본질적인 기능을 하지 못한다고 지적하였다. 이 점에 대해서는 우선 거시하고 있는 예들이 일반적이지 않고 매우 예외적인 것들이라는 점을 지적할 수 있을 것이다. 종교규범이나 여성할례가 사회적으로 널리 통용되는 문화는 흔하지 않다. "공감능력 논변"에 대한 적절한 반론이 되지 못한다고 본다. 또 마이봄은 신이나 종교규범의 권위에 호소하거나, 선재하는 문화적 가치관을 따르는 경우 "타인을 해쳐서는 안 된다"는 규범을 따르는데 있어 공감능력은 별다른 기능을 하지 못한다고 하나, 바로 이 경우에도 모종의 공감능력이 기능하고 있다. 물론 이 경우 해악을 당

---

132) 주지하다시피 사이코패스라고 반드시 폭력 범죄만 저지르지는 않는다.
133) 마이봄은 이러한 가정에 대해 "순전히 추측에 불과하다"며 평가절하고 있으나, 이는 매우 "의미 있는 반론"이라고 생각하며, 논박하기 위해서는 과학적인 자료를 통한 입증이 필요할 것이다. Heidi L. Maibom, 앞의 논문, 173면 참조.
134) 이 점에 대해서는 본고 제3장의 각주 23) 참조.

하는 피해자의 처지에 대한 공감능력은 아니다. 그러나 신이나 종교규범의 권위에 복종한다는 것은 그러한 권위에 대한 '존중감' 내지는 '규범적 내면화'가 전제되어야 할 것이고, 이를 위해서는 역시 그것을 따르고자 하는 타인에 대한 공감능력이 요구되기 때문이다. 또 여성할례의 경우 어머니가 아이의 장래에 대한 공감 때문에 할례를 시키는 것은 아니라 할지라도 선재하는 문화적 가치관, 즉 정숙함과 순결이 옳다는 확신이 없이는 그렇게 잔인하고 비인도적인 행위를 할 수 없을 것이다. 그런데 하나의 가치관이 뿌리내리기 위해서는 무수히 많은 시행착오를 겪은 공동체 구성원의 "이것이 옳다"는 경험이 뒷받침되어야 함은 자명하다. 따라서 아이의 할례를 결정하는 것은 역사적으로 공동체 구성원에 의해 보증된 확신에 대한 '공감능력'에 여전히 의존하고 있다고 볼 수 있을 것이다. 요컨대 두 사례에 있어서 여전히 '모종의 공감능력'은 요구되고 있는 것이다.

"공감능력 논변"이 반드시 '피해자의 처지'에 대한 공감능력을 요구하는 것은 아니다. 일정한 규범이나 가치관 자체에 대한 타인의 존중감을 이해할 수 있는 공감능력도 분명 공감능력의 하나이다. 사이코패스는 바로 이러한 공감능력도 없다는 것이고 따라서 그들은 종교적 규범과 문화적 가치관의 진정한 의미를 이해할 수 없으며, 따라서 이를 쉽게 위반하고 부도덕한 행위를 할 수 있는 것이다.

2) 부정론의 검토

칸트식의 선험적 논변이든, 흄식의 후험적 논변이든 그 공통점은 형사책임능력의 인정에 있어서 도덕적 공감능력의 역할을 중요시한다는 데 있다. 부정론에 대해서는 다음과 같은 반론이 제기될 수 있다.

예컨대 도로교통법규상 과속금지법규의 경우, 대부분의 사람들은 도덕적 동기보다는 거의 전적으로 처벌에 대한 두려움, 즉 자기이익(self-interest)의 동기에서 법규를 준수한다. 그렇기 때문에 행정적인 규제가 불가능한 상황에서는 얼마든지 과속금지법규를 어기게 된다. 이는 다른 교통법규135) 및 여러 행정범에게서도 발생할 수 있고, 또 빈번히 벌어지고 있는 일이다. 따라서 모든 형법의 준수에 도덕적인 동기유발이 필요하다는 주장은 분명히 수정될 필요가 있고, 그러한 점에서 부정론의 입장은 재검토되어야 할 것이다.

부정론의 논거가 정교한 듯 보이지만 피상적이고136) 추상적이라는 지적도 있다. 예컨대 부정론의 공통된 기본전제인 "도덕적 공감능력은 동기유발적 역할을 한다."는 명제가 비의적(esoteric)이어서 과학적이고 경험적인 근거가 빈약하다는 것이다. 그러나 이 점에 대해서는 도덕심리학적으로 이 전제(명제)가 옳다는 점이 입증되고 있는 듯 보인다. 감정적 동기유발 모델(A Model of Affective Motivation)에 의하면 감정은 행위자가 감정과 연관된 행동 계획에 따라서 행동을 할 수 있는 근거를 갖게 되는 동기유발적 상태라고 한다. 이에 따르면 개별적 감정과 연관된 지향적 태도(dispositional attitudes)는 개별적 행위자가 인식하고 있는 세계에 대한 표상을 근본적으로 변화시킬 수 있다고 한다. 따라서 상이한 지향적 태도를 지닌 사람들은, 동일한 증거에 대해서 서로 다른 사실에 초점을 맞추고, 그 증거의 비중을 다르게 보며, 결국 다른 결론을 도출해 내게 된다는 것이다. 즉, 행위자의 감정은

---

135) 예컨대 야간에 차량의 통행이 전혀 없는 지역에서 급한 일 때문에 차량통행신호에도 횡단보도를 무단으로 건너거나 횡단보도가 아닌 곳에서 도로를 횡단하는 경우는 얼마든지 많다.

136) Christina Lee, 앞의 논문, 133면.

지향적 태도나 사물에 대한 표상과 연관되어 있고, 바로 이러한 감정적 연관에 의해 행위자가 선택하는 동기유발적 사실은 영향을 받는다고 한다.[137] 요컨대 감정은 분명히 행위의 동기유발적 기능을 할 수 있다는 것이다.

5. 사이코패스의 형사책임능력

1) 책임능력 논증의 사안별 차별화

전술한 바와 같이 실제에 있어 모든 법률이 행위자에게 도덕적 동기를 요구하는 것은 아니다. 따라서 사이코패스의 형사책임능력 논증 방식에 있어서도 개별 사안에 따라서 달리 검토하는 방식을 취하는 것이, 행위자의 도덕적 판단능력과 동기유발을 중시하는 본고의 논지에도 부합되고, 합리적이라고 본다.[138]

---

137) Charles Fischette, 앞의 논문, 1471~1472면. 감정적 동기유발 모델을 지지하는 견해가 자기기만(self-deception)의 문제에 대한 Alfred R. Mele 교수의 해법에 의해 제시되었다. 자기기만의 문제란 어떻게 한 개인이 하나의 명제와 그 부정 명제를 동시에 믿을 수 있느냐는 것이다. 이에 대한 Mele 교수의 해법은 자기기만을 하나의 동기유발적 현상으로 취급한 것이다. 그에 따르면 우리는 설령 다른 객관적인 사실에 의해 어느 한 명제가 부정될 수 있더라도, 우리가 참이라고 믿고 싶은 명제를 믿는 경향이 있는바, 이러한 경향의 원인은 우리가 무엇이 참이라고 믿고 싶으면 그 욕구에 의해 때때로 우리의 신념은 편향될 수 있다는 것이다. 따라서 감정적인 연관성이 있는 일부 신념들은, 일정한 지향성, 즉 행위자가 바라는 욕구의 영향을 받게 된다고 한다. 이에 대해서는 Alfred R. Mele, Self-Deception Unmasked, 2001, 5~13면 참조.

138) 본고에서 자연범/법정범을 구분할 필요가 있다고 주장한 취지는 사이코패스의 책임능력판단에 있어서 도덕적 비난가능성이 있는 범죄와 그렇지 않은 범죄를 구분할 필요가 있다는 것이며, 통일적이고 일관적이어야 할 책임능력유무 판단을 자연범과 법정범 구분방식에 따라서 달리 하려는 것이 아님에 유의할 필요가 있다. 다만 자연범/법정범을 구분해 고찰하려는 것은 "사이코패스의 책임능

우선 자연범의 경우에 범죄의 성격상 도덕적 동기관련성이 매우 강하기 때문에 사이코패스에게는 적어도 도덕적 의사결정능력은 전혀 없다고 볼 것이고, 따라서 책임무능력을 인정할 여지가 있다고 본다. 다만 자연범의 경우라도 사이코패스에게 처벌에 대한 공포 등 자기이익의 관점에서 의사결정능력이 존재할 수 있다. 그러나 도덕적 판단능력이 결여된 이상, 정상인의 의사결정능력과 비교해 볼 때 완전한 의사결정능력을 지녔다고 보기는 어려울 것이다. 또한 신경생물학적 임상연구결과에 의하더라도 사이코패스는 일정한 보상(reward)이 목전에 있는 경우는 처벌에 대한 두려움도 범죄충동을 억제하게 만들지 못한다고 한다.139) 이들은 두뇌기능에 문제가 있어 처벌의 가능성 앞에서도 행동을 억제하지 못하는 행동억제시스템(Behavioral Inhibition System: BIS) 장애를 겪고 있기 때문이다. 즉, 자기이익 관점에서의 의사결정능력도 미약하다는 것이다. 따라서 자연범의 경우 의사결정능력만을 고려할 때 한정책임능력을 인정할 여지가 있다. 반면에, 법정범의 경우 비록 행위자가 사이코패스라 하더라도 법규자체에 도덕적 동기관련성이 적기 때문에, 도덕적 의사결정능력은 불필요하고, 오로지 자기이익의 관점에서의 의사결정능력이 중요하므로, 만일 그에게 그러한 의사결정능력이 충분히 존재한다면 책임능력을 인정할 수도 있을 것이다. 다만 전술한 바와 같이 실제 연구결과에140) 의하면 사이코패스

력판단에 있어서는 그의 도덕적 의사결정능력의 부재가 고려되어야 한다"는 본고의 일관된 논리를 따르고 있는 것이다.

139) 단, 처벌에 상응할 만한 보상이 주어질 경우에만 그러하다는 견해도 있다. 이 점에 대해서는 J.P. Newman & J.F. Wallace, "Psychopathy and Cognition", P. Kendall & K. Dobson (eds.), *Psychopathy and Cognition*, 1993, 293면 이하: 안성조, 앞의 논문(각주 68), 956~959면 참조.

140) 이 점에 대한 광범위한 실험적 연구성과의 소개로는 Robert D. Hare, David J. Cooke & Stephen D. Hart, 앞의 논문, 570~572면 참조.

는 자기이익의 관점에서도 의사결정능력이 미약하다 할 것이므로, 법
정범의 경우도 의사결정능력만을 고려할 때 한정책임능력을 인정할
여지가 있다고 본다.

2) 책임무능력과 한정책임능력의 구분

현재까지도 책임무능력과 한정책임능력의 구분에 대해서는 해석론
과 판례 모두 객관적이고 명확한 판단기준을 제시해 주고 있지는 못한
것으로 보인다.141) 따라서 사이코패시의 책임능력 제한에 있어서 사물
논리적(sachlogisch)이고 구체적·합리적인 독자적 기준에 의해 이를 판
단해야 할 것으로 판단된다.142)

정신병자와 마찬가지로, 사이코패스의 책임능력도 그 증상의 정도
에 따라서 한정책임능력을 인정해야 하는 경우부터 책임무능력을 인
정해야 하는 경우까지 '정도의 차이(dimensional axis)'가 있다고 봄이
타당하다.143) 대법원도 중증의 정신병질자에게 심신장애를 인정할 여
지가 있다고 판시함으로써,144) 그 증상정도의 차이를 인정하고 있다.
과연 그렇다면 어떠한 구분기준에 따라서 '중증'의 사이코패스와 그렇
지 않은 사이코패스를 구분할 수 있으며, 어떠한 기준에 의해 책임무
능력과 한정책임능력을 구분해 인정하는 것이 정당한지 논구될 필요
가 있을 것이다.

우선 가능한 방법 중 하나는 우리나라 실정에 적합한 PCL-R과 같

---

141) 한정환, 앞의 논문, 90면 참조.
142) 관련하여 참조할 만한 문헌으로는 오상원, 한정책임능력의 본질, 형사법연구 제
11권, 1999, 364면 이하.
143) 内村祐之, '精神鑑定', 1952, 34면; Charles Fischette, 앞의 논문, 1479면 참조.
144) 대판 1995.2.24. 94도3163; 대판 2007.2.8. 2006도7900.

은 사이코패시 진단표를 개발하여 그 평가점수를 기준으로 '중증 사이코패스' 여부를 결정하는 것이다.[145] 그러나 아직 우리 실정에 적합한[146] 사이코패시 판정도구가 개발되어 있지 못하고, PCL-R과 같은 진단표를 개발했다 하더라도 그 목록들이 모두 책임능력의 판단에 유의미한 성격을 지니고 있지는 않기 때문에[147] 그 평가점수가 높다고 하여 곧바로 책임무능력 또는 한정책임능력을 인정하기에는 일정한 난점이 있다고 본다. 그러므로 '중증 사이코패스' 판정은 PCL-R 등의 평가점수에 의해 일률적으로 결정하기보다는 책임능력의 전제조건인 '사물변별능력'이나 '의사결정능력'과의 연관성 하에 검토할 필요가 있을 것이다.

전술한 바와 같이 감정적 동기유발 모델에 의하면 일정한 공감적, 정서적 능력은 행위의 도덕적 관련성 이해는 물론 행위자의 사실인식

---

145) PCL-R의 20개 평가목록은 그 측정수치에 따라 각각 0부터 2까지의 점수를 부여할 수 있으며, 헤어는 30점 이상이면 사이코패시로 볼 수 있다고 한다. 이에 대해서는 Jan Looman, Jeffrey Abracen, Ralph Serin & Peter Marquis, 앞의 논문, 550면 참조. 그러나 25점 이상이면 충분하다는 견해도 있다. V.L. Quinsey, G.T. Harris, M.E. Rice & C.A. Corimier, *Violent offenders: Appraising and managing risk*, 1998 참조.

146) 헤어는 자신의 저서인 앞의 책 한국어 번역판 서문에서 사이코패시는 범문화적 성격장애지만 그것의 구체적인 양상이나 측정방법은 문화적 전통이나 규범, 사회적 기대 등에 의해 영향을 받기도 하기 때문에, 하나의 문화권에서 발전된 사이코패시에 대한 이론과 연구결과가 다른 문화적 맥락에서도 적용가능한지 확인할 필요가 있다고 지적한 바 있다. 이에 대해서는 로버트 D. 헤어/조은경·황정하 역, 진단명: 사이코패스 우리 주변에 숨어 있는 이상인격자, 11면 참조. 역시 인종과 문화권에 따른 사이코패시 진단상의 차이점에 대한 연구결과로는 Grant T. Harris, Tracy A. Skilling & Marine E. Rice, 앞의 논문, 209~212면 참조.

147) 예컨대 PCL-R의 평가목록 중 일부인 '달변이나 깊이가 없다'든지 '잦은 결혼', 그리고 '유년기의 비행여부' 등은 책임능력판단에 별다른 의미가 없다.

(factual perception)에도 영향을 줄 수 있다. 따라서 감정과 공감능력이 없는 사이코패스는 동일한 대상에 대해 정상인과 다른 사실들을 인식할 수 있다. 즉 사실 인식의 왜곡이 초래될 수도 있다는 것이다.[148) 이러한 판단에 기초해 사이코패스의 책임무능력과 한정책임능력 구분 조건을 도해화하면 다음과 같다.

	사실 인식의 존재	사실 인식의 왜곡
도덕적 판단능력 존재	1. 정상인	2. 정상인
도덕적 판단능력 결여	3. 사이코패스	4. 중증 사이코패스

위 도표에서 1의 경우는 사실의 인식과 도덕적 판단능력이 있는 정상인의 경우로 사이코패스가 이에 해당하는 경우는 없을 것이다. 2의 경우도 도덕적 판단능력이 있기 때문에 사이코패스는 아니고 사실 인식에 장애가 있을 뿐이므로 사실의 착오법리가 적용될 수 있을 것이다. 3의 경우는 사실의 인식은 있지만, 도덕적 판단능력이 없는 경우로 전형적인 사이코패스이다. 이 경우는 사실의 인식은 가능하지만 도덕적 판단능력은 없으므로 엄밀히 말해 사물변별능력이 미약하다고 볼 수 있으나, 현행 책임능력도그마틱에 의하면 사물변별능력이 인정된다. 적어도 이들은 관습적 의미의 선악의 구분은 가능하기 때문이다.[149) 4의 경우는 도덕적 판단능력이 없을 뿐 아니라 감정과 공감능

---

148) Charles Fischette, 앞의 논문, 1478~1480면 참조.
149) 여기서 '관습적 의미'라고 표현한 것은 사이코패스가 옳고 그른 행위를 사회관습에 의해 피상적으로는 구분할 수는 있어도 그 진정한 도덕적 의미를 이해하지 못하기 때문이다. 이는 색맹이 신호등의 붉은 색과 파란 색을 색깔에 의해 구분하지는 못해도, 대신 그 위치에 의해 구분함으로써 교통신호체계에 적용할 수 있는 것과 마찬가지이다. 색맹은 신호등 맨 위의 등이 빨간색인 것을 몰라도 그 위치에 불이 켜지면 '멈춤' 신호라는 것을 알 수 있는데, 그가 "빨간 등이

력의 결여로 사실의 인식에도 왜곡이 초래되는 경우로서 사물변별능
력이 미약하거나 없는 '중증' 사이코패스라고 볼 수 있을 것이며, 따라
서 한정책임능력 또는 책임무능력을 인정할 수 있다고 본다.

이상의 입론이 옳다고 한다면, 다음과 같은 도식이 도출될 수 있을
것이다.

	사이코패스	중증 사이코패스
자연범	1. 한정책임능력 인정	2. 한정책임능력 또는 (책임무능력) 인정
법정범	3. 한정책임능력 인정	4. 한정책임능력 또는 (책임무능력) 인정

위 도식에서 1의 경우는 자연범 사이코패스로서 전술한 바와 같이
사물변별능력은 완전하지만 의사결정능력은 미약하기 때문에 한정책
임능력을 인정할 수 있다. 2는 중증의 자연범 사이코패스로서 의사결
정능력이 미약하고 사물변별능력도 미약하거나 결여되었기 때문에 한
정책임능력 또는 책임무능력을 인정하게 된다. 3의 경우는 법정범 사
이코패스로서 사물변별능력은 완전하지만 의사결정능력이 미약하여
한정책임능력을 인정할 수 있다고 본다. 끝으로 4는 중증의 법정범 사

켜졌어"라고 말해도 그는 실제로 "맨 위의 등이 켜졌어"라는 의미로 말한 것이
된다. 즉, 선악의 진정한 의미는 알 수가 없다는 것이다. 관련하여 공감능력이
결여된 사이코패스는 인지적 기능에 있어서도 장애를 겪는다고 한다. 물론 사이
코패스도 감정에 대한 언어적 표현을 할 수는 있지만 그 감정 자체는 그의 마음
속에 떠오르지 않는다. 이들은 감정을 경험하지는 못하지만 다른 사람들이 사용
하는 단어를 배워서 자신이 알지 못하는 감정을 설명하거나 모방할 뿐이다. 때
로는 그러한 모방이 너무 완벽해서 그가 사이코패스인지 모르는 경우도 있다고
한다. 일반인은 사전적 의미만 담긴 중립적 단어보다는 감정적·함축적 의미가
담긴 단어에 더 빠르게 반응하지만 사이코패스는 감정을 경험할 수 없기 때문
에 '종이'와 '죽음'이란 단어에 대해서 동일한 속도의 반응을 보인다. Robert D.
Hare, 앞의 책, 129면; Charles Fischette, 앞의 논문, 1433면 참조.

이코패스로서 의사결정능력이 미약하고 사물변별능력이 없거나 미약
해 한정책임능력 또는 책임무능력을 인정할 수 있다고 본다. 다만 일
반적으로 사이코패스는 "선악을 구별할 줄 알면서도 선악에 대한 판
단에 따라 행동하지 않는" 자이므로[150] 대부분 중증의 사이코패스라
하더라도 여전히 '사물변별능력'이 미약한 수준일 것이므로, 이 경우
한정책임능력이 인정되어야 할 것이고, 책임무능력이 인정되는 예는
거의 없을 것이다. 이 점은 2의 경우도 마찬가지일 것이다.[151]

3) 형사정책적 적절성 여부

이론적으로 사이코패스의 형사책임능력을 제한하고자 할 때, 무엇
보다 중요하게 제기되는 문제점 중의 하나는 바로 형사정책적 적절성
여부일 것이다. 즉, 중범죄자 상당수가 사이코패스이고 이들의 재범률
이 다른 범죄자에 비해 매우 높은 현실을 고려할 때,[152] 책임능력의
제한이 가져오게 될 또 다른 범죄기회의 증대와 그로 인해 잠재적 범
죄피해자인 시민 모두가 치르게 될 사회적 비용이 과연 적절히 통제될
수 있겠느냐는 것이다.

이 점에 대해서는 우선 사이코패스에게 완전한 책임능력을 인정하

---

150) Barbara Oakley/이종삼 역, 앞의 책, 64면 참조. 동 문헌에 따르면 "사이코패스
    는 옳은 것을 아는 것과 그것을 행하는 것 사이의 분열을 가장 잘 보여주는 사
    례다"고 한다.
151) 또 물론, 경우에 따라서는 사이코패스라 하더라도 행위 당시에 정상인과 대등한
    수준의 의사결정능력과 시비변별능력이 인정되어 완전 책임능력이 인정되는 경
    우도 있을 것이라고 본다.
152) 이 점에 대한 풍부한 경험적 연구자료와 논의로는 Robert D. Hare, David J.
    Cooke & Stephen D. Hart, 앞의 논문, 560~565면 참조. 이는 비록 외국의 통계
    수치를 토대로 한 것이지만 우리나라의 경우도 크게 다르지는 않을 것으로 보
    인다.

여 형벌을 부과한다 하더라도 고도의 재범위험군에 속하는 이들이 가
출소 또는 출소 후에 범하게 되는 계속되는 범죄로 인해 범죄피해자들
이 겪게 될 사회적 비용은 줄어들지 않는다는 점을 명확히 인식할 필
요가 있을 것이다.[153] 다만 범죄억제의 관점에서 볼 때, 적어도 수감생
활을 하는 동안은 사회 일반에 대한 범죄기회가 제거될 수 있다는 점
에서 사이코패스의 완전한 책임능력을 긍정하는 입장이 보다 바람직
하다고 볼 여지도 있을 것이다. 그러나 앞서 제3장에서 살펴본 바와
같이 우리 형사법제 하에는 치료감호법이 있다. 현행 치료감호법에 의
하면 심신장애가 있는 자는 최대 15년까지 치료감호에 처할 수가 있
다(동법 제2조 제1항과 제16조 제2항). 舊사회보호법을 폐지하면서 재
범의 위험성이 있는 심신장애자 또는 약물중독자 등으로부터 사회를
보호하기 위해 제정된 치료감호법은 대체주의(代替主義)를 따르고 있
는바, 형벌과 보안처분의 병과적 선고를 허용하면서 특별예방이 일반
예방에 우선한다고 봄으로써 집행에 있어서는 보안처분이 형벌을 대
체한다. 그러므로 치료감호가 형벌에 우선적으로 집행되고, 치료감호
기간이 형기에 산입된다(동법 제18조).[154] 다만 치료감호가 종료되지
않았을 경우에 치료감호는 최장 15년까지 가능하다.[155] 그렇다면 사이
코패스의 책임능력을 제한하여 책임무능력이나 한정책임능력을 인정
하더라도 치료감호시설에 수용함으로써 사회 일반에 대한 범죄기회는
충분히 제거될 수 있다. 더욱이 사이코패스의 치료가능성에 대한 매우
긍정적인 연구성과들이 제시되고 있는 상황에 비추어 보면, 사이코패

---

153) 동지의 견해로 김상준, 앞의 논문, 둘째 면 참조.
154) 치료감호법의 법제도적 의의에 대해서는 신동운, 앞의 책, 822~823면; 정영일,
　　 앞의 책, 536~537면 참조.
155) 치료감호의 종료 또는 가종료 여부는 매 6월마다 치료감호심의위원회에서 심
　　 사·결정한다(동법 제22조와 제37조).

스의 치료가 가능하도록 현행 치료감호시설을 개선하는 입법적 조치를 취하거나, 아니면 현행 치료감호법이 허용하고 있는 "치료감호시설 외에서의 위탁치료(동법 제23조 1항과 2항)"를 통해 정신병질이 치료될 수 있도록 처우한다면, 사이코패스의 책임능력 제한은 오히려 현행법 하에서 매우 합리적인 형사정책적 해결책이 될 수 있다고 본다.[156]

다만 향후 사이코패스의 치료[157]에 대한 연구성과가 축적되면 치료기간의 상한선인 15년에 대한 신중한 재검토가 필요할 것이다.[158]

---

156) 물론 이 경우에도 "치료프로그램 및 방법"에 대한 충분한 연구와 개발이 전제되어야 함은 물론이다. 다만 위탁치료 시 사이코패스의 범죄기회통제가 문제될 수 있는데 위탁치료 기간 동안에는 보호관찰이 개시되므로 (동법 제32조) 법제도상 큰 미비점은 없다고 본다.

157) 혹자는 만일 사이코패스가 치료가능하다면, 본인이 이를 알면서도 치료하지 않고 범행을 저지른 것에 책임이 없다고 하기 어렵지 않겠느냐는 의문을 제기할 수도 있을 것이다. 그러나 사이패스는 자신이 심리적 또는 정서적인 문제를 지니고 있다고 생각하지 않으며, 자신의 행동을 그들이 동의하지 않는 사회적 기준에 맞춰 바꿀 이유가 없다고 생각한다. 다시 말해 그들은 자신의 내면적 세계에 매우 만족하고 있으며, 따라서 자신에게 아무런 잘못된 점이 없고, 자신의 행동이 이성적이고, 가치가 있으며, 만족스럽다고 여긴다는 것이다. 한마디로 그들은 자기인식(self-awareness)이 불가능하기 때문에 자신이 사이코패스라는 사실을 모르며 따라서 그들에게 치료를 하지 않고 범행에 나아간 것에 대한 책임을 물을 수는 없다고 본다. Martha Stout/김윤창 역, 앞의 책, 84~86면. Robert D. Hare, 앞의 책, 195면. 바로 이 점은 사이코패스의 치료를 어렵게 만드는 요인이기도 하다.

158) 수용기간의 제한(15년)은 치료감호가 지나치게 장기간 계속되는 것을 막기 위한 취지이다. 이재상, 앞의 책, 619면; 정영일, 앞의 책, 542면. 즉, 장기간의 치료감호에 의해 수용자의 인권이 침해될 수 있다는 점을 고려한 것이다. 최근 치료감호법 일부개정(2008.6.13 법률 제9111호)을 통해 신설된 동법 제2조 제1항 3호의 "소아성기호증(小兒性嗜好症), 성적가학증(性的加虐症) 등 성적 성벽(性癖)이 있는 정신성적 장애자로서 금고 이상의 형에 해당하는 성폭력범죄를 지은 자"도 치료감호에 처해질 수 있게 되었다. 미국 내 연구결과에 의하면 이러한 유형의 성범죄자의 치료기간은 평균 5.1년이 소요되었다고 한다. 동 조항이 신설된 배경은 사이코패스는 치료가 불가능하지만, 이러한 유형의 성범죄자는 치

Ⅳ. 맺음말

앞서 살펴본 바와 같이 사이코패스는 공감능력의 부족으로 도덕적 판단능력이 결여되어 있고 신경생물학적으로도 처벌에 대한 공포로 인해 행동을 억제할 수 있는 두뇌기능에도 장애가 있기 때문에 정상인에 비해 적법행위를 할 수 있는 의사결정능력, 즉 행위통제능력이 현저히 제한되어 있으므로 사이코패스에 대한 책임능력을 제한할 필요가 있다. 다만, 사이코패스의 대부분이 정상인에 비해 재범의 위험성이 매우 높다 할 것이므로 치료감호법상의 치료감호를 통하여 그러한 위험요인을 제거하여 사회에 복귀시킴으로써 재범을 방지하여야 할 것이다.

대법원은 심신장애에 대하여 엄격한 판단기준을 가지고 있는 것으로 보인다. 예를 들어 성격적 장애가 있음이 인정된다 하더라도 판결에 영향을 미칠 정도의 것이 되기 위해서는 그러한 정신적 결함이 '상당할' 것을 요구하고 있다. 성격적 장애의 일종이라고 볼 수 있는 충동조절장애에 대하여 우리 대법원은 "자신의 충동을 억제하지 못하여 범죄를 저지르게 되는 현상은 정상인에게서도 얼마든지 찾아 볼 수 있는 일로서 특단의 사정이 없는 한 위와 같은 성격적 결함을 가진

료가 가능하다는 인식에 토대를 두고 있다고 한다. 아직 사이코패스의 치료는 정확히 어느 정도의 기간이 필요한지 알려진 바 없다. 그러므로 이에 대한 면밀한 연구를 통해 치료감호기간을 상향, 또는 경우에 따라서는 불필요한 기간을 줄여 하향 조정할 필요가 있을 것이라고 본다. 치료감호기간의 제한취지 및 동법 제2조 제1항 3호의 신설배경에 대해서는 공주치료감호소의 최상섭 소장과 법무부범죄예방정책국의 관련 담당관으로부터 직접 확인하였다. 상세한 답변에 감사를 드린다. 아울러 이 연구를 수행함에 있어서 치료감호소를 직접 방문해 보도록 조언해 주셨던 한인섭 교수님께도 뒤늦게 감사의 마음을 전한다.

자에 대하여 자신의 충동을 억제하고 법을 준수하도록 요구하는 것이
기대할 수 없는 행위를 요구하는 것이라고는 할 수 없으므로 원칙적으
로 충동조절장애와 같은 성격적 결함은 형의 감면사유인 심신장애에
해당하지 아니한다고 봄이 상당하지만 충동조절장애와 같은 성격적
결함이라 할지라도 그것이 매우 심각하여 원래의 의미의 정신병을 가
진 사람과 동등하다고 평가할 수 있는 경우에는 그로 인한 범행은 심
신장애로 인한 범행으로 보아야 한다."159)고 판시하고 있다. 이는 성
격장애의 경우 그 증상이 '중증'이라는 '상당성' 요건이 충족되어야 함
을 의미한다.

다른 판례에 의하면 "형법 제10조에 규정된 심신장애는 생물학적
요소로서 정신병 정신박약 또는 비정상적 정신상태와 같은 정신적 장
애가 있는 외에 심리학적 요소로서 이와 같은 장애로 말미암아 사물에
대한 판별능력과 그에 따른 행위통제능력이 결여되거나 감소되었음을
요하므로 정신적 장애가 있는 자라고 하여도 범행 당시 정상적인 사물
판별능력이나 행위통제능력이 있었다면 심신장애로 볼 수 없다"는 취
지의 판시를 하고 있다.160) 동 판례의 취지는 심신장애의 판단에 있어
서 생물학적 요건을 갖추고 있다 하더라도 곧바로 심신장애가 인정되
는 것이 아니고 "범행당시 개별적·구체적 정황에 대한 판단을 통해"
피고인의 심신장애 여부를 판단해야 한다는 취지로 이해할 수 있을 것
이다.161)

---

159) 대법원 2002.5.24.선고 2002도1541판결.
160) 대법원 2007.2.8.선고 2006도7900판결.
161) 이것은 '의사자유'의 문제와 관련하여 매우 중요한 판결이며 또 타당한 판결이
　　라고 본다. 인간의 행위가 "생물학적으로 결정될 수 없다"는 명제를 함축하고
　　있기 때문이다. 즉, 인간은 자신의 행위를 스스로 결정할 수 있는 '자유의지'를
　　가졌다는 것이다. 세계적인 뇌과학자이며 신경과학자인 가자니가(Michael S.

한편 또 다른 판례에 의하면 "형법 제10조 소정의 심신장애의 유무는 법원이 형벌제도의 목적 등에 비추어 판단할 법률문제로서 그 판단에 있어서는 전문감정인의 정신감정 결과가 중요한 참고자료가 되기는 하나 법원으로서는 반드시 그 의견에 기속을 받는 것은 아니고 그러한 감정결과 뿐만 아니라 범행의 경위 수단 범행 전후의 피고인의 행동 등 기록에 나타난 제반 자료 등을 종합하여 단독적으로 심신장애의 유무를 판단하여야 한다."고 판시하여 심신장애 유무의 판단은 법원의 단순한 사실판단의 문제가 아니고 법관의 '법적·규범적' 판단임을 명확히 하고 있다.162)

요컨대 우리 대법원의 입장에 따르면 사이코패스 등 성격적 장애자가 심신장애로 판정받기 위해서는 "범행당시의 개별적·구체적 정황에 대한 판단을 통해", 상당한 정도의 정신적 결함을 지닌 "중증의" 성격장애자라는 점이, "공판정에 현출된 자료를 토대로" 입증되어야 할 것이다.

대부분의 사이코패스는 도덕적 판단능력이 결여되어 있고 처벌에

Gazzaniga)에 따르면 인간의 폭력행동이 자유의지와는 무관하게 '타고난' 또는 '후천적으로 변형된' 뇌구조에 의해 결정론적으로 좌우된다는 '결정론'은 틀렸다. 만일 '생물학적 결정론'이 옳다면 뇌손상을 입거나 정신분열병이 있는 자들은 모두 폭력범죄를 저질러야 하나 이들 모두가 폭력적이지는 않기 때문이다. 그에 의하면 "뇌는 결정되어 있으나 인간은 자유롭다." 이에 대한 상세한 논증은 마이클 S. 가자니가/김효은 역, 윤리적 뇌, 2009, 123-140면 참조. 우리도 항상 이 문제로 고민을 하였다. 서상문 교수는 항상 사이코패스에게도 '자유의지'가 존재할 수 있음을 역설하였고, 안성조 교수는 기본적으로 그러한 명제에 공감하면서도, 다만 사이코패스에게는 그러한 자유의지의 '자유로운' 발현이 생물학적 장애로 인해 정상인에 비해 제한될 가능성이 크다는 점이 형사책임능력판단에 고려되어야 한다고 강조하였다. 분명 사이코패스도 모두가 범죄자로 발전하지는 않는다는 사실은 항상 염두에 두어야 할 것이다.
162) 대법원 1991.1.26.선고 98도3812판결; 대법원 1984.5.22.선고 84도545판결.

대한 공포로 인해 행동을 억제할 수 있는 두뇌기능에도 장애가 있기 때문에 정상인에 비해 행위통제능력이 제한되어 있는바, 원래의 의미의 정신병을 가진 사람과 동등하다고 평가할 수 있으므로 심신장애자로 인정하는 데 그리 어렵지 않을 것이다. 따라서 의학적인 지식을 가진 전문 감정인이 사이코패스의 제반특징, 즉 도덕적 판단능력이 결여되어 있다는 점, 행동을 통제할 수 있는 뇌의 기능에도 장애가 있다는 점 등을 정확하게 감정해 법원에 현출시킨다면 심신장애자로 인정받을 가능성이 매우 높아 질 것이다. 다만 사이코패스가 책임능력을 제한 받기 위해서는 위와 같이 생물학적으로 심신장애 요건을 갖추었다는 점 외에도 범행 당시 의사결정능력이 결여되었거나 미약했었다는 점 등이 현출된 자료를 통해 입증해야 한다.

즉, 책임능력 제한 여부는 생물학적 요소를 입증하는 것만으로는 부족하고, 범행의 경위 수단 범행 전후의 피고인의 행동 등 기록에 나타난 제반 자료 등을 종합하여 법원이 독자적으로 판단해야 할 법률문제이므로 구체적 사건에 있어서 사이코패스가 범행 당시 의사결정능력이 결여되어 있었다거나 미약했었다는 점을 입증해야만 한다. 그렇기 때문에 사이코패스가 생물학적으로 심신장애 요건을 갖추었다는 점을 인정받는다 하더라도 개별 사건에서 범행 당시 의사결정능력이 결여되어 있었다거나 미약했었다는 점에 대한 입증에 실패하였을 경우 책임능력을 제한 받지 못하므로 정상인과 같은 책임을 지는 것은 부득이하다 할 것이다.

다만 입법적으로 사이코패스의 재범을 방지함으로써 사회를 방위하기 위해서는 치료감호법을 개정하여 치료감호를 받을 수 있도록 해야 할 필요가 있다. 만일 사이코패스가 범행 당시 의사결정능력이 결여되었거나 미약했었음이 입증된다면 치료감호법 제2조 제1항 제1

호에 의하여 치료감호를 받을 수 있을 것이다. 그러나 입증에 실패하였을 경우, 즉 법원이 사이코패스에 대하여 책임능력 제한을 인정하지 않을 경우에 정상인과 같은 책임을 지는 것만으로는 형사정책적으로 적절하지 못하다 할 것이므로 치료감호법 제2조 제1항에 제4호를 신설하여 치료감호를 받을 수 있도록 해야 할 것이다. 즉 "사이코패스로서 금고 이상의 형에 해당하는 범죄를 저지른 자"라는 규정을 신설해야 할 필요가 있다고 본다. 왜냐하면 사이코패스가 비록 범행 당시 의사결정 능력이 결여되었었거나 미약하였음이 인정되지 않았다 하더라도 위에서 본 바와 같이 사이코패스는 정상인 보다 훨씬 재범의 위험이 높다 할 것이어서 이러한 사이코패스가 치료를 받지 않은 상태로 형기만 복역하고 출소한다면 사회적으로 큰 비용을 치를 수 있으므로 치료감호를 통해 위험요인을 제거해 사회에 복귀시킴으로서 재범을 방지해야 함은 형사정책상 당연한 요구이고 귀결일 것이기 때문이다.163)

---

163) 이러한 입법적 방안은 공저자인 서상문 교수의 아이디어와 제안에 의한 것이다. 그러나 "심신장애가 인정되지 않는 사이코패스"에 대한 형사적 대응책에는 보다 신중을 기해야 한다. 우선 신설된 제2조 제1항 제3호의 '정신성적 장애(psychosexual disorders)'가 있는 자가 성폭력 범죄를 저지른 경우, 제2조의 2에 의해 '성폭력 범죄'의 범위를 명확히 규정하여 '인권' 침해의 여지를 줄였듯이, 제4호를 신설할 경우에도 "사이코패스로서 금고 이상의 형에 해당하는 죄를 저지른 자"라고 포괄적으로 규정하는 것보다는 범죄의 종류나 법정형에 일정한 제한을 가할 필요가 있을 것이다. 또 사이코패스가 재범의 위험성이 높은 것은 사실이지만 우리 실정에 맞는 과학적인 임상연구와 통계자료를 축적해 더욱 신뢰도 높은 예측기준이 마련되어야 할 것이다. 만일 그렇지 않고 성급하게 '치료감호법 개정안'을 내놓을 경우, 사회보호의 측면만 강조되고 사이코패스 범죄자의 인권보장은 외면했다는 비판을 면치 못할 것이기 때문이다. 이에 대한 '열린 논의'를 제안하는 바이다. 비슷한 생각은 성경숙·김성돈, 우리나라 치료감호법의 문제점과 개선방향, 성균관법학, 제20권 제2호, 2008, 333면 이하에서 찾아볼 수 있다.

이상의 논지를 요약·정리하자면 다음과 같다.

1. 사이코패스는 생물학적으로 도덕적 판단능력이 결여되어 있고, 처벌에 대한 공포로 인해 행동을 억제할 수 있는 두뇌기능에도 장애가 있기 때문에 정상인에 비해 적법행위를 할 수 있는 의사결정능력이 현저히 제한되어 있다.

2. 중증의 사이코패시가 아니더라도 사이코패시는 심신장애사유에 해당한다.[164]

3. 사이코패스에게는 한정책임능력을, 중증의 사이코패스에게는 한정책임능력 또는 책임무능력을 인정할 수 있다.[165] 단, 사이코패스가 한정책임능력자인지 책임무능력자인지 여부 및 사이코패스라 하더라도 책임능력을 갖추고 있는지 여부는 현출된 자료를 토대로 개별적·구체적으로 판단되어야 할 것이다.

4. 사이코패스의 형사책임능력을 제한하여 치료감호에 처하는 것이 현행법상 가장 합리적인 형사정책이 될 수 있다.

5. 책임능력이 제한되지 않는 사이코패스의 경우에는 현행 치료감호법 제2조 제1항 제4호를 신설하여 치료감호를 받도록 입법론적 방책을 강구해야 한다.

존 롤즈(John Rawls)는 그의 정의론(A Theory of Justice)에서 공정으로서의 정의(Justice as Fairness)를 강조하면서, 사회적 최소수혜자(the least advantaged)에게 최대한의 이익을 보장하는 것이 사회정의를

---

164) 이는 "중증의 성격 장애자만 심신장애에 해당할 여지가 있다."는 대법원의 입장과 다른 부분이다.
165) 다만 중증의 사이코패스라 하더라도 '사이코패시의 일반적 특성상' 책임무능력자로 인정되는 경우는 극히 드물 것이다.

구현하는 것이라고 역설한 바 있다. 최소수혜자란 우연성에서 가장 불우한 사람들로서, 그의 집안 및 사회 계층적 기원이 다른 사람들보다 불리하며, 천부적 재능도 유리한 형편에 있지 못하고, 일생동안 얻게 될 운 역시 보잘것없는 사람들을 말한다.166) 형법적으로 볼 때, '도덕적 판단능력의 부재'는 행위자의 타고난 '운(luck)'의 하나로서 충분히 고려될 필요가 있다. 그러므로 '정신병질'은 형법의 공정한(fair) 적용을 위해서 책임능력판단에 고려되어야 할 것이다. 그럼에도 불구하고 최근 우리 법원이 사이코패스 성향이 강한 것으로 진단받은 피고인에게 높은 형량을 선고하는 정책으로 일관하는 것은 다소 우려스럽다. 즉 사이코패시를 단지 재범의 위험성이 높다는 점에서 형량 가중사유로만 활용하고 있는 것이다.167) 그러나 사이코패스는 형법적 의미에서 정상인에 비해 불운하게 태어난 자로 볼 수 있으며, 따라서 심신장애자와 마찬가지로 일정한 '형법적 배려'를 필요로 한다. 우리가 진정 도덕적이라면, 우리의 가치판단이 사이코패스를 엄벌하는 방향으로 흐르는 것을 억제할 수 있어야 한다. 그들의 선천적인 이상인격에서 기인하는 위험스런 행동은 조기에 발견되고 신속하게 법적 제재가 가해져야 함은 물론이다. 다만 그들이 불운하게 태어난 '도덕적 무능력자'로서, 그로 인해 범죄를 저지르기 쉽고, 결과적으로 형사처벌을 받을 위험에 현저히 많이 노출되어 있는 '형법적 최소수혜자'라는 점을 잊어서는 안 될 것이다.168)

---

166) John Rawls, 앞의 책, 83면 참조.

167) 서울신문, 2009년 2월 9일자.

168) 그러나 이러한 결론은 분명 다양한 관점에서의 비판의 여지를 안고 있을 것이며, 향후 보다 활발한 논의가 이루어져 사이코패스의 형사책임능력에 대한 보다 정치한 이론이 정립될 수 있기를 바라마지 않는다. 본고는 사이코패스의 형사책임능력에 대한 본격적인 논의의 시작일 뿐이다.

제 5 장

사이코패스와의 공존 방향 모색

I. 사이코패스는 헌법 제10조의 적용대상

"Don't forget these people. They have no one, yet they are people. They are desperately lacking and in terrible pain. Those who understand this are so rare: you must not turn your back on them." [1]

헤어가 지적하듯이 사이코패시는 범문화적 성격장애이다(헤어 2005). 다시 말해 시대와 장소를 초월하여 사이코패스는 우리 인류와 함께 해온 존재들이란 말이다. 어쩌면 이러한 표현은 그들이 우리와 다른 인격체라는 뜻으로도 오도할 위험이 있다. 태곳적부터 지금까지 인류공동체의 한 구성원이었다는 말이 더 올바른 표현일 것이다. 우리 주변에 신체적 장애인이 늘 공존해 왔듯이 성격적 장애인도 함께 존재해 왔던 것이다. 그럼에도 불구하고 사이코패스는 우리와 동일한 인격체가 아닌 이방인으로 취급되어 왔던 것이 역사요 현실이다. 우리는 좀체 이들을 우리와 같은 인간으로 보려 하지 않는다. "정장 입은 뱀" 또는 "겉은 자상한 아빠·싹싹한 이웃, 그러나 속은 냉혹한 살인기계" 등 언론매체에 자주 등장하는 선정적인 표현들이 이를 잘 대변해 준다. 그러나 헌법 제10조의 "人間의 尊嚴과 價値"는 사이코패스와 같은 성격적 장애자에게도 적용되어야 마땅하다.[2] 이는 정신병자나 신체장

---

1) 이 인용구는 Theodore Millon, Erik Simonsen, & Morten Birket-Smith, "Historical Conceptions of psychopathy in the United States and Europe", in: *Theodore Millon, Erik Simonsen, Morten Birket-Smith, & Roger D. Davis(eds.), Psychopathy: Antisocial, Criminal and Violent Behavior*, 1998, 28면에서 가져 온 것이다.

2) 비슷한 맥락에서 사이코패스에게 형사처벌이 아닌 치료와 관리를 받을 적극적

애인, 기형아에게도 본조가 적용되어야 하는 것과 동일한 논리다. 그
러므로 우리는 사이코패스라는 이상인격자가 피해갈 수 없는, 우리의
동정어린 관심과 배려를 필요로 하는 공존의 대상이라는 사실을 좀 더
솔직히 시인하고 보다 적극적으로 받아들일 필요가 있다. 만일 그렇지
않고 이들을 우리와 전적으로 다른 '괴물(monster)' 또는 '인간이 아닌
짐승과 같은 존재'로만 취급한다면[3] 그들은 "이 병을 앓고 있다는 불
행에, 이 나라에 태어났다는 불행까지 겪고 있다"는 비판을 면하지 못
할 것이다.[4]

　　권리(positive rights to treatment and control, not punishment)가 있음을 논증하는
　　입장을 소개하고 있는 최신문헌으로는 John T. Parry, Finding A Right to be
　　Tortured, *19 Law & Literature*, 2007, 211~221면 참조. 단, 사이코패스에게 기본
　　권주체로서 헌법 제10조에 보장된 기본권을 향유할 수 있는 능력이 있다고 하더
　　라도, 이 경우 '기본권능력(Grundrechtsfähigkeit)'과 '기본권행사능력(Grundrechts-
　　mündigkeit)'은 명확히 구분되어야 할 것이며, 기본권행사능력을 어느 정도로 인
　　정할 것인지는 "열려 있는 문제"이다.
3) 이와 관련해 서강대 법학전문대학원의 이호중 교수는 '사이코패스'라는 개념이
　　우리 사회에서 '위험의 상징'으로 사용되고 있다며 "이는 '분류'와 '배제'의 논리
　　로 쉽게 연결된다는 점에서 우려된다."고 지적했다. 나아가 정부와 일부 언론이
　　대국민 '사이코패스 공포증'을 은연중에 확산시키며 그것을 교묘히 이용하고 있
　　다고 비판한 뒤, 평범한 시민이라면 '누구나', '언제든지' 사이코패스의 희생양이
　　될 수 있을 것 같은 불안감을 실제 이상으로 과도하게 증폭시킴으로써 치안부재
　　에 대한 정부의 책임을 교묘히 회석시키기고, 강력범죄를 유발하는 사회구조적
　　요인을 뒷전에 감춘 채, 그 원인을 오로지 개인의 폭력적 위험성이라든가 정신적
　　결함 때문인 것으로 치부해 결국 정부의 공권력 강화로 이어지게 만든다고 주장
　　하였다. 이에 대해서는 "사형부활론, 국가 감시 강화하려는 것" 미디어오늘
　　2009, 2.19. 이는 2009, 2.18. 국가인권위원회에서 열린 '사형제폐지 긴급 토론회'
　　에서 발표한 내용 중 일부이다. 좀 다른 관점이지만, 사이코패스 개념이 '정치적
　　으로' 악용될 소지를 안고 있다는 점에서 경청할 만한 지적이다. 다만, 이 점을
　　'역으로' 활용하면 '시민사회의 비판적 공론의 힘'을 통해 '사이코패스적' 언론과
　　공권력을 감시하고 견제할 가능성도 있을 것이다.
4) 이는 일본 정신의학의 개척자인 구레슈조(吳修三)가 일본의 정신병자들을 가리
　　켜 그들을 수용할 안전시설도 없고, 의학적 대책도 마련되지 않았던 근대화 과정

II. 형사법의 대응방안

우리는 앞서 이 사회와 그 공동체 구성원들에게 대단히 위험스러운 범죄충동이 항상 도사리고 있음에도 불구하고 형법의 공정한 적용을 위해서는 사이코패스에게 한정책임능력을, 아네토패스와 같은 중증의 사이코패스에게는 한정책임능력 또는 책임무능력을 인정할 수 있다는 점을 논증하였다. 사이코패스는 생물학적으로 도덕적 판단능력이 결여돼 있고, 처벌에 대한 공포로 인해 행동을 억제할 수 있는 두뇌기능에도 장애가 있어 정상인에 비해 적법행위를 할 수 있는 의사결정능력이 현저히 제한되어 있기 때문이다.

이러한 형사적 대응방안이 자칫 각종 범죄가 격증하고 있는 현대사회의 범죄투쟁에 비효율적이며 지나치게 '온정적'인 대응으로 오인되어서는 안 될 것이다. 지나친 강경대응보다는 오히려 적절한 책임능력 제한과 치료갱생 중심의 사법적 대응모델이 사이코패스에 대한 최적의 형사정책이 될 수 있음은 전술한 바와 같다. 요컨대, 사이코패스의 형사책임능력을 제한하여 치료감호에 처하는 것이 현행법상 가장 합리적인 형사정책이 될 수 있다는 것이다.

III. 우리 사회의 보다 깊은 관심을

1996년 옥스퍼드 대학에서 영국의 회사 경영자 6명 중 1명이 사이코패스라는 연구조사결과가 나온 바 있다.[5] 동서양의 평균적인 사이

당시의 공황상태를 빗대어 남긴 말이나, 본서의 논의맥락에도 잘 부합된다고 생각하여 빌려 온 것이다.

코패스의 유병률에 비추어 보았을 때, 우리나라의 경우 회사 경영자 167명 중 1명은 사이코패스일 가능성이 있다.[6] Hare도 최근 "기업적 사이코패시(corporate psychopaty)"라는 개념을 도입하여 한 기업의 CEO는 물론 기업 자체가 사이코패스적 행동을 보일 수 있다고 진단한 바 있다.[7] 이것은 어쩌면, 비록 시론적인 개념이긴 하지만, '집단적 사이코패시'[8]의 입론가능성을 제시해 주는 실마리가 될 수도 있을 것이다. 이러한 주장이 옳다면 우리는 한 기업과 조직의 리더를 임명하는 과정은 물론, 정치인이나 관료, 국가의 지도자를 선출하는데 있어서도 사이코패스적 인물을 선별해 낼 필요가 있을 것이다. 또 상식적으로 납득하기 힘든 돌출행동과 비윤리적, 탈법적인 행위를 일삼아 우리가 터 잡고 있는 사회에 해악을 끼쳐 온 사이코패스적 기업과 조직은 없는지, 이익집단이나 권력기관은 없는지, 냉철하게 판단해 볼 필요가 있을 것이다. 이는 곧 나와 공동체의 생존과 번영에 직결되는 문제이기 때문이다.

사이코패스가 위험스런 소질과 행동적 특성을 갖고 있다는 많은 임상연구자들의 진단은 여전히 유효하다. 이들의 존재가 처음으로 인식

---

5) Rita Carter/양영철·이양희 역, 뇌 맵핑마인드, 말글빛냄, 2007, 184면 참조.
6) 이는 서구의 사이코패스 유병률을 3%로, 우리나라를 포함한 동양문화권 국가의 유병률을 0.1%로 보았을 때의 단순 통계임에 유의할 필요가 있다.
7) http://www.fastcompany.com/magazine/96/open_boss.html 참조.
8) '집단적 사이코패시'란 한 집단이나 조직이 사이코패스처럼 행동하는 것을 말한다. 이는 잠정적인 개념이지만, 그 입론 가능성을 보여주는 전거는 많다. 예컨대 정신병에 있어서도 프랑스 심리학자 라제크와 파브레라는 두 사람이 1877년 고안해 낸 '감응성 정신병(folie a deux)'이라는 개념을 들 수 있다. 이 용어는 본래 둘 이상의 연관된 사람이 동일한 정신병적 망상을 공유하는 심리현상을 말한다. '상호 정신이상' 또는 '집단적 정신이상'이라고도 번역된다. 이에 대해서는 Harold Schechter/김진석 역, 연쇄살인범 파일, 2007, 85-86면 참조. 본서의 후속편에서 '집단적 사이코패시'를 본격적으로 다룰 것이다.

되기 시작한 때부터 이들에게 꼬리표처럼 붙어 다니고 있는 "도덕적으로 미친(morally insane)" 또는 "반사회적인(antisocial)"이란 진단명이 이를 잘 입증해 준다. 사이코패스도 우리와 같이 인간으로서의 존엄과 자유를 향유할 수 있는 존재인 것은 분명하지만, 이들이 지닌 임상적 특성을 애써 외면해서는 안 될 것이다. 그것은 오히려 이들은 물론 사회에 더 큰 불행을 초래할 뿐이다. 과학적 진실을 억지로 덮을 수는 없다. 따라서 차라리 이들의 존재와 증상을 공론화시켜 열린 공간에서 합리적인 해결책이 마련될 수 있도록 사회적으로 개방된 여건을 조성하는 편이 훨씬 바람직하다고 본다.

그 과정에서 무엇보다도 우리는 항상 이들이 "나와 동일한 인간이지만, 성격적 교정이 필요한" 사람, 한 마디로 "같지만 치료가 필요한" 사람이라는 점을 잊어서는 안 될 것이다. 또 거의 주기적으로 참혹한 사건이 터질 때마다 간헐적으로 표출되는 즉흥적이고 감정적이며, 단순 흥미위주의 관심이 아닌, 보다 깊은 고민을 꾸준히 지속시킬 수 있는 전사회적 관심이 필요하다. 바로 그러한 사회적 관심이 절실한 시점이다.

자, 우리 주변을 한 번 둘러보자. 정치인이든, 기업가든, 나의 경쟁자든, 애인이든, 친구든, 적이든, 선임자나 상급자이든 하급자나 부하이든, 또 내가 속한 회사나 조직, 집단이 사이코패스적 특성을 보이지는 않는지. 내가, 그리고 우리 사회가 그들을 어떻게 처우하는 것이 바람직할 것인지 함께, 그리고 깊이 고민해 보자.

사이코패스에 대한 올바른 이해와 적실한 대책마련, 그리고 바람직한 공존방향의 모색에 얼마나 앞서 나아가느냐는 우리 사회의 번영과 문화적 성숙도, 인권의식의 발달수준을 가늠케 해 주는 중요한 척도가 될 것이다.

참고문헌

1. 국내문헌

김돈수·김영대·유승화·김용덕·최영철(건양대학교 의과대학 신경과학교실, 연세대학교 의과대학 신경과학교실), "전두측두엽성 치매의 측두엽 변이형: 의미치매", 「대한신경과학회지」 20(1), 2002.

김상준, "사이코패스에 대한 사법적 대응", 한림대학교응용심리연구소·한국사회 및 성격심리학회·법무부교정국 공동주최 국제심포지엄, 「범죄와 사이코패시 - 이해와 대책」, 2005.

김선수, "정신병질 범죄자의 처우에 관한 연구", 「경남법학」 제2집, 1986.

김형준, "충동조절장애자의 책임능력", 「중앙법학」 제9집, 2007.

노용우, "책임능력판단에 있어서 심신장애의 의미", 「형사법연구」 제15권, 2001.

박상혁, "도덕의 규범성(I) - 도덕 판단의 동기 유발력 -", 「철학적 분석 」, 제6호, 2002.

박용철, "정신질환자 중 사이코패스에 대한 형사법적 대처방안", 「형사정책」 제19권 제2호, 2007.

성경숙·김성돈, "우리나라 치료감호법의 문제점과 개선방향", 「성균관법학」, 제20권 제2호, 2008.

안성조, "사이코패스의 범죄충동과 통제이론", 「경찰법연구」 제6권 제1호, 2008.

안성조, "사이코패스의 형사책임능력", 「형사법연구」 제20권 제4호, 2008.

안성조, "사이코패시의 원인론, 그 형사정책적 함의", 「이영란교수화갑기념논문집」, 2008.

오상원, "한정책임능력의 본질", 「형사법연구」 제11권, 1999.

이수정, "고위험 성범죄로부터 사회보호를 위한 대안 모색", 성범죄자에 대한

치료사법적 대안모색(법무부·여성가족부·국가청소년위원회·한국심리
학회 공동주최국제심포지움), 2007.
정규원, "형법상 책임능력에 관한 연구: 판단기준을 중심으로", 서울대 석사학
위논문, 1997.
한정환, "심신장애와 책임능력", 「형사법연구」 제15권, 2001.

김성돈, 「형법총론」, 2006.
김일수·서보학, 「형법총론」, 2003.
배종대, 「형법총론」, 1999.
손동권, 「형법총론」, 2005.
신동운, 「형법총론」, 법문사, 2008.
오영근, 「형법총론」, 2005.
이영란, 「형법학 – 총론강의」, 2008.
이유경, 원형과 신화, 2004.
이재상, 「형법총론」, 박영사, 2006.
정영일, 「형법총론」, 박영사, 2007.

2. 번역서

Adrian Raine & Yaling Yang, "The Neuroanatomical Bases of Psychopathy(사이
코패시의 신경해부학적 기초)", 법무부·여성가족부·국가청소년위원
회·한국심리학회 공동주최, 「성범죄자에 대한 치료사법적 대안모색」,
2007.
Adrian Raine, Todd Lencz, Susan Bihrle & Lori LaCAsses, & Patrick Colletti,
"Reduced Prefrontal Gray Matter Volume and Reduced Automatic
Activity in Antisocial Personality Disorder(반사회적 인격장애에서 전
전두엽 회백질 부피의 감소와 자율신경계 활동의 감소)", 법무부·여성
가족부·국가청소년위원회·한국심리학회 공동주최, 「성범죄자에 대한
치료사법적 대안모색」, 2007.

바버라 오클리, 이종삼 역, 「EVIL GENES」, 2008.

C.G. Jung/융 저작 변역위원회 역, 원형과 무의식, 1984.

Eric R. Dodds/주은영·양호영 역, The Greeks and the Irrational(그리스인들과 비이성적인 것들), 2002(원전은 1951년 Berkeley 출판).

Gerald C. Davison, John M. Neale, & Ann M. Kring/이봉건 역, 「이상심리학 (Abnormal Psychology)」, 제9판, 2005.

Harold Schechter, 김진석 역, 연쇄살인범 파일, 2007.

Martha Stout, 김윤창 역, 「당신 옆의 소시오패스(the sociopath next door)」, 2008.

마이클 S. 가자니가, 김효은 역, 윤리적 뇌, 2009.

Michel Foucault, 박정자 역, 「비정상인들(LES ANORMAUX)」, 2001.

Rita Carter, 양영철·이양희 역, 뇌 맵핑마인드, 말글빛냄, 2007.

로버트 D. 헤어, 조은경·황정하, 진단명: 사이코패스, 2005.

토마스 밀러/김태회 역, 인간이라는 야수, 2009.

필립 짐바르도, 이충호·임지원 역, Luciffer Effect, 2007.

Robert D. Hare, 조은경·이수정 역, PCL-R(전문가 지침서), 학지사 심리검사연구소, 2008.

3. 외국문헌

A. Aichorn, Wayward Youth, New York: Viking, 1935.

Alfred R. Mele, Self-Deception Unmasked, 2001.

Anita Lill Hansen, Bjørn Helge Johnsen, Stephen Hart, Leif Waage, & Julian F. Thayer, Psychopathy and Recognition of Facial Expressions of Emotion, *Journal of Personality Disorders*, December 2008.

B. Hicks, K. Markon, C. Patrick, & R. Krueger, Identifying psychopathy subtypes on the basis of personality structure, *16 Psychological Assessment*, 2004.

Ben Karpman, The Myth of the Psychopathic Personality, *104 American Journal of Psychiatry*, 1948.

C. Patrick, B. Cuthbert, & P. Lang, Emotion in the criminal psychopath: fear image processing, *103 Journal of Abnormal Psychology*, 1994.

C. Patrick, Getting to the heart of psychopathy, in: H. Herve & J. Yullie (eds.), *The Psychopath: theory, research, and practice*, 2007.

Charles Fischette, "Psycopathy and Responsibility", *Virginial Law Review*, September. 2004.

Christina Lee, "The Judicial Response to Psychopathic Criminal: Utilitarianism over Retribution", *31 Law and Psychology Review*, 2007.

D.C. Fowel & K. Missel, Electrodermal hyporeactivity, motivation, and psychopathy: Theoretical Issues, in: D. Fowles, P. Sutker, & S. Goodman(eds.), Psychopathy and antisocial personality: A developmental perspective, Vol, 17. *Progress in experimental personality and psychopathology research*, 1994.

Daniel C. Murrie, Dewey G. Cornell, & Wendy K. McCoy, Psychopathy, Conduct Disorder, and Stigma: Does Diagnostic Labeling Influence Juvenile Probation Officer Recommendations?, *Law and Human Behaviour*, Vol.29, No.3, June 2005.

David J. Cooke & Christine Michie, "Refining the Construct of Psychopathy: Towards a Hierarchical Model", Psychological Assessment, Vol.13(2), June 2001.

David T. Lykken, The Antisocial Personalities, 1995.

E.E. Gorenstein & J.P. Newman, "Disinhibitory Psychopathology: A New Perspective and a Model for Research", *87 Psychological Review*, 1980.

Erich Fromm, The anatomy of human destructiveness, New York: Holt, Rinehart & Winston, 1973.

F.C. Thorne, The Etiology of Sociopathic Reactions, *13 American Journal of Psychotherapy*.

Franz Alexander, Psychoanalysis of the total personality, New York: Nervous and Mental Disease Publications, 1930.

G.E. Woody, T.A. McLellan, L. Lubersky, & C.P. O'brien, Sociopathy and Psychotherapy Outcome, *42 Archives of General Psychiatry*, 1985.

G.T. Harris, M.E. Rice, & C.A. Cormier, Psychopathy and violent Recidivism, *15 Law and Human Behaviour*, 1991.

Gerald F. Gaus, "Value and Justification", The Foundation of Liberal Theory,

1990.

Grant T. Harris et al., "The Construct of Psychopathy", *28 Crime & Justice*, 2001.

Grant T. Harris, Tracy A. Skilling, & Marine E. Rice, The Construct of Psychopathy, *28 Crime & Justice*, 2001.

H.C. Harpending & J.Sobus, "Sociopathy as and adaptation", *8 Etiology and Sociobiology*, 1987.

H.M. Rosow, Some Observations on Group Therapy with Prison Inmates, *1 Archives of Criminal Psychodynamics*, 1955.

H.R. Lipton, The Psychopath, *40 Journal of Criminal Law and Criminology*, 1950.

Hans-Heinrich Jescheck & Thomas Weigend, Lehrbuch des Strafrechts, Allgemeiner Teil, 1996.

Hebert Fingarette, The Meaning of Criminal Insanity, 1972.

Heidi L. Maibom, The Mad, the Bad, and the Psychopath, Neuroetics, 2008.

Henry Maudsley, Responsibility in mental disease, New York: D. Appleton and company, 1898.

Herbert C. Quay, The Psychopathology of Undersocialized Aggressive Conduct Disorder: A Theoretical Perspective, *5 Development & Psychopathology*, 1993.

Herodotus, The Histories, Penguin Classics, 2003(trans. Aubrey de Sélincourt).

Hervey Cleckley, The Mask of Sanity, St.Louis:Mosby, 1950.

J. Hillman, Anima II., 1974.

J. MacMllan & L.K. Kofoed, "Sociobiology and antisocial behaviour", *172 Journal of Mental and Nervous Diseases*, 1984.

J. McCord, Parental Behaviour in the Cycle of Aggression, *51 Psychiatry*, 1982.

J.A. Gray, The neuropsychology of fear and stress, Cambridge Univ. Press, 1987.

J.P. Newman & J.F. Wallace, "Psychopathy and Cognition", in: P. Kendall & K. Dobson (eds.), *Psychopathy and Cognition*, 1993.

James R. P. Ogloff & Stephen Wong, Treating Criminal Psychopaths in a Therapeutic Community Program, *Behavioral Sciences and the Law*, 1990.

Jan Looman, Jeffrey Abracen, Ralph Serin, & Peter Marquis, "Psychopathy,

Treatment Change, and Recidivism in High-Risk, High-Need Sexual Offenders", *20 Journal of Interpersonal Violence*, 2005.

Jane. M. Murphy, "Psychiatric Labeling in Cross-Cultural Perspective: Similar kinds of Disturbed Behaviour appear to be labeled Abnormal in Diverse Cultures", *191 Science*, 1976.

Jennifer L. Skeem et al., Psychopathy, Treatment Involvement, and Subsequent Violence among Civil psychiatric patients, *Law and Human Behavior*, 2002.

Joel Paris, "A Biopsychological Model of Psychopathy", *1 Psychopathy*, 1998.

John Edward Talley, A Jungian Point, in: William H. Reid (ed.) *The Psychopath: A Comprehensive Study of Antisocial Disorder and Behaviors*, 1978.

John Martin Fischer & Mark Ravizza, Responsibility and Control: A Theory of Moral Responsibility, 1998.

John Rawls, Theory of Justice, Harvard Univ. Press, 2001(1971년 초판발행).

John T. Parry, Finding A Right to be Tortured, *19 Law & Literature*, 2007.

Joshua Dressler, "Reflections on Excusing Wrongdoers: Moral Theory, New Excuses and the Model Penal Code", *19 Rutgers Law Journal*, 1988.

K. Syndulko, Electrocortical investigation of sociopathy, in: R.D. Hare & D. Shalling (eds.), *Psychopathic Behaviour: Approaches to research*, 1978.

Karen D'Silva et al., Does Treatment really make psychopaths worse? A review of the evidence. *Journal of Personality Disorders*, 2004.

Ken Magid, Personal Communication, July, 22, 1993.

Kurt Schneider, Die psychopathischen Personlichkeit, Wien: Franz Deuticke, 1950.

Larry Siever, "Neurobiology in Psychopathy", *1 Psychopathy*, 1988,

Lisa Ells, "Juvenile Psychopathy: The Hollow Promise of Prediction", *Columbia Law Review*, January, 2005.

M. Schmideberg, Psychology and Treatment of the Criminal Psychopath, *20 International Journal of Psychoanalysis*, 1949.

M.C. Seto & H.E. Barbaree, Psychopathy, treatment behavior, and sex offender recidivism, *14 Journal of Interpersonal Violence*, 1999.

Martin L. Lalumiere, Tracey A. Skilling, & Marnie E. Rice, Psychopathy and Developmental Instability, *22 Evolution & Human Behaviour*, 2001.

Matthew Owen Howard, James Herbert Williams, Michael George Vaughn, & Tonya Edmond, "Promise and Perils of A Psychopathology of Crime: The Troubling Case of Juvenile Psychopathy", *14 Washington Univ. Journal of Law and Policy*, 2004.

N. Showstack, Treatment of Prisoners at the California Medical Facility, *112 Americal Journal of Psychiatry*.

Peter Arenella, "Character, Choice, and Moral Agency: The Relevance of Character to our Moral Culpability Judgement", *Social Philosophy and Policy*, Spring 1990.

Peter Johansson & Margaret Kerr, Psychopathy and Intelligence: A Second Look, Journal of Personality disorders, August 2005.

Peter Strawson, "Freedom and Resentment", in: Gary Watson (ed.), *Free Will*, 2003.

Petter McGuffin & Anita Thapar, "Genetics and Antisocial Personality Disorder", *1 Psychopathy*, 1998.

Pierre Briant, From Cyrus to Alexander: A History of Persian Empire, 2002.

R. Kegan, "The child behind the mask", in: W.H. Reid, D. Dorr, J.I. Walker, & J.W. Bonner III (eds.), *Unmasking the psychopath*, 1986.

R.J. Corsini, Psychodrama with a Psychopath, 11 Group Psychotherapy.

R.T. Salekin, Psychopathy and therapeutic pessimism: Clinical lore or clinical reality?, *22 Clinical Psychology Review*, 2002.

Raymond M. Wood et al., Psychological Assessment, Treatment, and Outcome with Sex Offenders. *Behavioral Sciences and the Law*, 2000.

Rebecca Taylor LaBrode, Etiology of the psychopathic serial killer: An analysis of antisocial personality disorder, psychopathy, and serial killer personality and crime scene characteristics, *Brief Treatment and Crisis Intervention*, May 2007.

Richard J. Bonnie, "The Moral Basis of the Insanity Defense", *69 A.B.A.J.*, 1983.

Robert D. Hare, "Psychopaths and Their Nature: Implications for the Mental Health and Criminal Justice Systems", in: Theodore Millon, Erik Simonsen, Morten Birket-Smith, & Roger D. Davis(eds.), *Psychopathy: Antisocial, Criminal and Violent Behavior*, 1998.

Robert D. Hare, David J. Cooke, & Stephen D. Hart, "Psychopathy and Sadistic

Personality Disorder", in: Theodore Millon, Paul H. Blaney & Roger D. Davis, *Oxford Textbook of Psychopathology*, Oxford Univ. Press, 1999.

Robert D. Hare, Psychopathy: Theory and Research, 1970.

Robert D. Hare, Without Conscience: The Disturbing World of Psychopaths among Us, 1995.

Robert Schopp et al, "Expert Testimony and Professional Judgement Psychological Expertise and Commitment as a Sexual Predator After Hendricks", *5 Psychology, Public Poicy & Law*, 1999.

S. Wong, Psychopathic offenders, in: S. Hodgins & R. Muller-Isberner (eds.), *Violence, Crime and Mentally Disordered Offenders: Concepts and methods for effective treatment and prevention*, 2000.

Steven J. Morse, "Excusing and the New Excuse Defense: A Legal and Conceptual Review", *23 Crime & Justice*, 1999.

Steven J. Morse, "Uncontrollable Urges and Irrational People", *88 Virginia Law Review*, 2002.

Steven Porter, Without Conscience or Without Active Conscience? The Etiology of Psychopathy Revisited, *1 Aggression & Violent Behaviour*, 1996.

T. Carnahan & S. McFarland, Revisiting the Stanford Prison Experiment; S.A. Haslam & S. Reicher, Beyond the Banality of Evil: Three Dynamics of an Interactionist Social Psychology of Tyranny, in: *33Personality and Social Psychology Bulletin*, No. 5, 2007.

T.A. Widiger, Psychopathy and normal personality, in: D.J. Cooke, A.E. Forth, & R.D. Hare(eds.), *Psychopathy: Theory, research, and implications for society*, 1998.

T.C. Rodgers, Hypnotherapy in Character Neuroses, *8 Journal of Clinical Psychopathology*, 1947.

T.J. Harpur, S.D. Hart, & R.D. Hare, Personality of the psychopath, in: P.T. Costa & T.A. Widiger (eds.), *Personality disorders and the five-factor model of personality*, 1994.

Takamura Karou & Noda Masaaki, Japanese Society and Psychopath, *Japan echo*, October 1997.

Theodore Millon, Erik Simonsen, & Morten Birket-Smith, "Historical Conceptions of psychopathy in the United States and Europe", in:

Theodore Millon, Erik Simonsen, Morten Birket-Smith, & Roger D. Davis(eds.), *Psychopathy: Antisocial, Criminal and Violent Behavior*, 1998.

Thomas Nagel, The Possibility of Altruism, 1970.

Timothy Francis Leary, Interpersonal diagnosis of personality, New York: Ronal Press, 1957.

V.L. Quinsey, G.T. Harris, M.E. Rice, & C.A. Corimier, Violent offenders: Appraising and managing risk, 1998.

W. Larbig, R. Veit, H. Rau, P. Schlottke, & N. Birbaumer, Cerebral and peripheral correlates in psychopaths during anticipation of aversive stimulation, in: Paper presented at Annual Meeting of the Society for Psychophysiological Research, San Diege, October, 1992.

William L. Marshall, Yolanda M. Fernandez, Liam E. Marshall, & Geris A. Serren (eds.), *Sexuall Offender Treatment*, 2006.

William McCord & Joan McCord, The Psychopath: An Essay on the Criminal Mind vii, 1964.

부 록

치료감호소 현황

[2009.6.5. 치료감호소(국립법무병원)]

I. 일 반 현 황

1. 임 무

■ 치료감호법에 의하여 치료감호처분을 받은 자의 수용·감호와 치료
및 이에 관한 조사·연구
■ 법원·검찰·경찰로부터 의뢰된 자에 대한 정신감정

2. 연 혁

년 월 일	내 용	참 고
'87. 11. 18.	치료감호소 개청(500병상)	
'93. 11. 18.	전공의 수련병원 지정	
'95. 10. 15.	500병상 병동 증축(1,000병상)	
'97. 11. 10.	병원명칭 병행 사용「국립감호정신병원」	
'04. 1. 29.	약물중독재활센터 개관	
'06. 7. 11.	병원명칭 국립법무병원 변경	
'09. 1. 15.	성폭력치료재활센터 개관	직제 미반영

3. 기 구

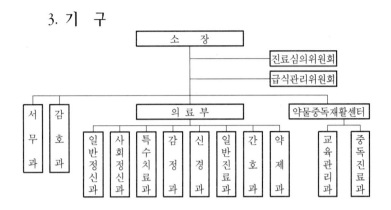

4. 직 원

직렬 구분	계	별정직	일 반 직											기능직
			보호	의무	약무	간호	보건	시설	전산	식품 위생	공업	의료 기술		
정 원	333	14	30	15	3	85	5	1	1	2	1	6		170
현 원	329	14	29	14	3	84	4	1	1	2	1	6		170
결 원	4	0	1	1	0	1	1	0	0	0	0	0		0

※ 정원외 10명(전공의 8, 공중보건의 2) 근무 중

5. 시 설

(단위 : ㎡)

토 지						건 물						
계	구 내			구 외		계	사무실	병동 (1000 병상)	기숙사 (92실)	가정관 (1동3실)	비상대기 소(4동 69세대)	기타
	대지	임야	기타	대지 (관사)	도로							
302,747	110,817	137,060	28,669	10,591	15,610	46,264	10,110	22,469	3,611	232	4,455	5,387

II. 수 용 현 황

1. 수용인원

2009. 6. 4기준

정 원	현 원				수용밀도 (1인당)	참 고
	계	피치료 감호자	감정 유치	감호 위탁		
1,000명	797	753	44	0	6.0㎡	
	(102)	(96)	(6)	(0)		

※ (   )은 여자

2. 수용자 내역

1) 죄명별

성별＼구분	계	살 인	폭 력	강 간	절 도	마약류	방 화	강 도	상·폭 행 치사	기 타
계	753	276	124	81	56	44	50	45	36	41
	(100%)	(36.7)	(16.5)	(10.8)	(7.4)	(5.8)	(6.6)	(6.0)	(4.8)	(5.4)
남	657	224	113	81	45	44	43	44	29	34
여	96	52	11	0	11	0	7	1	7	7

2) 병명별

성별＼구분	계	정신 분열	조울증	정신 지체	알코올	망상 장애	약 물 류		성격 장애	간질	기 타
							마약	기타			
계	753	410	63	60	59	39	14	27	14	13	54
	(100%)	(54.4)	(8.4)	(8.0)	(7.8)	(5.2)	(1.8)	(3.6)	(1.9)	(1.7)	(7.2)
남	657	356	47	54	57	31	14	27	11	12	48
여	96	54	16	6	2	8	0	0	3	1	6

3) 연령별

구분 성별	계	20세미만	20~29세	30~39세	40~49세	50~59세	60세이상
계	753	4	112	232	259	116	30
	(100%)	(0.5)	(14.9)	(30.8)	(34.4)	(15.4)	(4.0)
남	657	4	99	200	229	103	22
여	96	0	13	32	30	13	8

4) 학력별

구분 성별	계	무 학	초 졸	중 졸	고 졸	대 졸
계	753	37	115	141	328	132
	(100%)	(4.9)	(15.3)	(18.7)	(43.6)	(17.5)
남	657	32	95	132	281	117
여	96	5	20	9	47	15

5) 수용기간별

구분 성별	계	1년 미만	1년이상 2년미만	2년이상 3년미만	3년이상 4년미만	4년이상 5년미만	5년이상 10년미만	10년 이상
계	753	237	176	113	62	50	101	14
	(100%)	(31.5)	(23.4)	(15.0)	(8.2)	(6.6)	(13.4)	(1.9)
남	657	213	152	92	54	44	88	14
여	96	24	24	21	8	6	13	0

6) 입소횟수별

구분 성별	계	1회	2회	3회	4회	5회 이상
계	753	647	83	12	5	6
	(100%)	(85.9)	(11.0)	(1.6)	(0.7)	(0.8)
남	657	558	78	11	4	6
여	96	89	5	1	1	0

III. 치 료 활 동

1. 분류심사

- 입소 후 1개월간 검사병동 및 여자병동에 수용
- 각종 검사(신경기능, 방사선, 임상심리, 임상병리 등)후 신체, 정신상태 진단
- 증상에 따른 치료지침 제시 및 담당주치의 지정

2. 분리수용

- 검사병동 : 중환자 및 신입 피치료감호자·감정유치자
- 여자병동 : 여자 피치료감호자 및 감정유치자
- 일반병동 : 심신장애자
- 약물중독재활센터 : 마약류 및 약물남용자
- 성폭력치료재활센터 : 소아 성기호증 등 정신성적 성범죄자

3. 정신과적 치료

- 담당주치의 지정
- 증상에 따른 치료방법 결정
- 정신요법, 약물요법, 환경요법 등 담당주치의사의 치료계획에 의한 치료 실시

4. 특수치료 활동

■ 소집단치료

심리극, 합창, 보컬관악, 풍물, 무용, 레크리에이션, 미술, 지점토, 수직염색, 도자기공예, 서예, 꽃꽂이, 봉투작업, 원예 등

■ 대집단치료

무용발표회, 합창대회, 체육대회, 사생대회, 가요제, 연극제, 영화상영, 방송을 통한 음악치료

5. 의료재활치료

■ 사회기술훈련, 정신건강교육, 단주교육 등

6. 직업능력 개발훈련

■ 대상 : 증상이 양호하고 직업재활훈련이 필요한 자
■ 종목 : PC정비, 건축도장, 도배, 조적, 타일 등 5개 공과

7. 약물중독사범 치료

■ 진단단계 : 단약교육 실시 전 정신과적 합병증 여부 판별, 오리엔테이션, 시청각교육
■ 단약교육 : 12단계, 분노조절훈련, 약물중독치료, 심리치료 등 운영 (12주)

■ 재활교육 : 심성순화 및 안정된 사회정착 도모, 음악요법·미술치료·
서예·웃음치료·원예 등 사회기술 훈련교육 운영

8. 무료 외래진료

■ 목적 : 출소자의 정신질환 재발 및 재범방지
■ 대상 : 치료감호 종료 및 가종료자 중 희망자
■ 기간 : 출소 후 5년(1차 5년 연장 가능)
 - 향후 평생 진료 및 투약 예정

9. 성폭력 치료재활센터 개관

■ 목적 : 소아 성기호증 등 정신성적 장애를 가진 성폭력 범죄자에 대
한 치료·재활 도모
■ 운영 : 정신과적 치료, 의료재활프로그램, 직업훈련교육과정 운영
■ 내용 : 약물·정신·환경요법, 충동·분노조절 프로그램 등
 ※ 지상 3층의 100병상 규모, '10. 11.까지 200병상 추가 시설 신축예정

치료감호법
[시행 2008.12.14] [법률 제9111호, 2008.6.13, 일부개정]

법무부 (보호기획과) 02-503-7061

제1장 총칙 〈개정 2008.6.13〉

제1조 (목적)

이 법은 심신장애 상태, 마약류·알코올이나 그 밖의 약물중독 상태, 정신성적 장애가 있는 상태 등에서 범죄행위를 한 자로서 재범의 위험성이 있고 특수한 교육·개선 및 치료가 필요하다고 인정되는 자에 대하여 적절한 보호와 치료를 함으로써 재범을 방지하고 사회복귀를 촉진하는 것을 목적으로 한다.

[전문개정 2008.6.13]

제2조 (치료감호대상자)

①이 법에서 "치료감호대상자"란 다음 각 호의 어느 하나에 해당하는 자로서 치료감호시설에서 치료를 받을 필요가 있고 재범의 위험성이 있는 자를 말한다.

1. 「형법」 제10조제1항에 따라 벌할 수 없거나 같은 조 제2항에 따

라 형이 감경되는 심신장애자로서 금고 이상의 형에 해당하는 죄를 지은 자

2. 마약·향정신성의약품·대마, 그 밖에 남용되거나 해독을 끼칠 우려가 있는 물질이나 알코올을 식음·섭취·흡입·흡연 또는 주입받는 습벽이 있거나 그에 중독된 자로서 금고 이상의 형에 해당하는 죄를 지은 자

3. 소아성기호증, 성적가학증 등 성적 성벽이 있는 정신성적 장애자로서 금고 이상의 형에 해당하는 성폭력범죄를 지은 자

②제1항제2호의 남용되거나 해독을 끼칠 우려가 있는 물질에 관한 자세한 사항은 대통령령으로 정한다.

[전문개정 2008.6.13]

제2조의2 (치료감호 대상 성폭력범죄의 범위)

제2조제1항제3호의 성폭력범죄는 다음 각 호의 범죄를 말한다.

1. 「형법」 제297조(강간)·제298조(강제추행)·제299조(준강간, 준강제추행)·제300조(미수범)·제301조(강간등 상해·치상)·제301조의2(강간등 살인·치사)·제302조(미성년자등에 대한 간음)·제303조(업무상위력등에 의한 간음)·제305조(미성년자에 대한 간음, 추행) 및 제339조(강도강간)의 죄

2. 「성폭력범죄의 처벌 및 피해자보호 등에 관한 법률」 제5조(특수강도강간등)부터 제8조(장애인에 대한 간음등)까지, 제8조의2(13세미만의 미성년자에 대한 강간, 강제추행 등) 및 제9조(강간등 상해·치상)부터 제12조(미수범)까지의 죄

3. 「청소년의 성보호에 관한 법률」 제7조(청소년에 대한 강간·강제추행 등)의 죄

4. 제1호부터 제3호까지의 죄로서 다른 법률에 따라 가중 처벌되는
   죄
[본조신설 2008.6.13]

제3조 (관할)

①치료감호사건의 토지관할은 치료감호사건과 동시에 심리하거나 심
  리할 수 있었던 사건의 관할에 따른다.

②치료감호사건의 제1심 재판관할은 지방법원합의부 및 지방법원지
  원 합의부로 한다. 이 경우 치료감호가 청구된 치료감호대상자(이
  하 "피치료감호청구인"이라 한다)에 대한 치료감호사건과 피고사
  건의 관할이 다른 때에는 치료감호사건의 관할에 따른다.

[전문개정 2008.6.13]

제2장 치료감호사건의 절차 등

제4조 (검사의 치료감호 청구)

①검사는 치료감호대상자가 치료감호를 받을 필요가 있는 경우 관할
  법원에 치료감호를 청구할 수 있다.

②치료감호대상자에 대한 치료감호를 청구할 때에는 정신과 등의 전
  문의의 진단이나 감정을 참고하여야 한다. 다만, 제2조제1항제3호
  에 따른 치료감호대상자에 대하여는 정신과 등의 전문의의 진단이
  나 감정을 받은 후 치료감호를 청구하여야 한다.

③치료감호를 청구할 때에는 검사가 치료감호청구서를 관할 법원에
  제출하여야 한다. 치료감호청구서에는 피치료감호청구인 수만큼의

부본을 첨부하여야 한다.

④치료감호청구서에는 다음 각 호의 사항을 적어야 한다.

1. 피치료감호청구인의 성명과 그 밖에 피치료감호청구인을 특정할
   수 있는 사항

2. 청구의 원인이 되는 사실

3. 적용 법 조문

4. 그 밖에 대통령령으로 정하는 사항

⑤검사는 공소제기한 사건의 항소심 변론종결 시까지 치료감호를 청
구할 수 있다.

⑥법원은 치료감호 청구를 받으면 지체 없이 치료감호청구서의 부본
을 피치료감호청구인이나 그 변호인에게 송달하여야 한다. 다만, 공
소제기와 동시에 치료감호 청구를 받았을 때에는 제1회 공판기일
전 5일까지, 피고사건 심리 중에 치료감호 청구를 받았을 때에는 다
음 공판기일 전 5일까지 송달하여야 한다.

⑦법원은 공소제기된 사건의 심리결과 치료감호를 할 필요가 있다고
인정할 때에는 검사에게 치료감호 청구를 요구할 수 있다.

[전문개정 2008.6.13]

제5조 (조사)

①검사는 범죄를 수사할 때 범죄경력이나 심신장애 등을 고려하여 치
료감호를 청구함이 상당하다고 인정되는 자에 대하여는 치료감호
청구에 필요한 자료를 조사하여야 한다.

②사법경찰관리(특별사법경찰관리를 포함한다. 이하 같다)는 검사의
지휘를 받아 제1항에 따른 조사를 하여야 한다.

[전문개정 2008.6.13]

제6조 (치료감호영장)

①치료감호대상자에 대하여 치료감호를 할 필요가 있다고 인정되고 다음 각 호의 어느 하나에 해당하는 사유가 있을 때에는 검사는 관할 지방법원 판사에게 청구하여 치료감호영장을 발부받아 치료감호대상자를 보호구속[보호구금과 보호구인을 포함한다. 이하 같다]할 수 있다.

1. 일정한 주거가 없을 때

2. 증거를 인멸할 염려가 있을 때

3. 도망하거나 도망할 염려가 있을 때

②사법경찰관은 제1항의 요건에 해당하는 치료감호대상자에 대하여 검사에게 신청하여 검사의 청구로 관할 지방법원 판사의 치료감호영장을 발부받아 보호구속할 수 있다.

③제1항과 제2항에 따른 보호구속에 관하여는 「형사소송법」 제201조 제2항부터 제4항까지, 제201조의2부터 제205조까지, 제208조, 제209조 및 제214조의2부터 제214조의4까지의 규정을 준용한다.

[전문개정 2008.6.13]

제7조 (치료감호의 독립 청구)

검사는 다음 각 호의 어느 하나에 해당하는 경우에는 공소를 제기하지 아니하고 치료감호만을 청구할 수 있다.

1. 피의자가 「형법」 제10조제1항에 해당하여 벌할 수 없는 경우

2. 고소·고발이 있어야 논할 수 있는 죄에서 그 고소·고발이 없거나 취소된 경우 또는 피해자의 명시적인 의사에 반하여 논할 수 없는 죄에서 피해자가 처벌을 원하지 아니한다는 의사표시를 하거나 처벌을 원한다는 의사표시를 철회한 경우

3. 피의자에 대하여 「형사소송법」 제247조에 따라 공소를 제기하
   지 아니하는 결정을 한 경우

[전문개정 2008.6.13]

제8조 (치료감호 청구와 구속영장의 효력)

구속영장에 의하여 구속된 피의자에 대하여 검사가 공소를 제기하
지 아니하는 결정을 하고 치료감호 청구만을 하는 때에는 구속영장은
치료감호영장으로 보며 그 효력을 잃지 아니한다.

[전문개정 2008.6.13]

제9조 (피치료감호청구인의 불출석)

법원은 피치료감호청구인이 「형법」 제10조제1항에 따른 심신장애
로 공판기일에의 출석이 불가능한 경우에는 피치료감호청구인의 출석
없이 개정할 수 있다.

[전문개정 2008.6.13]

제10조 (공판절차로의 이행)

①제7조제1호에 따른 치료감호청구사건의 공판을 시작한 후 피치료감
   호청구인이 「형법」 제10조제1항에 따른 심신장애에 해당되지 아니
   한다는 명백한 증거가 발견되고 검사의 청구가 있을 때에는 법원은
   「형사소송법」에 따른 공판절차로 이행하여야 한다.

②제1항에 따라 공판절차로 이행한 경우에는 치료감호를 청구하였던
   때에 공소를 제기한 것으로 본다. 이 경우 치료감호청구서는 공소장
   과 같은 효력을 가지며, 공판절차로 이행하기 전의 심리는 공판절차
   에 따른 심리로 본다. 공소장에 적어야 할 사항은 「형사소송법」 제

298조의 절차에 따라 변경할 수 있다.

③약식명령이 청구된 후 치료감호가 청구되었을 때에는 약식명령청구
는 그 치료감호가 청구되었을 때부터 공판절차에 따라 심판하여야
한다.

[전문개정 2008.6.13]

제11조 (공판 내용의 고지)

제10조에 따라 공판절차로 이행하는 경우 피고인의 출석 없이 진
행된 공판의 내용은 공판조서의 낭독이나 그 밖의 적당한 방법으로 피
고인에게 고지하여야 한다.

[전문개정 2008.6.13]

제12조 (치료감호의 판결 등)

①법원은 치료감호사건을 심리하여 그 청구가 이유 있다고 인정할 때
에는 판결로써 치료감호를 선고하여야 하고, 이유 없다고 인정할 때
또는 피고사건에 대하여 심신상실 외의 사유로 무죄를 선고하거나
사형을 선고할 때에는 판결로써 청구기각을 선고하여야 한다.

②치료감호사건의 판결은 피고사건의 판결과 동시에 선고하여야 한
다. 다만, 제7조에 따라 공소를 제기하지 아니하고 치료감호만을 청
구한 경우에는 그러하지 아니하다.

③치료감호선고의 판결이유에는 요건으로 되는 사실, 증거의 요지와
적용 법 조문을 구체적으로 밝혀야 한다.

④법원은 피고사건에 대하여 「형사소송법」 제326조 각 호, 제327조제
1호부터 제4호까지 및 제328조제1항 각 호(제2호 중 피고인인 법인
이 존속하지 아니하게 되었을 때는 제외한다)의 사유가 있을 때에

는 치료감호청구사건에 대하여도 청구기각의 판결 또는 결정을 하여야 한다. 치료감호청구사건에 대하여 위와 같은 사유가 있을 때에도 또한 같다.

[전문개정 2008.6.13]

제13조 (전문가의 감정 등)

법원은 제4조제2항에 따른 정신과 전문의 등의 진단 또는 감정의 견만으로 피치료감호청구인의 심신장애 또는 정신성적 장애가 있는지의 여부를 판단하기 어려울 때에는 정신과 전문의 등에게 다시 감정을 명할 수 있다.

[전문개정 2008.6.13]

제14조 (항소 등)

① 검사 또는 피치료감호청구인과 「형사소송법」 제339조부터 제341조까지에 규정된 자는 「형사소송법」의 절차에 따라 상소할 수 있다.

② 피고사건의 판결에 대하여 상소 및 상소의 포기·취하가 있을 때에는 치료감호청구사건의 판결에 대하여도 상소 및 상소의 포기·취하가 있는 것으로 본다. 상소권회복 또는 재심의 청구나 비상상고가 있을 때에도 또한 같다.

[전문개정 2008.6.13]

제15조 (준용규정)

① 법원에서 피치료감호청구인을 보호구속하는 경우의 치료감호영장에 관하여는 제6조제1항을 준용한다.

② 제2조제1항 각 호의 어느 하나에 해당하는 치료감호대상자에 대한

치료감호청구사건에 관하여는「형사소송법」제282조 및 제283조를 준용한다.

[전문개정 2008.6.13]

제3장 치료감호의 집행

제16조 (치료감호의 내용)

①치료감호를 선고받은 자(이하 "피치료감호자"라 한다)에 대하여는 치료감호시설에 수용하여 치료를 위한 조치를 한다.

②피치료감호자를 치료감호시설에 수용하는 기간은 다음 각 호의 구분에 따른 기간을 초과할 수 없다.

　1. 제2조제1항제1호 및 제3호에 해당하는 자: 15년

　2. 제2조제1항제2호에 해당하는 자: 2년

③제1항에 따른 치료감호시설과 치료, 그 밖에 필요한 사항은 대통령령으로 정한다.

[전문개정 2008.6.13]

제17조 (집행 지휘)

①치료감호의 집행은 검사가 지휘한다.

②제1항에 따른 지휘는 판결서등본을 첨부한 서면으로 한다.

[전문개정 2008.6.13]

제18조 (집행 순서 및 방법)

치료감호와 형이 병과된 경우에는 치료감호를 먼저 집행한다. 이

경우 치료감호의 집행기간은 형 집행기간에 포함한다.

　[전문개정 2008.6.13]

제19조 (구분 수용)

　피치료감호자는 특별한 사정이 없으면 제2조제1항 각 호의 구분에 따라 구분하여 수용하여야 한다.

　[전문개정 2008.6.13]

제20조 (치료감호 내용 등의 공개)

　이 법에 따른 치료감호의 내용과 실태는 대통령령으로 정하는 바에 따라 공개하여야 한다. 이 경우 피치료감호자나 그의 보호자가 동의한 경우 외에는 피치료감호자의 개인신상에 관한 것은 공개하지 아니한다.

　[전문개정 2008.6.13]

제21조 (소환 및 치료감호 집행)

①검사는 보호구금되어 있지 아니한 피치료감호자에 대한 치료감호를 집행하기 위하여 피치료감호자를 소환할 수 있다.

②피치료감호자가 제1항에 따른 소환에 응하지 아니하면 검사는 치료감호집행장을 발부하여 보호구인할 수 있다.

③피치료감호자가 도망하거나 도망할 염려가 있을 때 또는 피치료감호자의 현재지를 알 수 없을 때에는 제2항에도 불구하고 소환 절차를 생략하고 치료감호집행장을 발부하여 보호구인할 수 있다.

④치료감호집행장은 치료감호영장과 같은 효력이 있다.

　[전문개정 2008.6.13]

제22조 (가종료 등의 심사·결정)

제37조에 따른 치료감호심의위원회는 피치료감호자에 대하여 치료
감호 집행을 시작한 후 매 6개월마다 치료감호의 종료 또는 가종료
여부를 심사·결정하고, 가종료 또는 치료위탁된 피치료감호자에 대하
여는 가종료 또는 치료위탁 후 매 6개월마다 종료 여부를 심사·결정
한다.

[전문개정 2008.6.13]

제23조 (치료의 위탁)

①제37조에 따른 치료감호심의위원회는 치료감호만을 선고받은 피치
료감호자에 대한 집행이 시작된 후 1년이 지났을 때에는 상당한 기
간을 정하여 그의 법정대리인, 배우자, 직계친족, 형제자매(이하 "법
정대리인등"이라 한다)에게 치료감호시설 외에서의 치료를 위탁할
수 있다.

②제37조에 따른 치료감호심의위원회는 치료감호와 형이 병과되어 형
기에 상당하는 치료감호를 집행받은 자에 대하여는 상당한 기간을
정하여 그 법정대리인등에게 치료감호시설 외에서의 치료를 위탁할
수 있다.

③제1항이나 제2항에 따라 치료위탁을 결정하는 경우 치료감호심의위
원회는 법정대리인등으로부터 치료감호시설 외에서의 입원·치료를
보증하는 내용의 서약서를 받아야 한다.

[전문개정 2008.6.13]

제24조 (치료감호의 집행정지)

피치료감호자에 대하여「형사소송법」제471조제1항 각 호의 어느

하나에 해당하는 사유가 있을 때에는 같은 조에 따라 검사는 치료감호의 집행을 정지할 수 있다. 이 경우 치료감호의 집행이 정지된 자에 대한 관찰은 형집행정지자에 대한 관찰의 예에 따른다.

　　[전문개정 2008.6.13]

제4장 피치료감호자의 처우와 권리

제25조 (처우)

①치료감호시설의 장은 피치료감호자의 건강한 생활이 보장될 수 있도록 쾌적하고 위생적인 시설을 갖추고 의류, 침구, 그 밖에 처우에 필요한 물품을 제공하여야 한다.

②피치료감호자에 대한 의료적 처우는 정신병원에 준하여 의사의 조치에 따르도록 한다.

③치료감호시설의 장은 피치료감호자의 사회복귀에 도움이 될 수 있도록 치료와 개선 정도에 따라 점진적으로 개방적이고 완화된 처우를 하여야 한다.

　　[전문개정 2008.6.13]

제26조 (면회 등)

치료감호시설의 장은 수용질서 유지나 치료를 위하여 필요한 경우 외에는 피치료감호자의 면회, 편지의 수신·발신, 전화통화 등을 보장하여야 한다.

　　[전문개정 2008.6.13]

제27조 (텔레비전 시청 등)

피치료감호자의 텔레비전 시청, 라디오 청취, 신문·도서의 열람은 일과시간이나 취침시간 등을 제외하고는 자유롭게 보장된다.

제28조 (환자의 치료)

①치료감호시설의 장은 피치료감호자가 치료감호시설에서 치료하기 곤란한 질병에 걸렸을 때에는 외부의료기관에서 치료를 받게 할 수 있다.

②치료감호시설의 장은 제1항의 경우 본인이나 보호자 등이 직접 비용을 부담하여 치료 받기를 원하면 이를 허가할 수 있다.

[전문개정 2008.6.13]

제29조 (근로보상금 등의 지급)

근로에 종사하는 피치료감호자에게는 근로의욕을 북돋우고 석방 후 사회정착에 도움이 될 수 있도록 법무부장관이 정하는 바에 따라 근로보상금을 지급하여야 한다.

[전문개정 2008.6.13]

제30조 (처우개선의 청원)

①피치료감호자나 법정대리인등은 법무부장관에게 피치료감호자의 처우개선에 관한 청원을 할 수 있다.

②제1항에 따른 청원의 제기, 청원의 심사, 그 밖에 필요한 사항에 관하여는 대통령령으로 정한다.

[전문개정 2008.6.13]

제31조 (운영실태 등 점검)

법무부장관은 연 2회 이상 치료감호시설의 운영실태 및 피치료보호자에 대한 처우상태를 점검하여야 한다.

제5장 보호관찰

제32조 (보호관찰)

① 피치료감호자가 다음 각 호의 어느 하나에 해당하게 되면 보호관찰이 시작된다.

  1. 피치료감호자에 대한 치료감호가 가종료되었을 때

  2. 피치료감호자가 치료감호시설 외에서 치료받도록 법정대리인등에게 위탁되었을 때

② 보호관찰의 기간은 3년으로 한다.

③ 보호관찰을 받기 시작한 자(이하 "피보호관찰자"라 한다)가 다음 각 호의 어느 하나에 해당하게 되면 보호관찰이 종료된다.

  1. 보호관찰기간이 끝났을 때

  2. 보호관찰기간이 끝나기 전이라도 제37조에 따른 치료감호심의위원회의 치료감호의 종료결정이 있을 때

  3. 보호관찰기간이 끝나기 전이라도 피보호관찰자가 다시 치료감호집행을 받게 되어 재수용되거나 새로운 범죄로 금고 이상의 형의 집행을 받게 되었을 때

[전문개정 2008.6.13]

제33조 (피보호관찰자의 준수사항)

①피보호관찰자는 「보호관찰 등에 관한 법률」 제32조제2항에 따른 준수사항을 성실히 이행하여야 한다.

②제37조에 따른 치료감호심의위원회는 피보호관찰자의 특성을 고려하여 제1항에 따른 준수사항 외에 치료나 그 밖에 특별히 지켜야할 사항을 부과할 수 있다.

[전문개정 2008.6.13]

제34조 (피보호관찰자 등의 신고 의무)

①피보호관찰자나 법정대리인등은 대통령령으로 정하는 바에 따라 출소 후의 거주 예정지나 그 밖에 필요한 사항을 미리 치료감호시설의 장에게 신고하여야 한다.

②피보호관찰자나 법정대리인등은 출소 후 10일 이내에 주거, 직업, 치료를 받는 병원, 그 밖에 필요한 사항을 보호관찰관에게 서면으로 신고하여야 한다.

[전문개정 2008.6.13]

제35조 (치료감호의 종료)

①보호관찰기간이 끝나면 피보호관찰자에 대한 치료감호가 끝난다.

②제37조에 따른 치료감호심의위원회는 피보호관찰자의 관찰성적 및 치료경과가 양호하면 보호관찰기간이 끝나기 전에 보호관찰의 종료를 결정할 수 있다.

[전문개정 2008.6.13]

제36조 (가종료 취소와 치료감호의 재집행)

제37조에 따른 치료감호심의위원회는 피보호관찰자가 다음 각 호의 어느 하나에 해당할 때에는 결정으로 가종료나 치료의 위탁을 취소하고 다시 치료감호를 집행할 수 있다.

1. 금고 이상의 형에 해당하는 죄를 지은 때. 다만, 과실범은 제외한다.

2. 제33조의 준수사항이나 그 밖에 보호관찰에 관한 지시·감독을 위반하였을 때

3. 제32조제1항제1호에 따라 보호관찰이 시작된 피보호관찰자가 증상이 악화되어 치료감호가 필요하다고 인정될 때

[전문개정 2008.6.13]

제6장 치료감호심의위원회

제37조 (치료감호심의위원회)

① 치료감호 및 보호관찰의 관리와 집행에 관한 사항을 심사·결정하기 위하여 법무부에 치료감호심의위원회(이하 "위원회"라 한다)를 둔다.

② 위원회는 판사·검사 또는 변호사의 자격이 있는 6명 이내의 위원과 정신과 등 전문의의 자격이 있는 3명 이내의 위원으로 구성하고, 위원장은 법무부차관으로 한다.

③ 위원회는 다음 각 호의 사항을 심사·결정한다.

1. 피치료감호자에 대한 치료의 위탁·가종료 및 그 취소와 치료감호 종료 여부에 관한 사항

2. 피보호관찰자에 대한 준수사항의 부과 및 지시·감독과 그 위반 시의 제재에 관한 사항

3. 그 밖에 제1호와 제2호에 관련된 사항

④위원회에는 전문적 학식과 덕망이 있는 자 중에서 위원장의 제청으로 법무부장관이 위촉하는 자문위원을 둘 수 있다.

⑤위원회의 구성·운영·서무 및 자문위원의 위촉과 그 밖에 필요한 사항은 대통령령으로 정한다.

[전문개정 2008.6.13]

제38조 (결격사유)

다음 각 호의 어느 하나에 해당하는 자는 위원회의 위원이 될 수 없다.

1. 「국가공무원법」 제33조 각 호의 결격사유 어느 하나에 해당하는 자

2. 제39조에 따라 위원에서 해촉된 후 3년이 지나지 아니한 자

[전문개정 2008.6.13]

제39조 (위원의 해촉)

법무부장관은 위원회의 위원이 다음 각 호의 어느 하나에 해당하면 그 위원을 해촉할 수 있다.

1. 심신장애로 인하여 직무수행을 할 수 없거나 직무를 수행하기가 현저히 곤란하다고 인정될 때

2. 직무태만·품위손상, 그 밖의 사유로 위원으로서 적당하지 아니하다고 인정되는 때

[전문개정 2008.6.13]

제40조 (심사)

①위원회는 심의자료에 따라 제37조제3항에 규정된 사항을 심사한다.

②위원회는 제1항에 따른 심사를 위하여 필요하면 법무부 소속 공무원으로 하여금 결정에 필요한 사항을 조사하게 하거나 피치료감호자 및 피보호관찰자(이하 "피보호자"라 한다)나 그 밖의 관계자를 직접 소환·심문하거나 조사할 수 있다.

③제2항에 따라 조사 명령을 받은 공무원은 다음 각 호의 권한을 가진다.

 1. 피보호자나 그 밖의 관계자의 소환·심문 및 조사

 2. 국공립기관이나 그 밖의 공공단체·민간단체에 대한 조회 및 관계 자료의 제출요구

④피보호자나 그 밖의 관계자는 제2항과 제3항의 소환·심문 및 조사에 응하여야 하며, 국공립기관이나 그 밖의 공공단체·민간단체는 제3항에 따라 조회나 자료 제출을 요구받았을 때에는 국가기밀 또는 공공의 안녕질서에 해를 끼치는 것이 아니면 이를 거부할 수 없다.

 [전문개정 2008.6.13]

제41조 (의결 및 결정)

①위원회는 위원장을 포함한 재적위원 과반수의 출석으로 개의하고, 출석위원 과반수의 찬성으로 의결한다. 다만, 찬성과 반대의 수가 같을 때에는 위원장이 결정한다.

②결정은 이유를 붙이고 출석한 위원들이 기명날인한 문서로 한다.

③위원회는 제1항에 따른 의결을 할 때 필요하면 치료감호시설의 장이나 보호관찰관에게 의견서를 제출하도록 할 수 있다.

④치료감호시설의 장은 제3항에 따른 의견서를 제출할 때에는 피보호자의 상태 및 예후, 치료감호 종료의 타당성 등에 관한 피보호자 담

당 의사의 의견을 참조하여야 한다.

[전문개정 2008.6.13]

제42조 (위원의 기피)

①피보호자와 그 법정대리인등은 위원회의 위원에게 공정한 심사·의결을 기대하기 어려운 사정이 있으면 위원장에게 기피신청을 할 수 있다.

②위원장은 제1항에 따른 기피신청에 대하여 위원회의 의결을 거치지 아니하고 신청이 타당한지를 결정한다. 다만, 위원장이 결정하기에 적절하지 아니한 경우에는 위원회의 의결로 결정할 수 있다.

③제1항에 따라 기피신청을 받은 위원은 제2항 단서의 의결에 참여하지 못한다.

[전문개정 2008.6.13]

제43조 (검사의 심사신청)

①피보호자의 주거지(시설에 수용된 경우에는 그 시설을 주거지로 본다)를 관할하는 지방검찰청 또는 지청의 검사는 제37조제3항에 규정된 사항에 관하여 위원회에 그 심사·결정을 신청할 수 있다.

②제1항에 따른 신청을 할 때에는 심사신청서와 신청사항의 결정에 필요한 자료를 제출하여야 한다. 이 경우 치료감호시설의 장이나 보호관찰관의 의견을 들어야 한다.

③치료감호시설의 장이나 보호관찰관은 검사에게 제1항에 따른 신청을 요청할 수 있다.

[전문개정 2008.6.13]

제44조 (피치료감호자 등의 심사신청)

①피치료감호자와 그 법정대리인등은 피치료감호자가 치료감호를 받을
　필요가 없을 정도로 치유되었음을 이유로 치료감호의 종료 여부를
　심사·결정하여 줄 것을 위원회에 신청할 수 있다.

②제1항에 따른 신청을 할 때에는 심사신청서와 심사신청이유에 대한
　자료를 제출하여야 한다.

③제1항에 따른 신청은 치료감호의 집행이 시작된 날부터 6개월이 지
　난 후에 하여야 한다. 신청이 기각된 경우에는 6개월이 지난 후에
　다시 신청할 수 있다.

④위원회가 제1항에 따른 신청을 기각하는 경우에는 결정서에 그 이
　유를 구체적으로 밝혀야 한다.

　[전문개정 2008.6.13]

제7장 보칙 〈개정 2008.6.13〉

제45조 (치료감호 청구의 시효)

①치료감호 청구의 시효는 치료감호가 청구된 사건과 동시에 심리하
　거나 심리할 수 있었던 죄에 대한 공소시효기간이 지나면 완성된다.

②치료감호가 청구된 사건은 판결의 확정 없이 치료감호가 청구되었
　을 때부터 15년이 지나면 청구의 시효가 완성된 것으로 본다.

　[전문개정 2008.6.13]

제46조 (치료감호의 시효)

①피치료감호자는 그 판결이 확정된 후 집행을 받지 아니하고 다음

각 호의 구분에 따른 기간이 지나면 시효가 완성되어 집행이 면제된다.

1. 제2조제1항제1호 및 제3호에 해당하는 자의 치료감호: 10년

2. 제2조제1항제2호에 해당하는 자의 치료감호: 7년

②시효는 치료감호의 집행정지 기간 또는 가종료 기간이나 그 밖에 집행할 수 없는 기간에는 진행되지 아니한다.

③시효는 피치료감호자를 체포함으로써 중단된다.

[전문개정 2008.6.13]

제47조 (치료감호의 선고와 자격정지)

피치료감호자는 그 치료감호의 집행이 종료되거나 면제될 때까지 다음 각 호의 자격이 정지된다.

1. 공무원이 될 자격

2. 공법상의 선거권과 피선거권

3. 법률로 요건을 정한 공법상 업무에 관한 자격

[전문개정 2008.6.13]

제48조 (치료감호의 실효)

①치료감호의 집행을 종료하거나 집행이 면제된 자가 피해자의 피해를 보상하고 자격정지 이상의 형이나 치료감호를 선고받지 아니하고 7년이 지났을 때에는 본인이나 검사의 신청에 의하여 그 재판의 실효를 선고할 수 있다. 이 경우 「형사소송법」 제337조를 준용한다.

②치료감호의 집행을 종료하거나 집행이 면제된 자가 자격정지 이상의 형이나 치료감호를 선고받지 아니하고 10년이 지났을 때에는 그 재판이 실효된 것으로 본다.

[전문개정 2008.6.13]

제49조 (기간의 계산)

①치료감호의 기간은 치료감호를 집행한 날부터 기산한다. 이 경우 치료감호 집행을 시작한 첫날은 시간으로 계산하지 아니하고 1일로 산정한다.

②치료감호의 집행을 위반한 기간은 그 치료감호의 집행기간에 포함하지 아니한다.

[전문개정 2008.6.13]

제50조 (군법 적용 대상자에 대한 특칙)

①「군사법원법」 제2조제1항 각 호의 어느 하나에 해당하는 자에 대한 치료감호사건에 관하여는 군사법원, 군검찰부검찰관 및 군사법경찰관리가 이 법에 따른 직무를 수행한다. 이 경우 "군사법원"은 "법원", "군검찰부검찰관"은 "검사", "군사법경찰관리"는 "사법경찰관리"로 본다.

②「군사법원법」 제2조제1항 각 호의 어느 하나에 해당하는 자에 대한 치료감호의 관리와 그 집행사항을 심사·결정하기 위하여 국방부에 군치료감호심의위원회를 둔다.

③군치료감호심의위원회의 구성과 운영에 관하여는 위원회에 관한 규정을 준용한다.

④군사법원, 군검찰부검찰관 또는 군치료감호심의위원회는 치료감호 대상자가 「군사법원법」 제2조제1항 각 호의 어느 하나에 해당하는 자가 아님이 명백할 때에는 그 치료감호사건을 대응하는 법원·검사 또는 위원회로 이송한다. 이 경우 이송 전에 한 조사·청구·재판·신

청·심사 및 결정은 이송 후에도 그 효력을 잃지 아니한다.

⑤법원·검사 또는 위원회는 치료감호대상자가 「군사법원법」 제2조제
1항 각 호의 어느 하나에 해당하는 자임이 명백할 때에는 치료감호
사건을 대응하는 군사법원·군검찰부검찰관 또는 군치료감호심의위
원회로 이송한다. 이 경우 이송 전에 한 조사·청구·재판·신청·심사
및 결정은 이송 후에도 그 효력을 잃지 아니한다.

[전문개정 2008.6.13]

제51조 (다른 법률의 준용)

치료감호에 관하여는 이 법에 특별한 규정이 있는 경우 외에는 그
성질에 반하지 아니하는 범위에서 「형사소송법」과 「형의 집행 및 수
용자의 처우에 관한 법률」 및 「보호관찰 등에 관한 법률」을 준용한다.

[전문개정 2008.6.13]

제8장 벌칙 〈개정 2008.6.13〉

제52조 (벌칙)

①피치료감호자가 치료감호 집행자의 치료감호를 위한 명령에 정당한
사유 없이 복종하지 아니하거나 도주한 경우에는 1년 이하의 징역
에 처한다.

②피치료감호자 2명 이상이 공동으로 제1항의 죄를 지은 경우에는 3
년 이하의 징역에 처한다.

③치료감호를 집행하는 자가 피치료감호자를 도주하게 하거나 도주를

용이하게 한 경우에는 1년 이상의 유기징역에 처한다.

④치료감호를 집행하는 자가 뇌물을 수수·요구 또는 약속하고 제3항
의 죄를 지은 경우에는 2년 이상의 유기징역에 처한다.

⑤타인으로 하여금 치료감호처분을 받게 할 목적으로 공공기관이나
공무원에게 거짓의 사실을 신고한 자는 10년 이하의 징역 또는 1천
500만원 이하의 벌금에 처한다.

⑥치료감호청구사건에 관하여 피치료감호청구인을 모함하여 해칠 목
적으로 「형법」 제152조제1항의 위증죄를 지은 자는 10년 이하의 징
역에 처한다.

⑦치료감호청구사건에 관하여 「형법」 제154조의 죄를 지은 자는 10
년 이하의 징역에 처한다.

⑧치료감호청구사건에 관하여 「형법」 제233조 또는 제234조(허위작
성진단서의 행사로 한정한다)의 죄를 지은 자는 5년 이하의 징역이
나 금고, 10년 이하의 자격정지 또는 5천만원 이하의 벌금에 처한다.

⑨제23조제3항에 따라 치료의 위탁을 받은 법정대리인등이 그 서약을
위반하여 피치료감호자를 도주하게 하거나 도주를 용이하게 한 경
우에는 3년 이하의 징역 또는 500만원 이하의 벌금에 처한다.

[전문개정 2008.6.13]

부칙 〈제9111호, 2008.6.13〉

①(시행일) 이 법은 공포 후 6개월이 경과한 날부터 시행한다. 다만,
제51조의 개정규정은 2008년 12월 22일부터 시행한다.

②(적용례) 제2조제1항제3호에 해당하는 정신성적 장애자에 관한 개
  정규정은 이 법 시행 당시 재판중인 자에 대하여도 적용한다.

대전고등법원

제 1 형 사 부

판 결

사 건	2008노272	가. 성폭력범죄의 처벌 및 피해자 보호 등에 관한 법률위반(특수강도강간 등)
		나. 성폭력범죄의 처벌 및 피해자 보호 등에 관한 법률위반(카메라 등 이용촬영)
		다. 폭력행위 등 처벌에 관한 법률위반(집단·흉기 등 주거침입)
		라. 절도
		마. 도로교통법 위반(무면허운전)

피 고 인   박○○

주거 대전 대덕구 이하 생략

등록기준지 대전 동구 이하 생략

항 소 인   피고인

검   사

변 호 인

제1심 판결   대전지방법원 2008. 5. 23. 선고 2008고합57 판결

판 결 선 고   2008. 7. 23.

주 문

피고인의 항소를 기각한다.

이 판결 선고 전의 당심 구금일수 중 46일을 피고인에 대한 제1심 판결의 형에 산입한다.

이 유

1. 항소이유의 요지

양형과중

2. 판 단

[범행의 객관적 행위 태양]

① 범행내용

㉠ 행위 내용 : 강도강간 또는 강제추행 후 나체촬영 9회, 강도 강간미수 1회, 강취한 현금카드 등 사용절도 3회, 주거침입 미수 1회, 무면허운전 1회

㉡ 성폭력 피해자 : 면식 없는 피해자 18명. 대부분 20대 여성

㉢ 범행내용의 특기사항 : 젊은 여성들이 거주하는 원룸 등에 새벽 또는 아침에 침입하여 강도강간 또는 강제추행. 한꺼 번에 여성 3명을 함께 강간 또는 강제추행하기도 함. 강간 또는 강제추행 후 신고를 막기 위하여 피해 여성들의 나체 사진을 촬영함.

② 처단형의 범위(작량감경 전)

10년 ~ 22년 6월[1]

③ 객관적 행위 태양의 평가 및 그에 따른 양형범주

피고인의 범행은 횟수 및 행위태양에 비추어 죄질 및 범정이 극도로 중한 유형에 속 한다. 양형범주를 3등분할 경우 가장 중한 등급에 속하는 범행으로 평가한다.

[주관적 양형인자]

① 형사처벌 전력 없음.

② 성장배경 및 생활환경(판결 전 조사결과)

피고인은 상업에 종사하는 아버지와 전업주부인 어머니 사이의 1남 4녀 중 막내로 태어났다. 외동아들이라는 이유로 과잉보호하면 나약해질 것을 미리 염려한 아버지는 피고인에게 엄하게 대하는 환경 속에서 정상적으로 성장하였다. 고등학교를 졸업하고 ○○대학교 중국어학과에 진학하였으나 대학생활에 적응하지 못하고 1학년을 마치고 군대에 입대하였다. 제대 후 대학교를 자퇴하고 성인오락실에서 게임기를 설치하고 관리해 주는 일들을 주로 하였다. 여자친구를 사귀게 되어 1년 만에 부모에게 인사시키고 서로 집까지 오가며 결혼을 약속하였는데, 바다이야기 파문으로 실직하고 쉽게 일자리를 구하지 못해 좌절하여 집 밖을 나가지 않고 고립된 생활을 하다가 음란사이트에 빠져 자신의 내적 갈등을 성적인 관심이나 행위로 해소하던 중 이 사건

---

1) 형이 가장 무거운 특수상도강간죄에 유기징역형을 선택한 후 정한 형(10년~15년)의 장기의 1/2까지 경합범 가중.

에 이르렀다.

③ 당심 감정인 조○○에 의하여 실시된 사이코패시 평가 척도
(PCL-R)에 의한 사이코패시 수준의 평가 결과

피고인은 PCL-R 평가에서 23.2점을 받아 '다소 높은' 수준의 사이코패시 경향성을 나타내며, KSORAS 평가 및 일반적인 재범 위험요인 평가에서 성범죄 재범위험성이 높을 것으로 예측된다. 피고인의 과거력을 보면 집안에서 크게 문제를 일으킨다거나 청소년기에 일탈을 하는 등의 반사회적인 모습은 나타나지 않았다. 그러나 피고인은 피상적이고 얕은 감정을 기반으로 한 편협하고 불안정한 대인관계와 애인에 대한 과도한 의존성이 성인기의 적응을 어렵게 만들었고, 특별한 기술이 없는 상태에서 쉽게 돈을 벌고자 했던 목표가 좌절되면서 실질과 그로 인한 스트레스와 불안감이 컸던 것으로 보인다. 폭력적인 포르노 동영상에 대한 심취는 피고인의 스트레스를 해소시킨 것이 아니라 오히려 강간범죄를 촉발시킨 것으로 보이고, 범행이 거듭될수록 피해 여성에게 포르노 동영상에서 보았던 여러 가지 비정상적인 성행위를 강제로 요구하는 모습을 보이면서 범행은 더욱 심각해지는 양상을 나타냈다. 그러나 피고인은 자신의 감정과 행동에 대한 통찰력이 부족하여 범행 욕구를 제어하기 어려웠을 것으로 보이며 스스로는 자신에게 아무런 문제가 없다고 지각할 가능성이 높다. 비록 피고인에게 이전에 범죄 경력은 없었지만 피고인이 저지른 심각한 범죄행동은 지금까지 안정적으로 형성되어 온 피고인의 성격과 생활양식의 문제가 극대화되어 나타난 것이라고 생각된다. 피고인에게는 감정조절, 대인관계 기술, 자기 통찰력 증대 등 역동적인 재범위험 요인들을 관리할 수 있는 교정프로그램과 일탈적 성적 욕구에 대한 교정 치료가 필요하다고 생각된다.

④ 범행 후의 정황

피고인이 잘못을 뉘우치는 태도를 보이고 있다. 피고인의 가족들이 피해자 18명 중 일부와 합의하여, 9명의 피해자들이 피고인에 대하여 선처를 구하는 서면을 제출하였다.

⑤ 평 가

피고인이 초범이고, 반성하고 있으며, 피해자들 중 일부와 합의하는 등의 유리한 정상이 있으나, 피해자들 중 일부와 합의에 이르지 못한 점과 범행의 동기, 재범의 우려 등 나머지 주관적 양현인자들을 종합적으로 고려해 볼 때 작량감경사유가 있다고 볼 수는 없다. 또한 객관적 양형인자에 관한 판단에서 본 양형평가를 변경하여 보다 경한 등급의 양형범주로 낮출 만한 사유 역시 있다고 볼 수 없다.

[종합평가]

① 처단형의 범위 : 10년 ~ 22년 6월

② 양형범주 : 16년 8월 ~ 22년 6월[2)]

③ 1심 양형 : 20년

④ 1심 양형은 양형범주의 범위 내에 있다. 이 사건 범행의 객관적 행위 태양이 죄질 및 범정이 극도로 중한 유형에 속하는 점에 비추어 볼 때, 앞서 본 피고인에게 유리한 주관적 양형인자들을 감안하더라

---

2) 양형의 총 범주는 당해 범죄에 대하여 가능한 처단형의 총 범주와 일치할 것이므로 작량감경의 가능성을 고려하여야 할 것이다. 이 사건의 경우 작량감경이 가능하여 법정형의 단기형을 감경할 수 있는 범죄까지 고려하는 경우 예정할 수 있는 양형의 총 범주는 5년~22년 6월이다. 이를 다시 3분하여 양형범주별 양형구간을 구분해 보면 5년~10년 10월(경한 양형범주), 10년 10월~16년 8월(중간 양형범주), 16년 8월~22년 6월(중한 양형범주)로 구획해 볼 수 있다. 이들 중 당해 사건이 속하는 양형범주 내에서 선고형을 선택하되 처단형의 범위를 벗어나서는 안 될 것이다. 그리고 가능한 한도에서 양형자료를 다각도로 광범위하게 확보하고 세밀하게 검토하여 3분된 양형범주 내에서도 가급적 보다 세밀하게 등급을 구분하여 선고형을 정하는 것이 바람직할 것이다.

도, 양형범주 범위 내에서 비교적 중한 형을 선고한 제1심의 형량은 적정하다.

⑤ 다만, 위에서 본 바와 같은 사정들을 고려할 때, <u>교정당국으로서도 현시점에서 피고인을 사회로부터 격리하는 것에서 나아가 가능한 한 피고인이 왜곡된 성의식을 바로잡고 성충동을 조절할 수 있는 능력을 습득할 수 있도록 지속적인 관심과 보호를 기울이는 한편, 행동에 관한 통찰력을 키울 수 있는 프로그램이나 사회적 책임관계 훈련프로그램 등을 통하여 피고인의 전반적인 개선이 이루어질 수 있는 치료적 교정이 이루어질 수 있도록 노력하는 것이 바람직할 것이다.</u>
<u>더 나아가 피고인의 성행을 바로잡을 수 있도록 하는 보다 적극적인 국가적 차원에서의 노력도 필요하다. 성폭력범죄자에 대한 재범억제는 단순한 사회격리만으로는 충분하지 못하다는 것이 여러 주요한 연구에서 거듭 확인되고 있다. 보다 면밀하게 범죄자들의 성행을 분석하고 그에 적합한 교정치료프로그램을 마련하는 등 치료적 대처를 할 필요가 있겠다.</u> 피고인의 교정처우를 위하여 당심 감정인 조○○의 감정서를 별첨한다.

3. 결 론

그러므로, 형사소송법 제364조 제4항에 따라 피고인의 항소를 기각하고, 형법 제 57조에 따라 이 판결 선고 전의 당심 구금일수 61일 중 46일을 피고인에 대한 제1심 판결의 형에 산입하기로 하여(피고인은 상당한 이유 없이 항소를 제기한 것으로 인정되지는 않으므로 소송촉

진 등에 관한 특례법 제 24조는 적용하지 아니한다), 주문과 같이 판결
한다.

재판장 　 판사 　 김상준 _____

판사 　 이미선 _____

판사 　 손삼락 _____

판결요지서

□ 사건의 경과

사 건	2007노224
피 고 인	김○○, 민○○
항 소 인	피고인들 및 검사
재 판 부	제1형사부
판결 선고일	2007. 9. 21.
쟁 점	양형부당 (1심 김○○ - 무기징역, 민○○ - 15년)
결 과(주 문)	김○○ - 피고인 및 검사 항소 각 기각 (1심 형량 유지) 민○○ - 검사 항소 인용 (1심 파기, 무기징역 선고)
참 고 조 문	형법 제338조, 제334조 제2항, 제1항, 제333조 제342조

□ 판결 요지

[사안의 개요]

피고인들은 2005. 7.경 만나 사회친구로 지내던 중 피고인 김○○

은 성인 피씨방을 운영하다 계속된 단속으로 인해 영업이 잘 되지 않아 투자한 돈을 모두 잃게 되고, 피고인 민○○는 사채사무실을 운영하다 투자한 돈을 모두 잃는 등 경제적으로 힘든 상황에 처하게 되자, 2006. 9.경 피고인 김○○이 피고인 민○○에게 '한탕하자'고 제의하고 이에 피고인 민○○가 이를 승낙하자 합동·공모하여,

1. 2006 .10. 10. 19:40경 천안시 광덕면 소재 □□모텔 203호에서, 피고인 김○○은 위 모텔 종업원인 피해자 이△△(여, 53세)에게 술을 가져다 달라고 요구한 다음 위 203호 밖에서 피해자를 기다리다가 피해자가 203호의 문을 열고 피고인 민○○에게 술을 건네주는 순간 피해자의 뒤에서 피해자의 목을 팔로 감고, 피고인 민○○는 피해자의 다리를 잡아 피해자를 위 203호 안으로 끌고 간 후 피고인 김○○은 피해자를 침대에 엎드리게 한 채 계속하여 피해자의 목을 팔로 감고 있는 동안 피고인 민○○는 미리 준비한 청테이프로 피해자의 손과 발을 묶어 피해자의 반항을 억압한 후 피해자 소유의 금팔찌 1개 시가 70만 원 상당, 휴대전화 1개 시가 27만 원 상당, 저금통장 2개, 현금 20만 원 등을 빼앗아 이를 강취하고,

2. 2006. 10. 16. 03:55경 인천시 부평구 산곡동 소재 ◇◇마트에서, 피고인 민○○는 경기 40머××××호 엔터프라이즈 승용차를 위 ◇◇마트 부근에 주차시킨 후 위 승용차 안에서 망을 보고 피고인 김○○은 바지 뒷주머니에 칼을 숨긴 채 손님을 가장하여 위 ◇◇마트 안으로 들어가 다른 손님들이 없는 것을 확인한 후 위 ◇◇마트의 종업원인 피해자 김○○(20세)에게 위 칼을 들이대고 "소리 지르면 죽여 버린다"고 위협하여 피해자의 반항을 억압한 후 피해자 소유의 현금 38만 원을 빼앗아 이를 강취하고,

3. 2006. 10. 22. 22:00경 천안시 두정동 소재 ※※편의점에서, 피고

인 민○○는 충남 30라 ××××호 마티즈 승용차를 위 편의점 부근에 주차시킨 후 위 승용차 안에서 망을 보고 피고인 김○○은 바지 뒷주머니에 칼을 숨긴 채 손님을 가장하여 위 편의점 안으로 들어가 다른 손님들이 없는 것을 확인한 후 위 편의점 카운터에 앉아 있던 피해자 임☆☆(여, 17세)에게 위 칼을 들이대고 "소리 지르면 죽여 버린다"고 위협하여 피해자의 반항을 억압한 후 카운터에 있던 금고를 열어 돈을 빼앗으려고 하였으나 때마침 피해자의 아버지가 위 편의점의 내실에서 나오면서 피고인 김○○을 발견하고 "강도야"라고 소리를 치는 바람에 그 뜻을 이루지 못하고 미수에 그치고,

4. 2006. 10. 30. 01:40경 서울시 노원구 상계동 소재 피해자 송◆◆(여, 52세) 운영의 ◆◆찻집에서, 손님으로 가장하여 위 찻집에 함께 들어가 피해자와 술을 마시면서 피해자를 안심시킨 후 피고인 김○○이 피해자에게 안마를 해주겠다며 피해자의 어깨와 목을 주무르다가 피해자의 뒤에서 왼팔로 피해자의 목을 감고 오른손으로 피해자의 목뒤를 세게 눌러 피해자로 하여금 경부질식으로 사망하게 하여 피해자를 살해한 다음 내실로 들어가 피해자 소유의 현금 4만 원을 빼앗고, 피고인 민○○는 피고인 김○○으로부터 피해자가 혹시 깨어날지도 모르니 잘 감시하고 있으라는 지시를 받고 위와 같이 피고인 김○○이 내실에서 현금을 빼앗는 동안 피해자의 몸 위에 올라타 양손으로 피해자의 목을 잡으며 피해자의 동태를 감시하고,

5. 2006. 11. 16. 12:05경 천안시 성정동 소재 ♣♣원룸 206호에서, 피고인 김○○은 위 ♣♣ 원룸 2층과 3층 사이 계단에서 망을 보고, 피고인 민○○는 가스검침원복장을 입고 가스검침을 나온 것처럼 위 206호 안으로 들어가 피해자 정♠♠(여, 42세)가 혼자 있는 것을 확인한 후 오른팔로 피해자의 목을 감아 피해자의 반항을 억압하는 순간

피고인 김○○이 위 206호로 들어와 출입문을 잠근 다음 피해자 소유의 휴대전화 2개, 목걸이·팔찌·펜던트·메달 1세트, 여성용 액세서리 등을 빼앗고, 피해자가 피고인들의 얼굴을 보았다는 이유로 침대에 엎드려 있는 피해자의 뒤에서 피고인 김○○은 미리 준비한 전기줄로 피해자의 목을 감아 잡아당기고, 피고인 민○○는 오른손으로 피해자의 목을 세게 눌러 피해자로 하여금 경부질식으로 사망하게 하여 피해자를 살해하였다.

[쟁점에 대한 법원의 판단]

가. 양형의 요소가 되는 사정들

(1) 피고인들의 연령, 가족관계, 교육, 경력, 환경, 전과

(가) 피고인 김○○

① 1973년 어업에 종사하는 아버지와 주부이던 어머니 사이에서 2남 3녀 중 넷째로 출생하여 부모 슬하에서 초등학교를 졸업하고 ◇◇중학교에 진학하였다. 누나 2명과 여동생 1명은 현재 모두 출가하였고 피고인 김○○에게 적극적인 관심을 기울일 형편은 되지 아니하지만, 피고인 김○○이 이 사건으로 수감된 이후 여동생이 2회에 걸쳐 면회를 하고, 1회 서신을 보낸 적이 있다.

② 피고인 김○○은 중학교 재학 시절 절도죄로 6호 보호처분을 받는 등 소년원에 2차례 수용된 전력이 있다. 가퇴원 후 복학하였으나 학업에 흥미를 느끼지 못하고 가정형편이 어려워 학비를 제대로 못 내게 되자 2학년 재학 중 자퇴하였다.

③ 그 후 피고인 김○○은 도금공장의 공원으로 3개월, 레스토랑의 웨이터로 1년간 근무하다가 그만두었다. 18세경 노상에 주차된 승

용차를 절취하여 1990. 9. 28. 서울지방법원 의정부지원에서 절도죄로 징역 1년에 집행유예 2년을 선고받았다. 20세경 친구와 함께 야간에 데이트를 하는 연인들을 상대로 여러 차례에 걸쳐 강도행각을 벌이다가 반항을 하는 피해자를 피고인 김○○이 붙잡고 있는 사이에 공범이 칼로 찔러 살해함으로써 1993. 9. 10. 강도살인죄 등으로 합계 징역 14년을 선고받아 복역하다가 2005. 5. 13. 가석방되어 같은 해 8. 15. 특별사면으로 잔형의 집행을 면제받았다.

④ 출소 후 수감생활 중 알게 된 지인의 도움을 받으며 생활을 하던 중 유흥업소 종업원이던 ☆☆☆를 만나 2005. 6.경부터 ☆☆☆의 집에서 동거를 시작하였다. ☆☆☆는 피고인 김○○이 이 사건으로 구속된 이후 4회에 걸쳐 면회를 하고 2회에 걸쳐 편지를 보냈다.

⑤ 피고인 김○○은 피씨정비사 2급, 한식조리사 자격증 등을 가지고 있다. 2005. 9.경에는 100여만 원을 투자하여 문신시술을 해주는 '타투원'이라는 인터넷 사이트를 개설하고 수감생활 중 익힌 그림 솜씨를 살려 한때 월500 내지 600만 원의 수입을 올리기도 하였다. 2005. 10.경에는 수감생활 중 알게 된 김씨 등과 함께 샷시 제작 및 시공 등의 영업을 하는 ▽▽금속을 운영하였으나 2006. 3.경 경영난으로 폐업하였다.

⑥ 피고인 김○○은 사채업을 하고 있던 피고인 민○○를 알게 되어 동갑내기로 친하게 지내면서 2005. 12.경부터 동거녀로부터 받은 금원 등으로 피고인 민○○에게 4천만 원을 투자하였으나 투자금을 회수하지 못하였다. 2006. 7.경에는 동거녀 등으로부터 얻은 돈으로 피씨방을 개업하였으나 심한 단속으로 투자한 돈을 모두 탕진하고 폐업하였다.

⑦ 피씨방의 운영에 실패하는 등으로 경제적으로 매우 궁박한 상

태에서 피고인 김○○은 수감생활 중 알게 된 한씨의 도움으로 서울 노원구에 소재한 원룸형 아파트를 빌려 임시 거처로 사용하던 중 사채업을 하면서 큰돈을 탕진하여 마찬가지로 경제적 압박을 받고 있던 피고인 민○○에게 '한탕하자'고 범행을 제의하여 이 사건 범행에 이르렀다.

⑧ 장기간 복역한 사정 때문에 수감생활 중 알게 된 사람들과 피고인 민○○ 이외에는 교우관계가 거의 없다.

⑨ 피고인 김○○의 초·중학교 생활기록부 행동발달상황 기재내용은 다음과 같다.

> 초등학교 4학년 : '남의 의견을 잘 따르며 원만함', 5학년 : '주어진 일은 잘 하나 꾸준하지 못함', 6학년 : '활발하나 가끔 남과 다투는 때가 있음'
> 중학교 1학년 : '조용하나 주의가 산만하고 자신의 의견을 제대로 표현하지 못함', 2학년 : '주의가 산만하고 집중력이 부족하며 의지가 허약함'

⑩ 제1심이 보호관찰소에 명한 판결 전 조사과정에서 실시된 피고인 김○○에 대한 다면적 심리검사결과(MMPI-2)에 의하면 피고인 김○○은 낯선 사람들과도 쉽게 어울리고 겉으로는 순응적이고 우호적으로 보이지만 실제로는 타인의 지지나 애정을 지나치게 추구한 나머지 적절한 자기주장을 하지 못하고 독립적인 의사결정을 하는 데 불편해 하면서 차인에 대한 적대감이나 분노 등과 같은 부정적인 감정을 억압하고 타인의 도움이나 관심을 기대하는 의존적인 특성을 드러낸다. 또한 타인의 욕구나 감정에 대한 진정한 관심 없이 자신의 목적을 달성하기 위해서 타인에게 관심을 기울이는 경향이 있으며 주위 환경

에 따라 기분이나 행동이 쉽게 변화하면서 자기중심적으로 주위를 조종하고 외부 정부를 해석하는 등 행동의 통찰력이 부족하여 반복되는 상황에서도 배울 줄 모르는 것으로 나타난다.

⑪ 당심 감정인에 의하여 실시된 사이코패시 평가 척도(PCL-R)에 의한 사이코패시 수준의 평가 결과에 의하면 사이코패시 수준의 평가 결과가 총점 26점으로서 국내 대인범죄자를 대상으로 실시된 사이코패시 수준의 평가 결과 예비연구에서의 평균점수 15.4점을 훨씬 웃도는 매우 높은 수준의 점수를 보인다. 최초의 범죄 연령이 낮은 점, 대인관계의 심한 불안정 혹은 적대행동, 가정과 학교에서의 두드러진 부적응, 불안정한 직업, 낮은 자기 통찰력, 충동적이고 불안정한 감정들, 사회적 지지 결핍, 가족이나 대인관계에서 스트레스를 경험하는 환경 등은 매우 충동적이고 무책임한 생활을 지속할 가능성을 시사해주고 이러한 성격 특징과 과거의 반사회적 경력을 고려해볼 때 재범의 위험성이 매우 높다.

(나) 피고인 민○○

① 피고인 민○○는 1973년 이용업을 하던 부모의 2남 1녀 중 장남으로 출생하였다. 현재 피고인의 누나는 출가하여 피아노학원을 운영하고 있고 피고인의 남동생은 경찰관으로 근무하고 있다. 가족 간의 관계는 비교적 친밀하다.

② 피고인 민○○는 큰 문제없이 고등학교까지 졸업한 후 1991년 농업전문대 원예학과에 진학하였고 1995년 육군에 입대하여 운전병으로 근무하다가 같은 해 8. 대학교 원예학과에 편입하여 1998. 졸업하였다.

③ 대학 재학 중 슈퍼마켓 종업원을 하다가 피고인의 누나가 운영

하는 학원의 차량 운전과 매형이 운영하는 호프집 등에 종업원으로 일한 적이 있다. 1998년 매형으로부터 호프집을 인수하여 2003. 7.경 사기혐의로 입건될 때까지 운영하였다.

④ 피고인 민○○는 2004. 3. 16. 수원지방법원에서 사기죄로 징역 10월을 선고받아 복역하고 출소하였다. 수감생활 중 알게 된 김씨와 2005. 1.경부터 대부업체를 설립하고 대부업을 하다가 실패하여 상당한 재산을 탕진하고 경제적으로 궁박한 상태에서 뒤에서 보는 바와 같이 피고인 김○○의 제의로 이건 범행에 가담하였다.

⑤ 피고인 민○○는 1999년경 매형이 운영하던 호프집에서 일하던 ⊗⊗⊗을 만나 혼인을 한 후 1녀를 출산하고 피고인의 부모와 생활하다가 2004년 피고인이 구속됨에 따라 ⊗⊗⊗은 딸과 함께 친정으로 이주하여 자녀를 양육하였다. 그 후 피고인 민○○가 이건으로 구속되자 생활보호대상자 지정을 받기 위하여 2007. 3. 이혼하였으나 아직까지 원만한 관계를 유지하고 있다.

⑥ 피고인 민○○는 고등학교까지 학업상적이 중상위권이고 출결상황도 매우 양호하였다.

피고인 민○○에 대한 초·중학교 생활기록부의 행동발달상황 기재 내용은 다음과 같다.

> 초등학교 4학년 : '책임 강하고 성실함', 5학년 : '솔직 담백하며 의지 굳음', 6학년 : '꼼꼼하며 성실하고 꾸준함'
> 중학교 1학년 : '교내 생활규칙도 잘 지키며 항상 성실한 자세로 생활함', 2학년 : '주의가 산만하고 집중력이 부족하며 의지가 허약함', 3학년 : '성실히 생활함'

⑦ 피고인 민○○는 대학동창들, 고향친구, 대부업을 하면서 알게

된 사람들과 상당히 친밀한 교우관계가 있다.

⑧ 피고인 민○○에 대한 다면적 심리검사결과에 의하면 피고인 민○○는 외향적인 성격으로 여러 사람과 어울리기를 좋아하고 낯선 상황에도 쉽게 적응하며 사회에 비교적 순응적이지만 지나치게 관습적이고 사고 등이 경직되어 자신의 생각만을 고집하고 자기중심적이어서 스트레스에 대한 인내력이 부족하여 당면한 문제를 실제적으로 해결하는 능력이 부족한 것으로 나타난다.

⑨ 당심 감정인에 의하여 실시된 사이코패시 평가 척도(PCL-R)에 의한 사이코패시 수준의 평가 결과에 의하면 사이코패시 수준의 평가 결과가 총점 15점으로서 국내 대인범죄자를 대상으로 실시된 사이코패시 수준의 평가 결과 예비연구에서의 평균점수 15.4점에 근사한 평균 수준의 점수를 보인다. 피고인 민○○는 기만적이고 자기중심적인 대인관계 특성이 두드러지고 자신과 타인의 감정에 다소 둔감하며 냉담한 측면도 약하게 존재하고, 충동적이고 무책임한 생활양식도 다소 엿보인다. 다소 과도한 자존감과 자기 중심성향은 자기 행동의 통찰력이 부족하게 만들어 행동을 한 후에 후회를 하게 만들 수 있다. 성격적인 특성으로 인해 자신의 욕구를 우선시하여 충동적이고 타인을 배려하지 않는 반사회적 행동을 할 가능성은 그다지 높아 보이지 않는다. 그러나 자신이 한 행동에 대해서 후회와 죄책감을 느끼기보다는 타인의 탓으로 돌리며 상황적 요구에 못 이겨 타인에게 피해를 주는 행동을 할 가능성은 다소 있다.

(2) 범행동기, 범행수단·결과, 피해자들과의 관계 등
(가) 범행동기
앞서 본 바와 같이 피고인 김○○은 장기간 복역하고 출소한 이후

동거녀의 도움과 스스로의 노력으로 한때 경제적인 어려움을 극복하고 안정된 생활을 하는 듯하였으나 거듭된 영업과 투자의 실패로 경제적으로 매우 궁박한 처지에 처하게 되자 사채업을 하다가 재산을 탕진하여 마찬가지로 경제적인 궁박상태에 있던 피고인 민○○에게 '한탕하자'고 제의하였고 피고인 민○○가 이에 동의하여 피고인 김○○이 범행에 사용할 칼, 전기줄, 면장갑, 가방 및 가스검침원으로 가장하기 위한 점퍼를 구입하여 범행을 준비한 후 범행대상의 물색을 시작하였다.

(나) 범행수단·결과, 피해자들과의 관계

피고인들은 칼이나 전기줄 등의 범행도구를 미리 준비한 다음 1개월여 사이에 5회에 걸쳐 모텔, 편의점, 찻집, 원룸 등에 무차별적으로 침입하여 일면식도 없던 피해자들을 흉기로 위협하거나 전기줄 등을 이용하여 목을 조르는 방법으로 저항을 억압한 다음 금품을 강취하고 그 과정에서 별다른 저항도 하지 않는 2명의 부녀자의 목을 졸라 살해한 것이다. 특히 그 중 판시 제5항의 강도살인 범행은 피고인 민○○가 가스검침원을 가장하여 피해자의 원룸 안으로 들어가서 피해자가 혼자 있는 것을 확인하고 팔로 피해자의 목을 감아 피해자의 저항을 억압하자 피고인 김○○도 원룸 안으로 들어와 출입문을 잠근 다음 집을 뒤져서 금품을 강취하고 별다른 저항도 하지 않는 피해자의 목을 미리 준비한 전깃줄로 감아 잡아당겨서 살해한 것이다. 범행수법이 계획적이고 대담하며 잔혹하고 반사회적이다.

(3) 범행 후 정황

(가) 범행 직후의 행적

범행을 시작한 후 1개월여 동안 5차례에 걸쳐 강도행각을 벌이면서 강취한 물건 중 값이 나갈 만한 금품은 금은방에 매도하여 현금으로 바꾸고 그 밖의 물건은 피고인들 집으로부터 멀리 떨어진 주택가 여러 곳에 나누어 버렸다. 강취한 금원 등은 서로 나눈 후 생활비나 유흥비로 소비하였다.

피고인 김○○은 마지막 범행을 끝낸 후 서울의 거처에 있으면서 피해자로부터 강취한 휴대폰으로 성인 채팅사이트에 접속하였다가 휴대폰 통화내역 및 인터넷 접속내역을 추적한 경찰에 의하여 범행 8일 만에 검거되었다.

피고인 민○○는 피고인 김○○이 검거된 후 피고인 김○○의 진술에 의하여 용의자로 특정되어 피고인 김○○이 검거된 다음 날 자신의 주거에서 검거되었다.

(나) 수사과정 및 공판과정에서의 태도

피고인 김○○은 수사과정에서 그가 먼저 범행을 제의하고 준비한 후 살인범행을 주도적으로 실행하였다는 피고인 민○○의 진술과 일치하는 진술을 하다가 이를 번복하는 등 자신의 범행가담 정도에 대하여 일관되지 않은 진술을 하다가 급기야 제1심 공판과정에 이르러서는 교도소 내에서 피고인 민○○에게 강도살인 부분은 피고인 민○○가 단독으로 행한 우발적인 범행으로 몰아가야만 서로 중한 형을 피할 수 있을 것이라고 회유하면서 그와 같은 취지로 진술을 번복할 것을 종용하는 내용의 서신을 보내었다.

피고인 민○○는 수사과정에서부터 공판과정에 이르기까지 범행공모과정 부터 범행의 구체적인 실행과정을 비교적 일관되게 진술하였다.

나. 양형판단

(1) 피고인 김○○에 대하여

제1심이 피고인 김○○에 대하여 선고한 무기징역형에 대하여 피고인과 검사 모두가 양형부당을 이유로 항소하였다. 앞서 본 범행의 동기, 목적, 방법, 결과의 중대성, 피해자의 수, 범행 후의 정황 등을 고려할 때 피고인 김○○에게 그에 상응하는 극히 엄중한 형의 선고는 부득이하고 무기징역형이 가볍다고 볼 여지는 거의 없다. 검사는 피고인 김○○에 대하여 사형을 구하고 있으므로 아래에서는 피고인 김○○에 대하여 사형을 선고하는 것이 합당한 것인지의 점을 살펴보기로 한다.

사형은 인간의 생명 자체를 영원히 박탈하는 냉엄한 궁극의 형벌로서 문명국가의 이성적인 사법제도가 상정할 수 있는 극히 예외적인 형벌이라는 점을 감안할 때, 사형의 선고는 범행에 대한 책임의 정도와 형벌의 목적에 비추어 그것이 정당화될 수 있는 특별한 사정이 있다고 누구라도 인정할 만한 객관적인 사정이 분명히 있는 경우에만 허용되어야 하고, 따라서 사형을 선고함에 있어서는 범인의 연령, 직업과 경력, 성행, 지능, 교육 정도, 성장과정, 가족관계, 전과의 유무, 피해자와의 관계, 범행의 동기, 사전계획의 유무, 준비의 정도, 수단과 방법, 잔인하고 포악한 정도, 결과의 중대성, 피해자의 수와 피해감정, 범행 수의 심정과 태도, 반성과 가책의 유무, 피해회복의 정도, 재범의 우려 등 양형의 조건이 되는 모든 사항을 철저히 심리하여 위와 같은 특별한 사정이 있음을 명확하게 밝힌 후 비로소 사형의 선택 여부를 결정하여야 할 것이다(대법원 2003. 6. 13. 선고 2003도924 판결 등 참조).

앞서 본 피고인 김○○의 성행, 매우 이른 나이부터 비행을 저지르기 시작한 점, 전과, 범행동기, 범행의 사전계획, 높은 재범의 위험성 등의 사정에 비추어 볼 때 피고인 김○○을 우리 사회가 포용하기에는 사회적 위험성이 너무나 크므로 극형에 처하여야 한다는 검사의 주장에 수긍할 만한 점이 없는 것은 아니다.

그러나 피고인의 연령, 아직 남아 있는 가족과 동거녀의 관심, 나름대로 재활을 모색하다가 거듭된 실패로 인한 경제적 궁박을 못 이겨 범행에 이른 사정, 불우한 환경에서 형성된 비뚤어진 성향이 이런 범행을 유발한 하나의 계기가 되었지만 보다 나은 환경에서라면 성향이 교정될 여지가 전혀 없다고 할 수 없는 점, 학창시절의 태도·다면적 심리검사결과의 내용에 비추어 피고인 김○○에게 도저히 교화·개선할 수 없는 극도로 악한 성향이 두드러지게 있다고 보이지는 않는 점 등의 사정과 함께 판시 제1항의 범죄시에 피해자가 너무 강하게 묶여서 괴로워하자 피해자를 묶고 있던 끈을 다소 느슨하게 풀어준 사정 등을 아울러 고려하면, 아직도 피고인 김○○에 대하여 교화·개선의 여지가 일말이라도 남아 있다고 보이고 사형의 선고가 정당화될 수 있는 특별한 사정이 있다고 누구라도 인정할 만한 객관적인 사정이 분명히 있다고 보이지는 아니하므로 인간 존재의 근원인 생명 자체를 박탈하는 사형에 처하는 것은 매우 주저된다고 아니할 수 없다.

제1심이 같은 취지에서 피고인 김○○에게 무기징역형을 선고한 것은 적정하고 무기징역형이 가볍다는 피고인 김○○의 양형부당 주장과 사형을 선고하는 것이 합당하다는 검사의 양형부당 주장은 모두 받아들이지 아니한다.

(2) 피고인 민○○에 대하여

피고인 민○○의 범행 중 가장 무거운 강도살인은 형법 제338조에 해당하는 범죄로서 법정형이 사형 또는 무기징역형으로 규정되어 있는바, 피고인 김○○에 대한 판단에서 본 바와 같은 범행의 동기, 목적, 잔혹한 범행방법 및 결과의 중대성, 피해자의 수 등에 비추어 볼 때, 비록 피고인 민○○가 이건 범행을 주도적으로 실행하지 아니한 사정을 감안하더라도 처단형의 범위 내에서 상대적으로 가벼운 양형범주에 해당한다고 볼 수는 없다.

제1심은 동종전과 없는 점과 범행에 가담한 경위 등을 참작하여 작량감경을 한 형기범위 내에서 피고인 민○○에게 징역 15년을 선고하였으나, 앞서 지적한 죄질 등에 비추어 제1심이 들고 있는 사정만으로 피고인 민○○의 범행의 작량감경을 하여 경하게 처벌할 수 있는 정도에 이른다고 볼 수 없다.

이러한 사정에 앞서 본 피고인 민○○의 연령, 성행, 성장과정, 환경, 범행의 동기와 수단, 방법 등 양형의 조건이 되는 여러 사정들을 종합하여 보면, 피고인 민○○에 대하여 징역 15년을 선고한 제1심의 형량은 너무 가벼워서 부당하다고 인정된다(앞서 본 피고인들의 성장과정 등에 의하여 할 수 있는 피고인 김○○과 피고인 민○○의 주관적 악성의 차이나 범행의 가담 정도 등에 비추어 볼 때 피고인 김○○을 피고인 민○○보다 무겁게 처벌하여야함은 수긍된다. 다만 무기징역형과 사형 사이는 현격한 질적 차이가 있고 피고인 김○○에게 앞서 본 바와 같이 사형에 처할 만한 특별한 사정이 있다고 보이지 아니하므로 피고인 김○○을 무기징역형에 처할 수밖에 없는바, 이와 같이 피고인 김○○을 더 중한 형으로 처벌할 수 없다고 하더라도 피고인들 사이의 죄책의 상대적인 경중을 내세워 피고인 민○○를 원래 합당한 형을 벗어난 경한 형으로 처벌할 수 있는 것은 아니다).

피고인 민○○의 항소는 이유 없고 검사의 피고인 민○○에 대한 항소는 이유 있다.

□ 판결의 의미

이 판결은 피고인에 대하여 사형이 구형된 사건에 관한 것이다. 사형이 냉엄한 궁극의 형벌로서 문명국가의 이성적인 사법제도가 상정할 수 있는 극히 예외적인 형벌이라는 점을 감안하여 사형을 선고함에 있어서는 범인의 연령, 직업과 경력, 성행, 지능, 교육 정도, 성장과정, 가족관계, 전과의 유무, 피해자와의 관계, 범행의 동기, 사전계획의 유무, 준비의 정도, 수단과 방법, 잔인하고 포악한 정도, 결과의 중대성, 피해자의 수와 피해감정, 범행 후의 심정과 태도, 반성과 가책의 유무, 피해회복의 정도, 재범의 우려 등 양형의 조건이 되는 모든 사항을 철저히 심리하여 범행에 대한 책임의 정도와 형벌의 목적에 비추어 사형이 정당화될 수 있는 특별한 사정이 있다고 누구라도 인정할 만한 객관적인 사정이 분명히 있는 경우에만 허용되어야 한다는 대법원 판례의 입당에 기초하여 피고인의 성장배경부터 범행의 구체적인 수단·결과에 이르기까지 제반 양형요소를 심사하여 피고인에게 아직 교화·개선의 여지가 있음을 밝히고 사형을 구하는 검사의 항소를 기각하였다.

사형 폐지에 대한 찬반양론 속에서 사형제도가 아직 합헌적 제도로 판단되고 있는 상황에서(헌법재판소 1996. 11. 28. 95헌바1 결정 참조) 사형이 허용되기 위하여는 극히 엄격한 양형조건의 심사와 평가가 필요하다는 대법원의 판례를 지지하면서 구체적으로 그러한 심사와 평가를 한 점에 의의가 있다.

찾아보기

저자 약력

안성조

연세대학교 법과대학 졸업
고려대학교 대학원 법학석사
서울대학교 대학원 법학박사
공군장교
경찰대, 연세대, 육군사관학교 강사
현재 선문대학교 법과대학 교수

주요논저

"과실범의 공동정범"
"영상녹화물의 증거능력"
"사이코패스의 형사책임능력"
"법적 불확정성과 법의 지배"
"괴델정리의 법이론적 함의"
"Tolerance and Rule of Law as a Condition for Prosperity"
형법상 법률의 착오론(경인문화사, 2006/2008)
개정형사소송법상 영상녹화물의 활용방안(대검찰청, 2008)
현대 법학의 이해(법문사, 2008, 공저)
기초법연구 제1권(경인문화사, 2009)

서상문

고려대학교 법과대학 졸업
사법시험 제30회
육군군수사령부 검찰부장
창원지방검찰청 검사
대전지방검찰청 천안지청 검사
대구지방검찰청 검사
변호사
현재 선문대학교 법과대학 교수

주요논저

"부동산 횡령죄에 있어서 타인의 재물을 보관하는 자의 지위에 대한 판단기준"
현대 법학의 이해(법문사, 2008, 공저)

사 이 코 패 스 I

초판 발행 ‖ 2009년 6월 30일
재판 발행 ‖ 2010년 6월 25일

지은이 ‖ 안성조·서상문

펴낸이 ‖ 한정희
펴낸곳 ‖ 경인문화사
출판등록 ‖ 1973년 11월 8일 제10-18호

주소 ‖ 서울특별시 마포구 마포동 324-3
전화 ‖ 718-4831   팩스 ‖ 703-9711
홈페이지 ‖ www.kyunginp.co.kr / 한국학서적.kr
이메일 ‖ kyunginp@chol.com

ⓒ경인문화사, 2009
ISBN 978-89-499-0655-3   94360
값 21,000원